투자의 여왕

한 그루의 나무가 모여 푸른 숲을 이루듯이
청림의 책들은 삶을 풍요롭게 합니다.

누구나 쉽게 시작할 수 있는 스마트한 투자 전략

투자의 여왕

성선화 지음

투자의
첫걸음

C
청림출판

· · · · · · 감수해주신 분들 · · · · · ·

권도형 〈한국은퇴설계연구소〉 대표, 『돈, 잘 쓰고 잘 모으고 잘 불리는 법』 저자

김재욱 〈헥사곤 인베스트먼트〉 컨설팅 대표

　　　　『인도네시아 주식 투자로 인생에 한 번은 돈 걱정 없이 살아라』 저자

김종열 〈랜드모아〉 대표, 경매투자 카페 〈옥탑방 보스스〉 대표

　　　　『실전 상가투자의 정석』 저자

김지석 〈SC제일은행〉 자산부채관리부 팀장

김지태 맞춤형 보험 정보 제공 〈마이리얼플랜〉 이사

김학렬 이데일리 〈올댓부동산〉 칼럼니스트, 블로그 〈빠숑의 세상 답사기〉 운영

김현식 〈KB국민은행〉 강남스타PB센터 팀장

김현준 〈더퍼블릭 인베스트먼트〉 투자자문사 이사, 『어닝스』 저자

김형호 〈한국채권투자자문〉 대표, 『채권투자노트』 저자

문성제 〈NH투자증권〉 에쿼티 파생본부 차장

박동흠 〈MAS 현대회계법인〉 이사, 공인회계사, 세무사

　　　　『박회계사의 재무제표 분석법』 저자

박범영 80만 재테크 카페 〈텐인텐〉 운영자, 텐인텐 아카데미 운영

박병국 〈IBK기업은행〉 대출업무위탁법인 대표

박수영 환율, 원자재 전문가, 블로그 〈크롬의 관점〉 운영

배성우 〈두나무투자일임〉 대표

박은주 〈한국투자증권〉 DS부 마케팅팀 팀장, 『MY STORY ON ELS』 저자

박성민 〈금진투자자문〉 대표이사

박한석 〈스마트화재특종자동차손해사정〉 대표, 『보험 가입 전에 꼭 알아야 할 모든 것』 저자

서문진 〈EPI 어드바이저 투자자문〉 대표

손재현 〈미래에셋대우〉 글로벌투자전략 팀장

송승태 〈한국거래소〉 배출권시장팀 과장

송치형 〈두나무〉 대표

신동헌 〈신한은행〉 홍보부 차장

신정엽 〈서울금거래소〉 대표, 〈블루젬〉 대표, 미국보석학회 공인보석감정사(GIA-GG)

양신형 〈쿼터백투자자문〉 대표

원용대 세무법인 〈해안〉 대표, 『세법개론』 저자, 성균관대학교 산학협력단 자문세무사, 소상공인진흥원 자영업 컨설턴트

원종준 〈라임투자자문〉 대표

유기현 〈PCA생명〉 투자전략센터 센터장, 전 영업개발팀 부장

윤승희 『예금풍차를 돌려라』『돈을 아는 여자가 아름답다』 저자

윤주영 〈미래에셋자산운용〉 ETF 운용본부 본부장(상무)

윤지경 〈한화금융네트워크〉 HA 사업부 재무컨설턴트
『게으른 당신을 위한 놀면서 하는 재테크』 저자

윤채성 〈신한금융투자〉 Equity 파생부 팀장

윤향식 국제공인재무설계사 CFP

이대표 〈짠돌이〉 카페 대표, 『돈이 모이는 생활의 법칙』 기획

이병화 〈이데아 자산관리연구소〉 소장, 『나는 오피스텔보다 공모주가 좋다』 저자

이석진 〈원자재해외투자연구소〉 소장, 『원자재를 알면 글로벌 경제가 보인다』 저자

임상백 〈삼성증권〉 주식운용팀 차장

전병서 〈중국경제금융연구소〉 소장, 『중국의 대전환, 한국의 대기회』 저자

조중식 〈가현텍스〉 대표 세무사, 명지전문대 세무회계과 겸임교수, 한국세무사고시회 부회장

조철호 〈J자산관리〉 연구소장, CFP, 『돈을 디자인하라』 저자

차영섭 〈OK저축은행〉 홍보CRS팀 과장

호　빵 『부동산 경매시장의 마법사들』 중 1인

학창시절 언니의 치명적 아킬레스건은 수학이었어. 언어 영역은 노력한 만큼 성적이 곧잘 나왔는데, 수학은 아무리 공부해도 점수가 좀처럼 오르질 않았지.

급기야 고교 입학 후 첫 수학 시험에서 30점이란 충격적인 점수를 받았어. 그야말로 눈앞이 캄캄하고 하늘이 노래졌어. 언니의 고교 시절은 수학과의 사투였다고 해도 과언이 아니야. 처음 치른 대입에 실패한 것도 그놈의 수학 때문이지.

그토록 피하고 싶었던 재수를 선택하던 날, 부모님께 말도 없이 집을 나와 버렸어. 눈물을 머금고 절치부심했던 그 이듬해, 언니에게도 기적 같은 일이 일어났어. 하늘의 도움으로 수학 시험이 쉽게 출제 됐고, 스스로도 믿기지 않는 '수학 만점'을 받은 거야. 그때가 언니 인생에 처음이자 마지막이었지. 그 이후 언니는 인생의 큰 깨달음을 얻었어.

타고난 재능을 이길 수 있는 노력은 없다!

안 되는 건 안 되는 거야. 우리는 학창 시절, 누구나 명문대를 가고 싶었고, 남들보다 공부를 특별나게 잘하고 싶었어. 하지만 그건 타고 난 '공부 머리'가 있어야 가능한 거야. 아직 세상 경험이 짧고 어렸던 언니는 "왜 노력으로 안 되는 게 있느냐"고 떼를 썼던 거지.

'돈 버는 재능' 역시 마찬가지야. 타고난 감각이 필요해. 노력한다고 다 되는 건 아니야. 물론 지출관리, 강제저축까진 독한 의지로 습관을 바꾸면 누구나 할 수 있어. 그런데 딱 거기까지야.

투자로 돈을 버는 재테크는 아끼고 저축하는 알뜰 재테크와는 차원이 달라. 투자의 영역으로 넘어서는 순간, 겸허한 마음으로 현실을 인정해야 해. 일반인들은 투자 감각을 타고난 전문가를 절대 이길 수 없어. 지금까지 투자로 돈을 버는 타고난 재능이 발현되지 않았다면, 그건 안타깝게도 천부적 소질은 없다는 얘기야.

재테크 책만 읽으면 누구나 투자 전문가가 될 수 있다고? 아니. 절대 그렇지 않아. 원금 손실이 가능한 투자의 세계에서 100% 승률을 외치는 전문가는 사기꾼일 확률이 높아.

평범한 우리들에겐 아주 현실적인 대안이 필요해. 그 해결의 실마리는 언니가 수학을 극복했던 비결에서 찾을 수 있어. 타고난 수학 머리가 없었던 언니는 문득 이런 생각을 했어. "천부적 재능이 없다면 노력으로 극복할 수 있는 방법이 뭘까?" 그건 바로 원점에서 다시 시작하는 거였어. 그때부터 이전까지 공부했던 수학에 대한 생각을 깨끗이 지우고 흰 도화지에 다시 그리기 시작했어. 고등학생이 두꺼운 고교 수학 책을 내려놓고, 초등학교 교과서부터 다시 읽었지.

그 순간, 놀라운 신세계가 보이기 시작했어. 나만의 틀 속에 갇혀 보지 못했던 수학의 새로운 세상을 경험한 거야.

타고난 소질이 없을 땐, 스스로 다시 태어나야 해! 마치 병아리가 알에서 깨고 나오듯.

태초에 아무것도 없었던 것처럼, 나를 버려야 새로운 시야가 트여.

이게 바로 지금부터 투자 재테크를 공부하는 우리들의 마음가짐이야. 지금까지 알았던 모든 투자 지식은 깡그리 잊어버려. 모든 것을 원점으로 되돌리는 거야. 투자에 대한 편견, 선입견, 부정과 긍정, 그 어떤 감정과 생각도 존재하지 않는 백지 상태로 만드는 거지.

마음의 준비를 마쳤다면 지금부터 3가지 고정관념부터 깨야 해.

첫째, 소수 집중 투자(몰빵)에 대한 편견이야.

흔히 사람들은 계란을 한 바구니에 담지 말라고 얘기해. 자산을 골고루 분산해 리스크를 관리해야 한다고들 하지. 하지만 단언컨대, 리스크 관리나 포트폴리오 분산 투자만으로 부자가 된 사람은 없어.

전문가들이 리스크 관리를 강조하는 건, 그나마 원금은 지키고 더 나아가 '쪽박'을 차지 않기 위해서야. 거꾸로 뒤집어 말하면 포트폴리오 분산 투자로는 '대박'도 없다는 얘기야.

투자는 동전의 양면과 같아. 대박과 쪽박은 언제나 공존해. 소위 말하는 부자가 되려면 계란을 한 바구니에 담아야 해. 한 마디로 소수 집중 투자 즉, '몰빵'을 해야 한다는 거지. 이건 부동산이든 주식이든 마찬가지야. 언니가 만났던 주식 부자도 그랬고, 부동산 부자도 마찬가지였어. 태양슈퍼 아저씨에서 수백억대 자산가가 된 조문원 압구정투자클럽 대표도 3억 원을 한 종목에 집중 투자해 5배 이상 시세차익을 남겼고, 고졸 출신의 빌딩 부자 박종만 사장도 전 재산을 몰빵한 빌딩이 두 배로 뛰었어.

문제는 이들 모두 '전업' 투자자였다는 사실이야. 조 대표는 슈퍼마켓을 정리한 모든 돈을 털어 주식 투자에 전념했고, 휴대폰 AS대리점을 정리한 박 사장도 모든 정열을 부동산 투자에 쏟아부었어. 바꿔 말하면 투자를 직업으로 하지 않는 이상, 누구나 투자로 대박을 터뜨리긴 쉽지 않다는 거야. 계란을 한 바구니에 담아야 부자가 되지만 우리 같은 일반인이 그랬다간 쪽박을 차기 딱 좋아. 다시 한 번 강조하지만, 안 되는 건 안 되는 거야.

둘째, 무조건 분산 투자(포트폴리오 구성)해야 한다는 선입견이야.

우리가 일반적으로 생각해볼 수 있는 '돈을 번다'의 의미는 크게 두 가지야.

먼저, 1억 원으로 2억 원을 만드는 것처럼 '시세차익'을 낸다.

아니면, 1억 원으로 매달 50만 원을 받는 것처럼 '현금 흐름'을 만든다.

흔히 이 두 가지를 두루뭉술하게 뭉뚱그려서 돈을 번다고 말해.

하지만 진짜 돈은 '시세차익'으로 버는 거야. 이 또한 주식과 부동산에 일맥상통하는 원리야. 언니가 지방 소형 아파트에서 매달 받았던 월세 순익은 20만 원이야. 1년이면 240만 원이지. 하지만 투자한 이후 집값이 3,000만 원에서 4,000만 원으로 1,000만 원이나 올랐어. 4년 이상 월세를 받아야 벌 수 있는 돈을 시세차익으로는 한 번에 번 거야. 부동산으로 큰 돈을 벌려면 현금 흐름보다 시세차익을 낼 수 있는 지역에 투자해야 해.

주식 투자도 원리는 똑같아. 전 재산 500만 원을 한 종목에 몰빵해서 100%의 수익를 내면 1,000만 원이 돼. 여기저기 분산하지 않고 한 종목에 집중 투자해서 2배 이상의 시세차익을 내는 거야. 투자 기간은 최장 3년 이내야.

그런데 이 500만 원으로 포트폴리오를 구성해 아주 이상적인 연

10%의 수익을 낸다고 가정해봐. 1,000만 원이 되려면 얼마나 걸릴까? 언니가 직접 계산을 해봤는데, 무려 13년을 기다려야 해.

결국 집중 투자의 리스크를 줄이기 위해서 분산 투자를 선택하지만, 리스크를 감내하지 않아서 생기는 시간의 대가는 따라올 수밖에 없어. 원금을 보존하는 강제저축 대비 몰빵 투자의 장점이 바로 '시간을 버는 일'이야.

세 번째, 장기로 가치 투자를 해야 돈을 번다는 고정관념이야.

투자의 세계에서 영원한 건 없어. 절대적으로 좋은 투자처도, 나쁜 투자처도 없다는 얘기야.

투자 수익률을 결정하는 변수는 상품 자체의 좋고 나쁨이 아니라, '언제 들어가서 언제 나오느냐' 하는 타이밍이야.

우리네 인생에도 굴곡이 있듯, 투자에도 사이클이 있어. 오르막이 있으면 내리막이 있는 거야. 타고난 투자 재능이 있는 천재들은 감각적으로 고점과 저점을 알아채. 이 감각은 자기 자신도 언어로 표현할 수 없는 직감과도 같아. 하지만 타고난 감각이 없는 일반인들은 과거의 패턴들로 타이밍을 알아챌 수밖에 없어. 이렇게 패턴이 보이기 시작하면 투자는 게임 끝이야. 반복되는 패턴이 예측되는 순간, 언제 들어가서 언제 나와야 될지가 보이니까.

부동산보다 주식 투자가 어려운 이유도 타이밍 때문이야. 주식 시장의 사이클은 부동산보다 훨씬 빠른 속도로 변해. 이 때문에 주식 투자는 순간적 매도와 매수 타이밍을 잡기가 힘들어. 반면 부동산 시장의 사이클은 적어도 1년 이상 지속돼. 주식보다는 느린 속도로 시장에 대응해도 늦지 않다는 의미야. 결국 투자를 잘 하려면 시장의 변화에 예민해야 해. 그래야 타이밍을 잡을 수 있으니까.

이 책의 목표는 평범한 일반인들에게 '몰빵 투자'로 고수익을 선동하는 게 절대 아니야. 먼저 우리가 할 수 있는 것과 할 수 없는 것을 명확히 구분하는 거야. 할 수 없는 부분까지 욕심내지 말고 할 수 있는 부분을 직접 해결하는 거지. 일단 고수익을 추구하는 소수 집중 투자는 일반인들의 영역 밖이야. 우리의 목표는 저금리 시대에 은행 이자보다 2배 이상 높은 수익률을 '잃지 않고' 꾸준히 내는 거야.

여기에는 두 가지 전략이 필요해.

첫째, 코어-위성 전략이야. 먼저 리스크에 따라 투자 자산의 비중을 정하는 거야. 안정지향적인 투자자는 90% 이상을 안전한 코어 자산에 투자하고 나머지 10%만 리스크가 큰 위험 자산에 투자할 수 있어. 반대로 아주 공격적인 성향이라면 위험 자산의 비중을 절반 이상으로 늘리는 거야.

둘째, 글로벌 자산 배분이야. 은행 예금보다 높은 수익을 내려면 투자의 시야를 해외로 돌려야 해. 글로벌 저성장 속에 한국 사회는 빠르게 늙어가고 있어. 5년 뒤 우리 경제는 마이너스 성장의 위기에 놓일지도 몰라.

글로벌 자산 배분에도 원칙이 있어. 무조건 숫자만 늘린다고 되는 게 아냐. 전 세계 시장에 자산을 분산 투자할 때는 서로 상관관계가 적은 자산군으로 포트폴리오를 구성해야 해. 미국 금리 인상을 염두해서 포트폴리오를 짠다면, 미국 금리 인상과 무관한 자산군도 반드시 포함시켜야 한다는 거야. 유가와 상관관계가 높은 원자재, 러시아, 호주 등에 치우친 포트폴리오는 진정한 분산 투자가 아냐.

『투자의 여왕』은 이 두 가지 전략을 실천하기 위한 구체적인 실전 투자법을 다룰 예정이야. 언니의 목표는 이론적으로 금융 투자 상품을 아는 데서 그치는 게 아니라, 실제 투자에 적용하도록 하는 거야.

물론 쉽지 않을 거야. 언니도 친구들과 똑같아. 뛰어난 투자 감각을 타고 난 게 아냐. 마치 처음 원점에서 수학 공부를 다시 시작하던 그때처럼, 백지에 새로운 그림을 그린 거야. 그러니까 친구들도 지금까지의 재테크는 새하얗게 잊어버리는 거야! 그리고 지금부터 언니와 함께, '투자의 여왕'으로 다시 태어나보자고!

CONTENTS

01 주기적으로 갈아타야 돈 버는 펀드

펀드와 주식의 장점만 쏙쏙 ETF

CHAPTER 02

투자 전략에 배팅하는 ETN

CHAPTER 03

복불복 확률 게임 ELS

CHAPTER 04

보이는 원자재 투자의 시작, 원유

통일 대비 최고의 재테크, 금

궁합 보고 골라 맡기는 투자자문사

티끌 모아 태산, 공모주

08 CHAPTER

공모주와 병행하면 좋은 스팩

09 CHAPTER

주기적으로
갈아타야 돈 버는
펀드

CHAPTER
01

당신이 펀드로 돈을 못 버는 이유

이렇게 다시 만나서 정말 반가워. 드디어 투자 재테크의 첫 단계로 진입했어. 뿌듯하지 않아?

네. 언니 덕분에 카드값도 확 줄이고 통장 쪼개기도 시작했어요. 무엇보다 '할 수 있다'는 자신감이 큰 소득인 것 같아요. 우리도 언니처럼 "내가 벌어서 백마 탄 여왕이 되겠다"고 당차게 얘기하려고요.

하하. 듣던 중 반가운 소리인 걸? 『재테크의 여왕』에서 익힌 기본기만 잘 다져도 '서민갑부'가 될 수 있어. 하지만 재테크의 꽃은 이제부터 시작하는 '투자' 단계라고 할 수 있어.

그동안 투자는 엄두도 못 냈는데 벌써부터 가슴이 뛰고 들뜨네요.

언니도 마찬가지야. 하지만 마냥 설레지만은 않아. 걱정부터 앞서기도 해. 앞으로 공부할 투자 단계는 결코 호락호락하지 않을 거야. 그동안 배운 기본기와는 차원이 다를 테니까. 생전 처음 듣는 용어에 주눅이 들 수도 있고, 도통 이해가 안 되는 개념에 머리를 쥐어박을지도 몰라. 가끔은 '나 바보 아니야?'라며 깊은 자괴감에 빠지기도 할 거야.

뭐예요~ 언니. 시작도 하기 전에 겁부터 주는 거예요?

아니, 그게 아니라 각오를 단단히 하고 정신줄을 붙들어 매라고! 자기 공부는 스스로 해야 돼. 누가 거저 떠먹여주지 않아. 그러니까 이제부터 겸손하되 비장하게, 가슴 속에 칼을 가는 거야.

네. 알겠어요. 정신 바짝 차릴게요. 무슨 일이 있어도 중간에 포기하지 않을 거예요. 연차 내고 은행 발품 팔아가며 재테크 기본기를 다졌는데, 이제 와서 포기할 순 없죠.

아주 좋아! 바로 그런 자세로 덤비는 거야.
투자 단계에서 처음 다룰 주제는 바로 '펀드'야. 펀드는 친구들도 한 번쯤 다 해봤을 거야. 그런데 이중에서 펀드로 돈 번 사람 있어?

처음부터 아픈 곳을 송곳처럼 콕콕 찌르시네요.

만약 펀드 투자로 연 10%씩 꾸준한 수익률을 낸 사람이 있다면, 당장 책을 덮고 하산해도 좋아. 그 정도 수익률이면 굳이 머리 아프게 공부할 필요 없어. 그냥 하던 대로 하면 돼.

연 10% 수익률이요? 에이~~ 말도 안 돼요. 마이너스만 안 나도 다행이죠. 특히 2015년 펀드 수익률은 최악이었어요. 전부 마이너스예요.

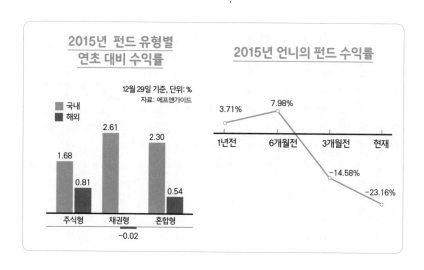

2015년 펀드 유형별 연초 대비 수익률

12월 29일 기준, 단위: %
자료: 에프앤가이드

■ 국내
■ 해외

주식형: 국내 1.68, 해외 0.81
채권형: 국내 2.61, 해외 -0.02
혼합형: 국내 2.30, 해외 0.54

2015년 언니의 펀드 수익률

1년전 3.71%
6개월전 7.98%
3개월전 -14.58%
현재 -23.16%

👩 그래, 맞아. 2015년 펀드 수익률은 그야말로 천국과 지옥을 오갔어. 상반기에 증시 활황으로 치솟았다가 하반기 들어 중국 증시 급락과 미국 금리 인상으로 곤두박질쳤지. 연초 대비 수익률은 1~2%대에 불과해. 그나마 안정적인 채권형 펀드의 수익률이 2.6%로 주식형 펀드보다 오히려 높았어.

👩 솔직히 이 정도 수익률이면 차라리 마음 편하게 은행에 저축하는 게 낫겠어요.

👩 친구들만 그런 생각을 하는 게 아니야. 2015년 하반기 이후 펀드 투자심리는 극도로 위축됐어. 2015년 한 해만 국내 주식형 펀드에서 빠져나간 돈이 7조 원에 달해. 펀드가 최고 인기를 누렸던 2008년(118.5조

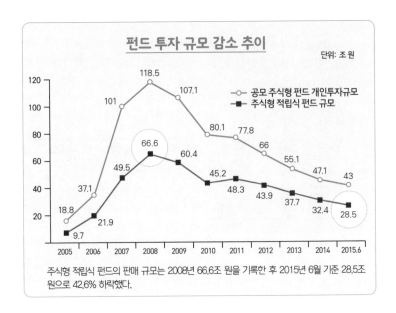

펀드 투자 규모 감소 추이

단위: 조 원

○─○ 공모 주식형 펀드 개인투자규모
■─■ 주식형 적립식 펀드 규모

주식형 적립식 펀드의 판매 규모는 2008년 66.6조 원을 기록한 후 2015년 6월 기준 28.5조 원으로 42.6% 하락했다.

원)에 비교하면 절반 이하인 43조 원이야.

흠. 너도나도 '펀드 탈출'을 시도하는 이 시점에서 굳이 펀드 공부를 해야 할까요?

그래도 '미워도 다시 한 번'이라고, 펀드는 투자의 기본이야. 게다가 펀드는 직접 투자를 할 때만 알아야 하는 상품이 아니거든. 앞에서도 얘기했듯이 펀드는 개인연금, 퇴직연금, 변액보험 등 다양한 연금 상품의 기본적인 수단이고 모든 투자의 기본이야.

네! 알겠어요. 우리가 언니 말은 잘 듣잖아요. 열심히 배워볼게요.

그래. 마이너스 난 펀드 수익률에 실망하고 도망칠 게 아니라, 실패를 통해 배워야 해. 언니가 이럴 땐 어떻게 하자고 했지? 원점에서 다시 시작하자고 했지? 재테크 초보도 다 아는 펀드지만, 마치 처음 들어본 것처럼, 지금까지 알던 펀드는 깨끗이 잊어버리는 거야.
사람들은 도대체, 왜! 펀드 투자로 돈을 벌지 못한 걸까?

에효. 아무리 생각해봐도 우리 잘못은 아닌 것 같아요. 은행 창구에서 추천한 대로 가입했을 뿐이에요.

그래. 바로 그거야! 지금까지 친구들은 스스로의 판단으로 펀드를 선택한 게 아니야. 전문가의 판단력에 의존했어. 하지만 이것마저 제대로 된 게 아냐. 솔직히 친구들한테 펀드를 추천한 직원도 전문가가 아닐 확률이 높아.
어떻게 그렇게 자신하냐고? 언니가 직접 펀드 상담 받으러 은행, 증권사 다 돌아봤거든. 2015년 초에 국내 금융사에서 가장 많이 추천한 펀드가 뭔지 알아? 슈로더유로 펀드[슈로더유로증권자투자신탁(주식)]야. 당시 유럽중앙은행(ECB)이 돈을 적극적으로 풀겠다고 발표했거든. 언니가 방문했던 거의 모든 금융사가 이 펀드를 추천했어. 실제로 지난 한 해 동안 이 펀드에만 8,500억 원이 몰렸지. 2016년 초 현재 설정액이 1조 원이 넘은 초대형 펀드가 됐어.

오~~ 슈로더유로 펀드! 들어본 것 같아요.

슈로더유로증권자투자신탁A(주식)종류A 65945 ? 해외펀드 > 해외주식형

928.83 기준가 04.06   올해 수익률 -6.83%   1개월 수익률 -0.59%   3개월 수익률 -3.96%
전일대비 ▲2.04 (+0.22%)   1년 수익률 -10.99%   3년 수익률 34.51%   펀드등급 3년 ?

종목.펀드.환율.원자재명 입력   추가하기   □ 다우 산업⊠ □ 항셍⊠ □ 피델리티유럽증⊠

1개월 3개월 1년 3년 5년

최고 970.20 (01/07)   960.00
                                                                                   940.00
                                                                                   920.00
                                                                                   900.00
                                                                                   880.00
                                                                                   860.00
최저 842.62 (02/15)   840.00

01/11   01/18   01/25   02/01   02/15   02/22   02/29   03/07   03/14   03/21   03/28   04/04

▲〈출처: 네이버 증권, 기준: 2016년 4월 6일 종가〉

근데 1년이 지난 지금, 수익률은 어떨까? 멀리 갈 것도 없이 언니의 수익률을 한번 볼까? 언니도 은행 창구에서 추천을 받고 2015년 3월 11일에 투자를 했어. 2016년 4월 6일 종가 기준으로 수익률이 -10.16%야. 물론 20만 원이란 소액 투자였으니까 손실액이 크진 않아. 하지만 만약 2억 원을 투자했다면 손해액이 무려 2,000만 원이나 돼. 안타깝게도 그때 언니가 은행 창구에서 추천 받았던 펀드 4개 중 3개가 전부 마이너스야. 더 황당한 건 인도 펀드, 러시아 펀드 등 해외 펀드에 대해 물었을 때 제대로 답변할 수 있는 창구 직원이 거의 없었다는 거야. 물론 펀드 판매 창구에 앉은 직원들도 번듯한 자격증 하나씩은 다 가지고 있어. 하지만 그럼 뭐해? 추천하는 펀드마다 다 마이너스인데! 진정한 펀드 전문가는 자격증 몇 개 있다고 되는 게 아냐. 직

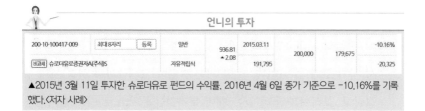

언니의 투자

| 200-10-100417-009 | 최대 8자리 | 등록 | 일반 | 936.81 | 2015.03.11 | 200,000 | 179,675 | -10.16% |
| 비과세 슈로더유로증권자A(주식)S | | | 자유적립식 | ▲2.08 | 191,795 | | | -20,325 |

▲2015년 3월 11일 투자한 슈로더유로 펀드의 수익률. 2016년 4월 6일 종가 기준으로 -10.16%를 기록했다.〈저자 사례〉

접 자기 돈으로 투자하면서 스스로 공부해야 돼.

하지만 안타깝게도 국내 현실은 그렇지 않아. 은행 본부에서 찍어주는 펀드를 유창한 말발로 잘 팔기만 하면 돼. 이미 은행과 직원이 펀드 판매 수수료는 절반씩 챙겼으니, 그 뒤에 고객이 손해를 보든 말든 자기 알 바 아닌 거야.

2014년 5월 판매채널을 통하지 않고 온라인으로 마음껏 펀드를 가입할 수 있는 '펀드 슈퍼마켓'이 개설됐어. 하지만 낮은 수수료에도 기대만큼 급성장하지 않는 이유도 같은 맥락이야. 국내 투자자들은 여전히 '남의 추천'으로 펀드를 선택해.

네…. 뭔가 뒤통수를 한 대 세게 맞은 느낌이에요. 엄청난 배신감이 밀려와요.

그래. 그럴 거야. 언니 스타일대로 결론부터 콕 집어 얘기할게. 정말 미안한 얘기지만, 친구들 같은 소액 투자자들은 진정한 '펀드 전문가'를 만나기가 쉽지 않아. 소위 잘 나가는 PB들은 고급진 자산관리 센터에 앉아 수억대 거액 자산가들을 상대하지.

돈 없는 것도 서러운데 너무한 거 아니냐고? 금융회사도 먹고 살아야지. 저금리 예대마진(대출금리-수신금리)도 줄고 인터넷 은행도 생기면서 자기 코가 석 자인데, 돈 안 되는 잔챙이 고객들까지 신경 쓰게 생겼냐고. 그러니까 우리 같은 개미 투자자들은 스스로 자기 앞가림을 잘해야 해.

'합리적 상상력'으로 펀드의 미래를 펼쳐라

독설 언니! 처음부터 너무 가혹하세요. 마음잡고 공부 좀 해보려는데, 고춧가루부터 팍팍 뿌리시네요.

허허. 친구들답지 않게 벌써 포기하는 거야? 우리가 어떻게 여기까지 왔는지 기억 안 나? '재테크의 여왕'이 한번 돼보겠다고 이 악물고 달려왔잖아. 여자가 칼을 한번 뽑았으면 무라도 잘라야지. '투자의 여왕'까지 가보는 거야.

맞아요. 우리도 오기가 있죠. 펀드 전문가를 못 만난다고 투자 못하라는 법 있나요? 이가 없으면 잇몸으로! 우리가 직접 하면 되잖아요.

그래. 일단 부딪혀보는 거야. 사실 전문가가 필요한 이유는 보이지 않는 미래를 예측하기 위해서야. 처음 『재테크의 여왕』에서 언니가 재테크는 어떤 능력이라고 했지?

재테크는 보이지 않는 걸 보고, 믿고, 상상할 수 있는 능력이요!

옳지! 똑똑해. 다들 기억하고 있었군. 『재테크의 여왕』에서 배운 적금 상품의 미래는 상상만 하면 누구나 쉽게 그릴 수 있었어. 만기 때 원리금은 이미 정해져 있으니까 정해진 수치만 머릿속에 그리면 됐어. 하지만 펀드 수익률은 달라. 적금처럼 원금이 보장되는 금리가 있는 게 아니야. 눈을 감는다고 펀드의 3년 뒤 모습이 머릿속에 떠오르진 않아.

투자 단계에선 한 가지 능력이 더 필요해. 바로 미래의 흩어진 퍼즐 조각들을 맞추는 '합리적 상상력'이야. 현재의 수많은 편린들 속에서 의미 있는 조각을 찾아 미래의 모습을 그리는 거야. 장님 코끼리 만지듯 어느 한쪽만 건드리는 건 왜곡된 상상력이지.

안타깝게도 대부분 사람들은 미래가 온 후에야 합리적 상상력의 오류를 알아채.

펀드의 미래를 상상하라고요? 한 번도 해본 적이 없어요.

이제까지 안 해 봤으면 어때? 지금부터 언니랑 같이 하면 되지.

요즘 쿡방이 유행이니까 요리에 비유해볼게. 머릿속에 베트남 쌈을 상상해봐. 물에 살짝 담근 라이스페이퍼에 각종 채소와 고기 등을 골고루 싸서 한 입 베어 물지?

와우. 생각만 해도 군침이 도네요. 각종 야채와 고기를 골고루 담아 새콤달콤한 양념장에 찍어 먹으면 그야말로 꿀맛이죠.

펀드도 똑같아. 펀드 매니저가 원하는 종목들을 조금씩 편입시켜 하나의 상품으로 싸놓은 거야. 그래야 편식을 안 하고 골고루 영양소를 섭취할 수 있으니까. 한 가지 반찬만 먹으면 영양실조에 걸리듯, 분산 투자를 해야 리스크를 줄일 수 있어. 펀드의 장점이 바로 분산 투자니까.

쌈(펀드)에 조금씩 편입된 재료(종목)들의 덩치가 더 커진다는 거야. 그러면 좀 더 양이 많고 실한 쌈이 되는 거지.

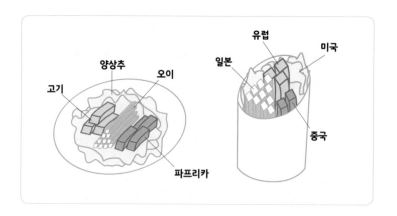

🙍 펀드를 베트남 쌈에 비유하니까 머릿속에 쏙쏙 들어오네요.

👩 아주 좋아. 이제 우리는 '과연 이 펀드라는 쌈의 크기가 커질까'를 상상하기 위해 두 가지 판단을 해야 돼.

첫째, 해당 펀드가 속한 지역 또는 산업군의 전망이 좋은가?

둘째, 편입된 종목들의 성장 가능성이 높은가?

얼핏 들으면 뻔하고 원론적인 얘기 같지만, 이 두 가지 판단은 결코 쉽지 않아. 심지어 전문가라는 사람들도 의견이 엇갈리고 틀리기 일쑤야.

직접 한번 확인해볼까? 2015년 초에 실린 '재테크 기상도' 기사를 한번 봐봐.

새해 재테크 기상도

한국 증시는 '상저하고(上低下高)' 흐름을 이어갈 것으로 전망된다. 기업들의 2014년 4 · 4분기 실적이 확정 발표되고 미국의 기준금리 인상이 단행될 상반기보다는 하반기에 기대를 거는 분위기다. IBK투자증권 투자전략팀장은 "국내 기업의 실적둔화가 우려되는 가운데 실적발표가 집중되는 1~2월에는 증시도 주춤할 수 있다"며 "기업들의 실적발표가 마무리되고 미국 금리인상이 단행된 후 하반기부터는 국내 증시도 본격적인 상승 국면을 기대해볼 수 있을 것"이라고 내다봤다.

〈서울경제 2015년 1월 1일〉

👩 하하. 이미 답을 알고 읽으니까 되게 재미있네요.

👩 어때? 미국 금리 인상 시기를 상반기로 예상하면서 완전히 빗나갔지? 하지만 시장을 정확히 예측한 전문가도 있어.

올 변동성 더 커질 것 코스피 上高下低 예상

김원규 NH투자증권 사장은 2015년은 지난해에 비해 시장 변동성이 더 커질 것으로 전망했다. 특히 미국이 금리 인상에 본격적으로 나설 경우 시장이 크게 요동칠 수 있다고 내다봤다. 그는 "올해 코스피 지수는 지난해에 비해 '상고하저(上高下低)' 형태가 될 것으로 판단하며, 연간 변동폭은 1870~2180선이 될 것"이라고 말했다.

〈한국경제 2015년 1월 1일〉

👩 이야. 정말 예측한 대로 됐네요. 2015년 코스피는 1870~2180선을 오갔고, 전형적인 '상고하저'였어요. NH투자증권 김 사장님은 미아리에 돗자리 까셔도 되겠네요.

👩 하하, 이제 언니가 말하는 합리적 상상력이 뭔지 알겠지? 첫 번째 기사는 미국의 금리 인상 이후 시장이 안정될 것으로 내다봤고, 두 번째 기사는 오히려 시장이 크게 요동칠 수 있다고 예측했어. 똑같은 미국의 '금리 인상'이란 변수를 놓고 전문가들의 상상이 엇갈린 거야. 친구들도 경제 기사들을 읽으면서 스스로 '내 펀드가 속한 지역, 카테고

리의 시장 전망'을 내다볼 수 있어야 해.

얼마나 정확하게 예측하느냐에 따라 내 펀드의 수익률이 결정되거든.

실제로 지난해 국내나 미국 펀드에 가입한 사람들은 큰 재미를 못 봤어. 반면 일본 펀드에 투자한 사람들은 크게 웃었지.

헐. 지난해에도 펀드로 돈 번 사람이 있긴 있었네요? 제 펀드가 마이너스니까 다들 손해본 줄 알았어요.

아무리 시장이 어려워도 돈 버는 사람은 반드시 있어. 그러니까 펀드를 선택하기 전엔 제대로 된 '합리적 상상력'의 날개를 펼쳐야 해.

"지금 글로벌 경제 상황에서 어디에 투자하면 펀드의 크기가 커질까?"

이게 바로 펀드의 투자 전략을 결정하는 첫걸음이야.

중국 바이러스에 전 세계가 감기 걸린다

근데 아마 이렇게 생각하는 친구들도 있을 거야.

'도대체 미국의 기준금리랑 내 펀드 수익률이랑 무슨 상관이지?'

'남의 나라 기준금리까지 알아야 돼?'

하하. 맞아요. 우리나라 기준금리도 모르는데 미국 기준금리까지 알아야 하나요?

그럴 줄 알았어. 근데 미국의 기준금리는 친구들의 생각보다 우리 생활에 밀접한 관련이 있어. 친구들이 자주 하는 '해외 직구'를 떠올려봐. 고가의 명품은 사고 싶은데 너무 비쌀 때, 원하는 브랜드가 국내에 없을 때, 해외 직구들 많이 하잖아?

그럼요. 국내에서 사면 바가지 쓰는 브랜드들이 너무 많아요. 해외에 직접 주문하면 훨씬 싸게 살 수 있어요.

그것봐. 미국 기준금리에는 관심 없어도 해외 직구는 하잖아. 친구들도 모르는 사이에 이미 글로벌 시장에 동참하고 있는 거야. 미국이 금리를 올리면 달러 강세가 되고 해외 직구 가격도 비싸져. 설사 물건값이 싸더라도 달러원 환율이 상승하면 말짱 도루묵이야. 이래도 미국 기준금리가 친구들과 무관해?

헐. 미국 금리 인상은 완전 직격탄인데요?

그렇다니까! 앞으로 우리가 펼쳐야 할 합리적 상상력의 범주는 '글로벌'이야. 단지 국내 시장만 봐서는 한계가 있어. 최근에 있었던 실례를 들어볼까? 지금은 잠잠해졌지만 연초 핫이슈는 중국이었어. 미국의 경제 방송인 블룸버그를 보면 온통 중국 얘기뿐이었지. 중국말도 하나 못하는 미국인들이 TV에 나와서 하루 종일 중국 소식만 전했으니까. 이유가 뭘까? 그건 올 초에 있었던 재밌는 구경거리 때문이야.

헤지펀드 업계 대부인 '조지 소로스'는 다들 한 번쯤 들어봤지? 이 아저씨가 매년 초 스위스 다보스에서 열리는 경제포럼에서 "중국의 부채 규모가 350%에 달해 지나치게 크다"며 "이미 디플레이션이 진행됐고 중국 경제는 곤두박질칠 것"이라며 맹공격을 퍼부었어.

이렇게 공개적으로 나라가 망할 거라고 전 세계 언론에 떠들고 다니는데 중국 정부라고 가만히 있겠어? 중국 정부도 소로스의 공격을 또 맹비난하며 전면전을 선포했지. 이미 아는 친구들도 있겠지만 소로스 아저씨는 1998년 외환위기 때도 이런 식으로 위기를 조장했어. 하지만 현재 중국의 외환보유고를 감안할 때 그의 공격은 도를 넘어선 거야.

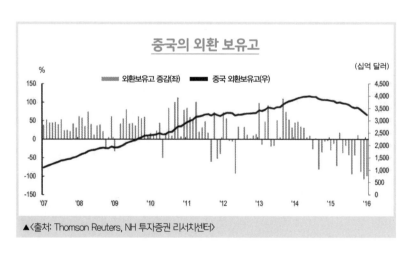

▲〈출처: Thomson Reuters, NH 투자증권 리서치센터〉

세상에서 제일 재미있는 구경이 싸움 구경이라고 했는데 이거 흥미

진진한데요?

거봐. 친구들도 조금만 관심을 가지면 글로벌 시장에 충분히 흥미를 느낄 수 있다니까. 게다가 전 세계 주요 '키맨(Keyman)'들은 정해져 있어. 주요국들의 핵심 이슈들만 머릿속에 넣어둬도 초보 투자자로선 훌륭한 거야.

2016년 재테크 캘린더

3월	중국 양회(중국인민대표자대회 3~15일)
4월	OPEC 감산 협의 불발(17일)
6월	OPEC 회의(2일 오스트리아), 브렉시트 투표(23일), 미국 기준금리 인상 여부 결정
7월	중국 선강퉁 시행 예정
9월	G20 정상회의(4~5일, 중국 항저우)
10월	중국 공산당 제18기 중앙위원회 제6차 전체회의
11월	미국 대통령 선거(8일)
12월	미국 기준금리 인상 예정

먼저 역사의 분기점이 되는 글로벌 금융위기 이후부터 살펴보자. 미국은 2008년 이후 8년 만에 기준금리를 0.25%포인트 인상하면서 제로금리 시대에 종지부를 찍었어. 고용증가, 물가상승 등 경기 회복에 대한 자신감의 표현이지. 여기서 우리가 주목할 건 미국의 경기 부양 수단이야. 과거엔 정부가 직접 나서서 일을 만들고 경기활성화(재정정책)에 앞장섰어. 그러다 보니 정부 빚이 너무 많아진 거야. 그래서 최근 각국 정부들이 쓰는 방법은 중앙은행을 통해 돈을 찍어내는 거야.

경기가 좋다는 건 생산·소비·투자·고용 등의 실물경제가 잘 돌아간다는 의미고, 그러려면 시장에 돈이 잘 돌아야 하기 때문이지.

재테크 MEMO

▶ **통화정책**: 중앙은행이 돈의 양을 늘리거나 줄임으로써 경제활동의 수준을 조절하는 것
▶ **양적완화**(quantitative easing): 중앙은행이 통화를 시중에 직접 공급해 신용경색을 해소하는 정책으로, 경기를 부양시키는 통화정책이 500여 개에 이른다.

와우. 그럼 미국은 무려 8년이나 돈을 찍어내서 경기를 회복한 건가요?

맞아. 우리나라와 극단적으로 비교되는 주가만 봐도 바로 알 수 있어. 미국 주식 시장을 대표하는 S&P500 지수를 살펴볼게. 이 지수는 미국의 대표적인 500개 기업의 주가를 나타내는 지표야. 2008년 이후 꾸준히 우상향 곡선을 그려왔어. 2013년의 경우 연간 주가 상승률이 거의 30%에 육박해.

재테크 MEMO

▶ **S&P500 지수**(Standard&Poor's 500 index): 미국에서 가장 많이 활용되는 대표적인 지수이다. 미국의 스탠다드앤드푸어(standard&poor's)사가 기업규모·유동성·산업대표성을 감안하여 선정한 보통주 500종목을 대상으로 작성해 발표한다.

네? 미국 증시가 1년 동안 30%나 상승했다고요? 국내 코스피는 만날 박스권에서 맴도는데, 오히려 선진국인 미국의 주가가 더 많이 올랐네요?

2008년 이후 연초 대비 미국 S&P500 수익률

■ S&P 500 Index

+13.5%
+12.8%
0%
+13.4%
+29.6%
+11.4%
−0.7%

2009　2010　2011　2012　2013　2014　2015　2(

▲연초 대비 주가상승률은 2013년이 29.68%로 최고를 기록했고, 2012년과 2014년도 각각 13.48%, 11.47%를 기록했다. 〈출처: 블룸버그〉

2015년 미국 S&P500 지수

최고점
2131.92(2015-5-21)

최저점
1867.27(2015-8-24)

1922.03

2015　3월　5월　7월　9월　11월　2016

▲2015년 미국 S&P500 지수는 3년 만에 처음으로 연초 대비 −0.7% 하락했다. 2008년 이후 S&P500 지수가 마이너스를 기록한 것은 7년 만에 처음이다. 〈출처: investing.com〉

그치. 문제는 2015년이야. 잘 나가던 미국 증시가 갑자기 출~렁하며 주저앉았어. 2015년 5월 22일 2131.92포인트로 최고점을 찍었던 주가가 9월 24일 1867.27로 폭락했어. 덕분에 지난해 연 수익률은 -0.7%, 마이너스로 돌아섰어.

누구 때문일까? 친구들도 짐작이 가지?

 네! 중국이요!

▶미국 S&P500 투자 포인트: 2016년 완만한 금리인상 속도로 글로벌 유동성의 급격한 위축 가능성은 낮을 전망이다. 미국 증시도 연간 5% 상승이 전망된다. 바이오테크, IT 등 미국 대장주 반등 여부에 따라 향후 미국 증시 상승 강도도 좌우될 것으로 보인다.
- 리스크1) 강달러 현상 재개로 에너지 가격 하락 시 부실채권 우려가 금융 섹터까지 확산될 가능성이 높다.
- 리스크2) 대선주자들의 바이오섹터(처방약) 및 월스트리트 규제 언급은 변동성 확대 요인 으로 작용할 수 있다.
〈출처: 미래에셋대우〉

그래. 우리의 두 번째 관전 포인트는 소로스와 전쟁을 선포한 중국이야. 중국 증시를 대표하는 상하이종합지수를 보자. 베이징 올림픽을 앞두고 치솟았던 주가는 2008년 폭락 이후 6년 동안 제자리걸음을 했어. 연 8%대 고도 성장에도 주가가 안 올랐던 이유는 중국 정부가 그동안 외국인 투자자들을 막아왔기 때문이야. 그러다 2014년 11월 드디어 외국인들에게 상하이 본토시장(후강퉁)을 오픈했어. 불과 두 달만에 주가는 30% 이상 폭등했지.

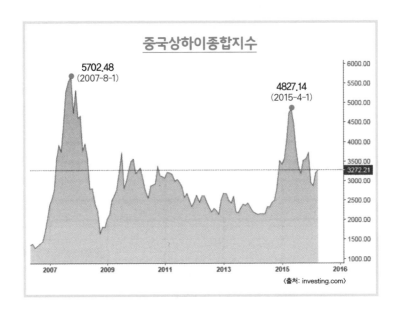

중국상하이종합지수

5702.48
(2007-8-1)

4827.14
(2015-4-1)

3272.21

〈출처: investing.com〉

하지만 산이 높으면 골도 깊은 법! 이듬해 8월 폭등했던 버블이 터지기 시작했어. 2016년 초엔 지난 1년간의 상승분을 고스란히 토해내며 다시 주저앉았지.

아~ 잊고 있었는데 또 생각났어요. 그놈의 중국 펀드! 워낙에 '중국 펀드, 중국 펀드' 하길래 조금 담아봤는데 '폭망'했어요. 도대체 뭐가 문제인가요?

중국 금융 시장은 어린 아이 같아. 실물 경제는 이미 어른 수준으로 훌쩍 커버렸는데, 금융 시장만 발전을 못한 채 뒤쳐진 거야. 중국 정부의 장기적 목표는 금융 개혁이지. 하지만 실무 경험이 없다 보니 이

▶후강퉁(沪港通): 상하이 증권거래소와 홍콩 증권거래소 간의 교차 매매를 허용한 제도다. 이전에는 외국인 투자자 중엔 적격외국인기관투자가(QFII) 자격을 얻은 기관투자가들만 중국본토 A주 투자가 가능했다. 하지만 후강퉁의 도입으로 일반 개인 투자자들도 홍콩을 통해 개별 본토 A주 투자가 가능해졌다.

게 쉽지가 않은 거야.

2016년 초 글로벌 경제를 뒤흔든 중국의 폭락은 정말 '황당한 해프닝' 때문이었어. 지난해 8월에 중국 증시가 폭락했다고 했잖아? 그래서 중국 정부는 올해부터 '서킷 브레이커'라는 제도를 도입했어. 상하이종합지수가 5% 이상 빠지면 자동으로 거래가 정지되는 시스템이야. 아마도 중국 정책 입안자들은 5% 서킷 브레이커를 걸어 놓으면 더 이상은 안 빠질 거라고 생각했나봐. 원래 서킷 브레이커의 도입 취지는 시장이 패닉에 빠져 과도하게 매도할 때 투자자들에게 생각할 시간을 주자는 취지야. 그런데 웬걸? 1월 첫 주에만 서킷 브레이커가 두 번이나 발동했어.

네? 일주일에 두 번이나요? 거의 금융 위기 수준 아닌가요?

그래. 생각해봐. 한 종목당 하한가가 10%인데 상하이종합지수의 서킷 브레이커 마지노선이 5%였어. 처음부터 말이 안 되는 제도였지. 연초부터 화들짝 놀란 중국 정부는 서킷 브레이커 도입 일주일 만에 없던 일로 해버렸어.

🧑‍🦰 정말 웃픈 일이네요. 한 국가가 하는 일치고는 너무 어설퍼요.

👩 하지만 우린 중국을 무시해선 안 돼. 이런 시행착오에도 불구하고, 과거 10년간 연 7% 이상의 고도성장을 해왔어. 앞으로 중국의 문제는 얼마나 '느린 속도'로 성장률이 떨어지느냐(연착륙)는 거야. 중국 정부는 동원 가능한 모든 방법으로 부채를 줄이고 구조조정을 하려고 노력 중이야.

실제로 중국 정부의 재정정책이 더욱 강화되면서 지난 3월 이후 경기부양과 금융시장 안정 효과가 나타나기 시작했어. 1분기 중국 GDP 성장률은 6.7%로 시장 예상치에 부합했고, 내수와 수출 지표도 점차 개선되고 있어.

특히 당초 지난해 시행 예정이었던 '선강통'이 올해에는 될 가능성이 높아. 중국의 마지막 보루라 할 수 있는 선전증권거래소가 오픈되면 또 다른 상황이 전개될 수 있는 거지.

재테크 MEMO

▶**선강통:** 선강통이란 중국의 심천거래소와 홍콩 증시 간 주식의 교차매매가 가능하도록 하는 제도다.

▶**선전증권거래소:** 일반적인 기업들이 상장된 '메인보드'와 규모가 작은 중소기업들이 위치한 '중소판', 그리고 벤처, 창업기업들이 위치한 '창업판'으로 나뉜다.

글로벌 경제는 '블룸버그'로 통한다

🙍‍♀️ 연초 중국의 '서킷 브레이커 사건'을 보면서 언니는 10년 전 읽었던 『렉서스와 올리브 나무』란 책을 떠올렸어. 당시 언니에게 뉴욕 특파원의 꿈을 심어줬던 뉴욕타임즈의 토마스 프리드먼 기자가 쓴 세계화에 대한 고전이야. 책에는 일본의 신칸센 열차에서 중동 분쟁 기사를 읽는 자신의 모습이 세계화의 단편이라는 대목이 나와. 토마스 프리드먼은 "세계화 시대에는 당신이 누구의 편이냐가 아니라 '누구와 연결돼 있느냐'가 관건이다"라고 말했어. 물론 페이스북으로 전 세계 페친들과 연결된 친구들에겐 그야말로 구닥다리 같은 얘기일 수 있겠지만, 당시 대학생이었던 언니는 큰 영감을 받았어.

🙍‍♀️ "누구와 연결돼 있느냐가 관건이다"라는 메시지는 지금 들어도 와닿네요.

🙍‍♀️ 10년이 지난 지금, 언니는 정확히 그의 예언대로 물리적 제약이 사라진 초연결 네트워크 시대를 살아가고 있어. 굳이 미국에 있지 않아도 매일 아침 8시면 전날 미국 시장의 시황과 원자재 가격을 체크해. 휴대폰에서 해외 주식 모바일 트레이딩 시스템(MTS)만 있으면 가능하지. 전날 미국 시장을 보고 오전 9시에 개장할 코스피 분위기를 짐작

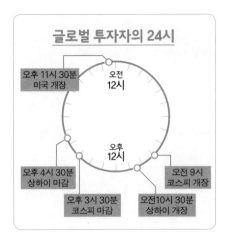

글로벌 투자자의 24시

- 오후 11시 30분 미국 개장
- 오전 12시
- 오후 12시
- 오후 4시 30분 상하이 마감
- 오후 3시 30분 코스피 마감
- 오전 10시 30분 상하이 개장
- 오전 9시 코스피 개장

할 수 있어.

코스피가 개장하고 1시간 30분 뒤(10시 30분)엔 중국 상하이의 시황을 둘러봐. 국내 시장이 좋게 출발했다가도 갑자기 빠질 땐 분명 중국에서 뭔가 터진 거야.

오후 3시 30분에 코스피가 마감되면 중국 상하이 증시가 오후 4시 30분에 장을 마쳐. 중국 상하이 시장 상황도 밤 11시 30분에 개장하는 미국 시장에 직접적 영향을 미쳐.

어때? 모바일 하나로 24시간 글로벌 시장을 파악하는 거야. 전 세계는 10년 전 토마스 프리드먼이 예언했던 것보다 훨씬 더 긴밀하게 맞물려 돌아가고 있어.

🙋 이야. 모바일 하나로 전 세계를 알 수 있다니! 정말 글로벌 세상이에요.

🙎 그래 맞아. 경제 공부도 재미를 느끼는 게 중요해. 지금까지 미국과 중국을 살펴봤으니 이제 유럽, 일본만 더 보면 감이 잡힐 거야.

🙋 오~~ 유럽, 일본 좋아요! 최근 두 나라 모두 환율이 떨어져서 여행가기 좋아졌어요.

아주 좋은 접근법이야. 글로벌 시장 파악은 멀리 있지 않아. 당장 피부로 와 닿는 환율이 그 나라 경제를 대변해주는 첫 번째 척도야. 일단 유럽과 일본의 환율이 떨어져 여행가기 좋다는 건 다 알지? 그런데 환율은 왜 떨어졌을까?

거기까진 미처 생각 못했네요. 유럽 갈 때 명품 사기 좋아졌다는 것밖엔….

여기서 한 번만 더 생각하면 돼. 환율이 떨어졌다는 건, 그 나라의 통화 가치가 하락했다는 의미야. 통화 가치의 하락은 수요보다는 공급이 많기 때문이지. 하지만 유럽과 일본의 통화량이 늘어난 건 자연스러운 현상이 아니야. 각국의 중앙 정부가 '인위적'으로 돈을 많이 찍어 냈기 때문이야.
왜 그랬을까? 앞에서 미국의 글로벌 금융위기를 극복한 비결이 바로 통화량을 늘려 시중에 자금을 많이 공급했기 때문이라고 했잖아?

네. 중앙은행이 인위적으로 통화량을 늘리는 행위를 어려운 말로 '양적완화'라고 하고, 이런 정책적 의사 결정을 통틀어 '통화정책'이라고 했어요.

그렇지. 미국을 따라 먼저 돈을 풀기 시작한 건 일본이야. 2012년 '아베 신조' 총리가 취임했어. 위안부 문제로 우리는 아베를 싫어하지만 경제 정책 입안자로서 그의 능력은 탁월해. 취임 직후 '아베노믹스'라는 이름으로 돈을 풀기 시작한 거야. 지난 3년간 일본 중앙은행이 공급한 유동성이 무려 197조 엔에 달해.

재테크 MEMO

▶**아베노믹스:** 유동성 확대를 통해 디플레이션에서 벗어나겠다는 아베 신조 일본총리의 경기부양책. 아베 신조가 자민당 총재로 당선된 2012년 가을부터 이 용어가 유행하기 시작했다. 아베는 총리가 된 이후 약 20년간 계속된 경기침체를 해소하기 위하여 연간 물가상승률 2%를 상한선으로 정하고 과감한 금융 완화(통화공급 확대), 엔화 평가절하, 인프라 투자 확대 재정정책, 적극적인 경제성장 정책을 추진하고 있다.

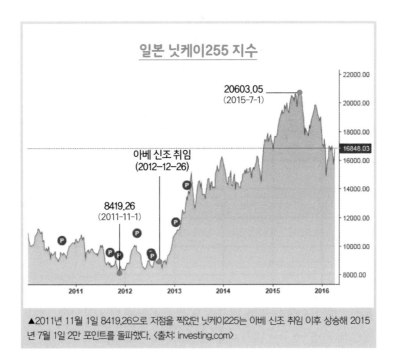

일본 닛케이255 지수

20603.05
(2015-7-1)

아베 신조 취임
(2012-12-26)

8419.26
(2011-11-1)

16848.03

▲2011년 11월 1일 8419.26으로 저점을 찍었던 닛케이225는 아베 신조 취임 이후 상승해 2015년 7월 1일 2만 포인트를 돌파했다. 〈출처: investing.com〉

일본 토픽스 지수

1673.36
(2015-5-1)

아베 신조 취임
(2012-12-26)

719.26
(2012-5-1)

1361.40

▲2012년 5월 1일 719.26으로 저점을 찍었던 토픽스는 2015년 5월 1일 1673.36포인트까지 상승했다. 〈출처: investing.com〉

대박! 지금 환율(1엔=9.97원)로 계산하니 무려 2,000조에 육박하네요!

부정적 평가도 있지만 대체적 평가는 긍정적이야. 지난 4년간 주가는 폭등했고, 엔화는 약세가 됐으니까. 일본의 대표지수인 닛케이225는

재테크 MEMO

▶ **닛케이225**: 닛케이 신문사가 도쿄증권거래소 1부 시장에 상장 주식 중 225개 종목 시장 가격을 평균해 산출하는 일본증시의 대표 지수다.
▶ **토픽스 지수**: 도쿄증권거래소 1부 시장에 상장된 모든 종목을 대상으로 산출·발표한다.

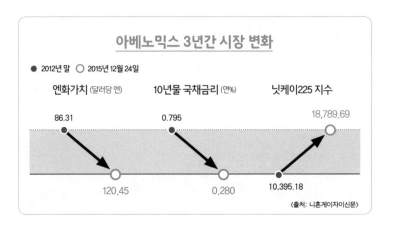

아베노믹스 3년간 시장 변화

● 2012년 말 ○ 2015년 12월 24일

엔화가치 (달러당 엔) 10년물 국채금리 (연%) 닛케이225 지수

86.31 0.795 18,789.69

120.45 0.280 10,395.18

〈출처: 니혼게이자이신문〉

3년 만에 8천 포인트 수준에서 2만 포인트를 돌파했어. 엔화도 달러 당 86.30엔에서 120.45엔으로 뚝 떨어졌어.

주가가 두 배나 오르다니…. 아베노믹스의 위력이 어마어마하네요. 그래도 아베 아저씨는 정말 미워요.

우리의 반일감정과는 무관하게 이웃나라 일본에 꾸준한 관심을 가질 필요가 있어. 특히 일본중앙은행(BOJ)은 2016년 1월 28일 역사적인 기준금리 마이너스 시대를 열었어. 이제 일본 은행들은 대출을 하지 않고 쌓아놓으면 오히려 BOJ에 이자를 내야 하는 상황이 발생한 거 야. 전례가 없는 역사적 실험이라고 할 수 있지.

네? 마이너스 기준금리요? 대출이자로 먹고사는 은행들은 다 망하는 거 아니에요?

물론 은행 시스템이 붕괴되는 결과를 초래할 수 있어. 하지만 좀 더 지켜볼 필요가 있어.

재테크 MEMO

일본 닛케이225 투자 포인트
엔화 약세를 기반으로 닛케이225 지수에 포함된 기업들의 2016년 당기순이익 전망치는 각각 15.2%, 8.5% 증가가 예상된다. 특히 일본 기업들의 당기순이익 전망치는 연초 이후 꾸준히 상향 조정되고 있다. 2016년에도 지수는 당기순이익 증가율인 10% 내외의 안정적인 상승이 가능할 전망이다. 〈출처: 미래에셋대우〉

마지막 관전 포인트는 유럽중앙은행(ECB)이야. 유럽의 양적완화는 조금 늦은 감이 있는 2015년 초부터 시작됐지. 하지만 지난 한 해 유럽 내 악재들이 많아서 워낙 약발이 먹히질 않았어. 유럽연합(EU)엔 다양한 국가들이 섞이다 보니 여러 가지 사건 사고가 많아. 그리스는 EU한테 돈 빌려 놓고 못 갚겠다고 배째라고 하고, 유럽 곳곳에서 무장 테러가 자꾸 터져. 경제 수준이 다른 나라끼리 발 맞춰 걷는 건 참 쉽지 않은 일이야. 급기야 이런 국가 간 빈부격차를 견디지 못한 영국이 EU 탈퇴를 고민 중이야. 오는 6월 23일 국민투표를 통해 결정돼.

재테크 MEMO

▶**그렉시트:** 그리스(Greece)와 출구(Exit)의 합성어. 그리스의 유로존 이탈을 의미한다.
과도한 복지정책 등으로 재정난에 허덕이던 그리스 정부는 이를 타개하기 위해 유럽연합 집행위원회·유럽중앙은행·국제통화기금(트로이카)으로부터 구제금융을 받았다. 구제금융의 조건은 긴축정책, 증세 등이었는데 이는 그리스 국민의 거센 반대에 부딪히게 된다.
그렉시트 우려가 심화되자 결국 그리스는 채권단의 요구를 반영한 경제개혁안을 제출하였다. 그리스 채권단이 2015년 2월 24일(현지시간) 이 경제개혁안을 검토, 승인하면서 그렉시트 위험이 낮아졌다.

▶**브렉시트:** Britain과 exit의 합성어로 영국의 EU 탈퇴를 의미한다. 2012년 말 EU의 재정위기가 심화되면서 수면 위로 부상했다. 2016년 6월 23일 영국은 브렉시트 여부에 대한 국민투표를 실시할 예정이다.

주요 증시 목표 주가 및 투자 포인트

		투자의견	4Q15	1Q16	2Q16	3Q16	4Q16	2016	2017
🇺🇸	미국	Neutral	2,050	2,050	2,150	2,100	2,200	2,200	2,300
	유럽	Neutral	3,600	3,300	3,800	3,600	3,800	3,800	4,500
	일본	Limited Overweight	20,000	21,000	21,000	21,500	22,000	22,000	23,000
	브라질	Limited Underweight	45,000	42,000	43,000	45,000	47,000	47,000	50,000
	러시아	Neutral	820	820	850	870	900	900	1,000
	인도	Limited Overweight	27,000	26,400	27,000	27,500	28,500	28,500	28,000
	중국	Neutral	3,400	3,400	3,500	3,600	3,700	3,700	4,200
	인도네시아	Neutral	4,300	4,100	4,200	4,500	4,750	4,750	5,100

〈출처: 미래에셋대우 '2016 글로벌 자산 배분 전략'〉

이제 조금 글로벌 시장이 어떻게 돌아가는지 알 것 같지?

네! 근데 정말 궁금한 게 있어요. 과거가 아니라 매일 현재 진행되는 상황을 어떻게 혼자서 업데이트할 수 있나요?

아주 좋은 질문이야. 언니는 '블룸버그 비지니스' 앱을 추천해. 휴대폰에 이 앱 하나만 깔면 모든 게 해결돼. 전 세계 경제 주요 이슈에 대해서 실시간으로 속보를 볼 수 있고 글로벌 시장 상황을 확인할 수 있어.

와우. 블룸버그 비즈니스 앱! 당장 깔아야겠네요.

▲앱스토어에서 '블룸버그 비지니스' 앱을 다운받아 설치하면 전 세계 경제 뉴스를 실시간으로 볼 수 있다.

인구 2억
인도네시아에 주목하라

2015년 12월 인도네시아 인도푸드(INDF)에 투자한 직장인 김모 씨는 4개월 만에 33%의 수익을 냈다. 여기에 인도네시아 루피아 환차익 8%까지 더하면 총 43%의 수익을 낸 셈이다.

2016년 2분기 글로벌 자본들이 다시 신흥국 시장을 주시하고 있다. 국내 인도네시아 전문가인 헥사곤 인베스트먼트 컨설팅의 김재욱 대표(『인도네시아 주식투자로 인생에 한 번은 돈 걱정 없이 살아라』 저자)의 투자법을 들어봤다.

1. 아시아 중 내수로 살 수 있는 유일한 국가

베트남, 말레이시아, 미얀마 등 다른 동남아시아 국가들도 많은데 왜 하필 인도네시아일까. 김 대표는 2억 5천 명(노동가능인구 1억 2천만 명)에 달하는 인구를 가장 큰 이유로 꼽았다. 수출주도형 경제였던 일본이 잃어버린 20년을 견딜 수 있었던 이유도 1억 명 이상의 인구로 내수 시장이 뒷받침됐기 때문이다. 과거 원자재 수출로 경제를 지탱해온 인도네시아는 현재 내수로 전환되는 과도기를 겪고 있다.

2014년 최초 민간 출신 문민정부의 탄생으로 인한 시장친화 개혁정책 추진도 주목할 점이다. 조코 위도도 대통령 취임 직후 여소야대 형국으로 정책 추진이 어려웠으나, 최근 여당이 과반을 넘어서며 힘이 실리고 있다. 특히 인도네시아 시가총액은 400조 원으로 베트남(65조 원)의 6배에 달한다.

2. 소비재, 제약 등 내수주에 주목하라

인도네시아는 내수 시장에 기회가 있다는 분석이다. 소비재 종목 중 가장 좋은 종목으로는 인도푸드(INDF)를 꼽았다. 한국의 농심과 비슷한 산업군으로 인도네시아 라면시장의 80% 이상을 차지한다. 수익 비중이 가장 높은 사업군은 역시 라면 부문이다. 농심의 시가총액이 1조 6천억 원에 불과하지만, 인도푸드는 모회사의 시가총액만 6조 원이 넘는다. 인도푸드는 모회사의 INDF와 자회사인 ICBP가 있다. 지난해 12월 이후 ICBP는 18%(환차익 적용 시 27%), INDF(환차익 적용 시 43%)은 33%는 급등했다.

저평가 된 종목으로는 최근 가격 조정을 받은 제약주를 꼽았다. 칼베파르마(KLBF)는 인도네시아뿐만 아니라 동남아시아에서 가장 큰 제약회사다. 최근 주가가 많이 빠졌지만 시가총액 기준으로 7조 원으로 한국의 대형 제약사보다 2배 이상 크다. 칼베파르마는 처방약, 소비재, 영양제, 유통 등 4개 사업군으로 돼 있다. 특히 유통 부문은 현재 매출액의 32%를 차지하는 가장 강력한 사업군이다.

인도네시아에 투자할 땐 환율을 반드시 고려해야 한다. 지난 4년간 인도네시아 루피아는 30% 가까이 폭락했다. 앞으로 환율이 상승한다면 투자 수익률은 더 커질 수 있다.

숲을 보고, 나무는 전문가에게 맡겨라

🙂 자! 지금까지 우리가 왜 이런 이론 공부를 했는지 잊지 않았지? 투자의 세계에서 공부는 그 자체로서 의미가 있는 게 아냐. 이론 공부만 잔뜩 하면 뭐해? 그게 직접적으로 투자의 판단에 활용되지 않고, 돈 버는 데 쓰이지 않으면 '죽은 지식'이야. 소위 말하는 지적 허영심에 지나지 않아. 투자 공부는 돈을 벌려고 하는 거야. 말만 청산유수처럼 하고 추천하는 펀드마다 다 마이너스면, 동네 구멍가게 약장수랑 똑같은 거야! 오케이?

그럼, 2016년엔 어디에 투자해야 우리가 먹을 '펀드 보쌈'의 크기가 커질까?

🙂 그러고 보니 잠시 목적을 잊고 있었네요. 공부는 열심히 한 것 같은데 아직도 잘 모르겠어요.

🙂 이럴 땐 언니가 어떻게 하라고 했지?

🙂 아무것도 몰랐던 것처럼 원점에서 다시 시작하라고요!

🙂 그래, 좋아. 먼저 우리가 실패한 시점으로 돌아가보자. 많은 사람들이

2015년 초에 유럽의 양적완화를 기대하고 유럽 펀드인 슈로더 펀드에 가입했어. 하지만 성과는 좋지 못했지. 왜 그런 거지?

그거야, 유럽이라고 다 같은 유럽이 아니라면서요. 속 썩이는 골치 덩어리도 있고, 자꾸 도발하는 테러리스트들도 있고, 암튼 가지 많은 나무에 바람 잘 날 없다고, 국가랑 인종이 다양하다 보니 그런 거겠죠?

맞아. 친구들이 슈로더 유로 펀드에 투자할 때 바로 이 점을 간과한 거야. 혹시 펀드에 투자하면서 주요 투자 종목이 뭔지 확인한 친구 있어? 우리가 '펀드 보쌈' 싸 먹을 때 들어가는 주요 재료 종목들 있잖아.

아뇨. 주요 종목도 확인할 수 있는 거였어요?

당연하지. 지금 당장 슈로더투자신탁운용(http://www.schroders.com/ko/kr) 홈페이지에 접속해서 슈로더유로 펀드의 '투자설명서'와 '월간운용보고서'에서 투자 국가와 대상들에 대한 정보를 찾아봐.
투자설명서를 잘 살펴보면 EMU(유럽경제통화연맹) 국가에 투자한다고 나와 있어. 바로 이 국가들이 우리의 보쌈 속 야채에 해당되겠지? 어때? 유럽 지도를 보면 아일랜드, 독일, 프랑스, 핀란드, 스페인, 포르투갈, 그리스, 이탈리아, 벨기에, 룩셈부르크 등이 있지?
근데 자세히 보면 빠진 국가들이 있어. 영국, 스웨덴, 덴마크 등이야.

재테크
MEMO

▶ **유럽경제통화동맹**(EMU·European Economic and Monetary Union): 유럽중앙은행제
도(ESCB)로 운영되며, 유럽중앙은행(ECB)과 참가국중앙은행(NCB) 및 산하기구로 편성된다.
유럽중앙은행은 EMU 참여국의 통화정책권한을 이양받으며 마스트리히트 조약에 의해 물가
안정을 최우선 정책목표로 하여 단일통화정책을 수행한다.

어? 정말 그러네요? 동유럽 국가들도 포함이 안 됐어요.

그치. 우리의 펀드 편입 종목에 영국이 빠졌다는 게 치명적 함정이야.

유럽에서 잘 나가는 국가는 독일 이외에 영국이 유일해. 그런데 이런

'알짜 종목'이 빠진 거야.

월간보고서의 포트폴리오 분석을 보면 보다 자세한 정보들이 나와.

포트폴리오 분석

국가별 자산비중		업종별 자산비중	
국가명	비중(%)	업종명	비중(%)
독일	28.8	금융	22.7
프랑스	26.2	산업재	19.6
네덜란드	9.2	필수소비재	10.9
스웨덴	6.1	헬스케어	10.0
이탈리아	5.2	소재	9.3

*포트폴리오 분석 내용은 관련 법령에 의거, 기준일의 2개월 전 자료이다.

국가별로는 독일(28.8%)과 프랑스(26.2%)의 비중이 50%를 차지해. 업종별로는 금융이 22.7%로 가장 높고, 산업재(19.6%)와 필수소비재(10.9%), 헬스케어(10%)로 10%대 비중을 차지하고 있지.

3개월마다 발간되는 월간운용보고서에는 더 자세한 설명이 나와. 지난해 말 유럽 시장이 5.7%나 하락하면서 시장이 부진했대. 그나마 희망을 걸었던 드라기 유럽중앙은행(ECB) 총재의 양적완화 발언도 실망스러웠다는 거야.

거의 모든 분야가 마이너스 수익률을 보였고, 특히 스페인 시장이 수익률을 갉아먹었다고 돼 있어.

그동안 펀드 투자하면서 단 한 번도 투자설명서, 운용보고서를 읽어본 적이 없었어요. 솔직히 초보 투자자들한테 너무 불친절한 자료들 같아요. 딱 봐도 읽기 싫잖아요.

그래, 맞아. 상대방에 대한 배려가 전혀 없는 법조문 같지만, 인내심을

슈로더 유로 펀드 매니저 보고서

▶시장경과 및 운용성과

연말 유로존 주식 시장은 부진한 흐름을 보이면서 5.7% 하락하였습니다. 투자자들은 12월 초로 예정된 유럽중앙은행의 정책결정 회의에 주목하는 모습이었습니다. 드라기 유럽중앙은행 총재가 추가 완화에 대한 가능성을 제기한 이후, 통화 완화 확대에 대한 기대감은 매우 높아진 상황이었습니다. 그러나, 발표는 시장의 실망감을 불러 일으켰습니다. 완화 기간이 2016년 9월에서 2017년 3월로 연장되었으나, 월 600억 유로 규모는 변화가 없었습니다. 국가별로는, 스페인 주식 시장이 특히 약세를 보였습니다. 12월 20일 열린 스페인 총선은 극도의 불안정한 의회를 야기하였습니다. 모든 섹터가 마이너스 수익률을 보였고, 한 달간 43 달러에서 36.5 달러로 하락한 오일 가격으로 인해 에너지섹터가 가장 큰 부진을 보였습니다. 12월 복합 PMI 속보치는 11월 54.2에서 54로 하락하였습니다. 2015년 4분기 PMI는 4년 반만에 최고치를 보였습니다. 11월 연간 인플레이션은 10월 0.1%에서 0.2%로 소폭 상승하였습니다. 펀드 내 금융주에서 벨기에 KBC Groupe는 상대 성과에 가장 큰 기여를 하였습니다. KBC는 금융위기 동안 받아온 주정부의 보조금 상환을 완료하였습니다. 네덜란드 은행인 ABN Amro 또한 11월 주식 시장 상장 이후 계속되는 주가 상승으로 인해 긍정적인 공헌을 하였습니다. 대형 스페인 은행인 BBVA와 Snatander의 미보유 역시 상대성과에 플러스로 작용하였습니다. 금융주 외로는, Deutsche Boerse가 펀드 성과를 지지하였습니다. 개별 종목으로는 포르투갈 오일과 가스 회사인 Galp Energia가 큰 공헌을 하였습니다. SCA 또한 성과에 도움을 주었습니다. 상대적으로 방어적이고 성장주인 종목들이 12월 투자자들의 선호를 얻었습니다. 부정적인 면으로, 산업가스 회사인 Linde는 펀드 수익률을 하락에 주된 요인이었습니다. 동사는 중기 순이익 마진 전망치를 하향 조정하였습니다. 아일랜드 포장회사인 Smurfit Kappa와 비행기 제조업체인 Airbus 또한 12월 수익률을 끌어내렸습니다.

▶시장 전망 및 운용전략

매매 관련해서는, 밸브나 파이프 시스템 등의 산업 엔지니어링 회사인 Aalberts Industries를 신규매수하였습니다. 이 밖에 Edenred와 Enel를 전량 매도하였습니다. Edenred는 부진이 계속되는 브라질 경제에 상당한 노출이 있습니다. Enel은 지배구조의 단순성으로 인해 상대적으로 견고한 수익률을 보였습니다. 그러나, 동사의 라틴 아메리카 비중은 성과에 부담으로 작용할 것으로 판단합니다. 향후, 유럽 주식 시장을 지지할 만한 많은 요소들이 존재한다고 판단합니다. 유럽중앙은행의 계속적인 양적완화, 견고한 기업 신뢰도, 그리고 많은 이민자로 인한 증가하는 재정 지출이 이에 포함됩니다. 그렇지만 위험은 분명 높습니다. 미국 증시는 금리 인상으로 인한 달러화 강세가 이미 기업 실적에 부담으로 작용하면서 어려워질 것으로 예상합니다. 당사는 유로존이 상대적인 밸류에이션으로나 낮은 상품시장 노출도로나 다른 지역 대비 포지셔닝이 잘 되어 있다고 판단합니다. 다만, 유로존 주식이 2016년부터 어려움이 예상되는 미국과 얼만큼 비동조화될 수 있을지 여부를 지켜봐야 할 것입니다.

〈출처: 2016년 4분기 운용보고서〉

발휘해서 읽어보자고. 보고서 마지막 부분을 보면 유럽 주식 시장은 ECB의 양적완화, 견고한 기업 신뢰도, 이민자 증가로 반등할 수 있다고 나와. 다만 달러 강세로 기업 실적에 부담이 되는 미국에게 악영향을 받는 게 걱정이라는 거야.

결국 유럽이 2015년 양적완화의 약발을 받지 못했고 2016년엔 개선의 여지가 있다는 거야. 어때? 동조하는 거야? 이게 바로 펀드 매니저의 합리적 상상력이지.

네! 충분히 설득력이 있어 보여요.

좋아. 이제는 어떻게 하면 펀드에 포함된 개별 종목들의 크기가 커질까
를 판단해야 돼. '펀드 매니저 보고서'는 개별 종목들까지도 알려주고
있어. 하지만 우리 같은 일반인은 전혀 알 수 없는 유럽 기업들이야.

슈로더유로 펀드 – 상위 5개 투자 종목

순위	종목명	국가	업종	비중%	종목 개요
1	SAP SE	독일	IT	3.70	SAP(SAP SE)는 다국적 소프트웨어 업체. e-비즈니스와 기업 관리 소프트웨어를 포함한 비즈니스 소프트웨어를 개발하고, 애플리케이션 소프트웨어를 사용하는 기관에 컨설팅을 제공하며, 교육 서비스도 제공.
2	Intesa Sanpaolo	이탈리아	금융	3.49	개인 및 기업체를 대상으로 예금, 대출, 투자, 여신, 자산관리 등의 금융서비스 제공. 1998년에 설립된 방카인테사(Banca Intesa SpA)가 모태. 2007년 Sanpaolo IMI를 흡수하면서 이탈리아 최대 은행이자 유럽 3위의 거대 은행그룹으로 탄생.
3	Orange	프랑스	텔레콤	3.06	오랑주(Orange SA)는 가정, 전문직 종사자 및 대기업을 대상으로 정보통신 서비스를 제공하는 업체. 유선 공중전화와 임대회선, 데이터 전송, 이동통신, 케이블 TV, 인터넷 및 무선 애플리케이션, 방송 서비스, 정보통신장비 판매와 대여 서비스를 제공.
4	Fresenius Medical Care AG	독일	헬스케어	2.85	프레제니우스 메디칼 케어(Fresenius Medical Care AG&Co. KGaA)는 신장 투석 서비스를 제공하고 투석 환자 치료에 사용되는 장비나 제품을 생산하여 판매하는 업체. 전 세계에 임상검사와 진단검사 서비스를 제공하며 가정 주입, 호흡기 질환치료, 초음파 심장검진을 제공.
5	Continental AG	독일	임의 소비재	2.64	콘티넨탈(Continental AG)은 타이어, 자동차 부품, 산업제품을 제조하는 업체. 승용차, 트럭, 상용차와 자전거 타이어, 브레이크 시스템, 충격흡수장치, 호스, 드라이브 벨트, 컨베이어 벨트, 동력 전달기 제품과 봉인 시스템을 생산. Continental, Uniroyal, Gislaved, Viking 및 Barum의 상표로 제품을 판매.
	상위 10종목 합계			15.74	

*상기 비중은 2014년 12말 기준 슈로더유로 증권 모펀드(주식) 내 순자산평가액 대비 투자비중이다(관련 법령상 2개월 전 자료 제공).

헐. 발음조차 어려운 처음 듣는 기업들이네요.

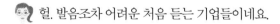

🙎 솔직히 펀드의 개별종목 선정은 우리 능력 밖의 일이야. 어느 지역의 보쌈을 먹을지는 결정했지만, 자세한 채소의 종류는 지역 전문가인 펀드 매니저에게 대신 정해달라고 하는 거지. 이렇게 펀드 매니저의 '합리적 상상력'에 지불하는 대가가 바로 운용보수야.

🙎 맞아요. 그게 합리적일 것 같아요. 국내 기업도 잘 모르는 우리가 하물며 유럽 기업은 어떻게 알겠어요!

🙎 그러니까 이제부터 우리가 판단해야 할 일은 '펀드 매니저의 능력'이야. 펀드 매니저가 종목 선정을 잘해야 수익률이 높아지지 않겠어? 자료를 보면 슈로더유로 펀드는 국내와 해외의 매니저가 각각 달라. 국내 펀드 매니저가 직접 종목 선정을 하지 않고 마틴 스캔버그 매니저가 운용하는 펀드에 위탁 운용한다는 의미야.

🙎 아하. 그럼 슈로더유로 펀드의 종목 선정은 국내 매니저가 아니라 해외 매니저가 하는 거네요?

국내 슈로더유로 펀드 매니저

성명	운용개시일	직위	운용 중인 다른 펀드 현황		성과보수 있는 펀드 및 일임계약 운용규모		주요 경력 및 운용내역	협회등록번호
			펀드 개수	운용 규모	개수	운용 규모		
장정주	2013.10.01	부장(책임)	10	5,243	–	–	기업은행, 동양선물	2109001258

해외 매니저

성명	운용기간	직위	운용 중인 다른 펀드 현황 운용 규모	주요 경력 및 운용내역
마틴 스캔버그	~기준일 현재	펀드 매니저	EUR4.5bn ('13. 11. 30 현재)	– Schroder ISF Euro Equity – Schroder Institutional European Equity Fund

*해외위탁집합투자업자의 펀드 매니저는 예고 없이 교체될 수 있다.

그렇지. 그래서 이 펀드는 국내 펀드에 비해 운용보수가 비싼 편이야. 당연히 해외에 위탁 운용을 맡기려면 비용이 들 테니까. 우리는 이 펀드 매니저에게 더 비싼 수수료를 내고 대신 굴려달라고 할 만한 가치가 있는지 판단해야 돼.

흠. 국내 펀드 매니저도 만나기 힘든데, 해외 펀드 매니저의 능력까지 파악해야 한다고요? 이거 펀드 하나 가입하는 게 보통 힘든 일이 아니네요.

재테크 MEMO

펀드 투자설명서 찾기
해당 자산운용사의 홈페이지에 접속하면 알 수 있으며 금융감독원의 '펀드정보 one click (http://fund.kofia.or.kr)'이나 '펀드닥터(http://www.funddoctor.co.kr)'에서도 확인할 수 있다.

펀드 매니저의 능력을 알 수 있는 지표들

물론 우리가 직접 펀드 매니저를 알고 투자하긴 어려워. 하지만 펀드 매니저의 능력을 간접적으로 평가할 수 있는 지표들은 있어.

오호! 정말요? 개인적으로는 펀드 매니저를 잘 몰라도 누가 능력이 있는지 알 수 있다는 거죠?

그래. 맞아. 펀드 매니저의 운용 성과는 어떻게 알 수 있을까?

결국 수익률 아닌가요? 수익률이 높으면 운용을 잘하는 거겠죠.

물론 수익률이 제일 중요하지. 근데 겉으로 드러나는 '절대적 수익률'로만 판단하기엔 무리가 있어. 학창 시절을 떠올려 봐. 시험 자체가 쉬우면 다른 수험생들도 다 같이 잘 보잖아. 그러면 내 점수가 오른 것 자체는 큰 의미가 없어. 이럴 땐 전체 수험생 중에서 몇 등인지를 봐야해.

맞아요. 백분율(%)을 봐야죠.

펀드도 마찬가지야. 같은 유형의 펀드들과 비교할 때 상대적 성과를 알 수 있는 다양한 지표들이 있어. 먼저 펀드 매니저의 종목 선정 능력을 나타내는 '젠센의 알파지수'야. 실제 펀드 수익률에서 기대 수익률을 빼면 돼. 젠센의 알파지수가 높다는 건 기대보다 높은 수익률을 기록했단 의미야.

또 다른 지표는 목표 대비 수익률을 알려주는 '벤치마크(BM·비교지수)' 대비 수익률이야. 펀드 운용의 목표가 되는 벤치마크보다 얼마나 초과수익을 달성했는지 알 수 있어. 아무리 플러스 수익률이 나와도 벤치마크보다 낮다면 운용을 잘했다고 볼 수 없어.

또 위험 대비 수익률을 알려주는 샤프지수라는 것도 있어. 이 지수는 위험 대비 수익률을 나타내. 높은 수익을 내려면 그만큼 리스크도 감

재테크 MEMO

▶**젠센의 알파지수:** 펀드의 수익률이 균형 상태에서의 수익률보다 얼마나 높은지를 나타내는 지표. 젠센의 알파=펀드 수익률-적정(기대)수익률. 알파 값이 클수록 성공적인 투자 성과를 나타낸다고 판단한다.

▶**벤치마크(BM·Benchmark):** 펀드의 수익률을 비교하는 '기준 수익률'이다. 펀드 매니저의 운용능력을 평가하는 잣대로 사용된다. 투자성과를 비교하기 위한 비교지수다.

▶**샤프지수:** 위험 대비 초과 수익률. 1이라는 위험을 부담하는 대신 얻는 초과수익의 값이 높을수록 투자성과가 성공적이라고 판단한다.

▶**표준편차(위험정도):** 수익의 변동성이 30% 이내면 안정적이라 판단하며 펀드 수익률이 평균 수익률과 대비해 변동한 범위를 말한다.

▶**퍼센트(%) 순위:** 전체 펀드의 해당 기간에 수익률 순위를 매긴 뒤 해당 펀드가 상위 몇 %에 해당하는지를 숫자로 표시한 것이다. 예를 들어 A펀드의 1년 수익률이 전체 300개 펀드 중 30위에 올랐다면 A펀드의 1년 수익률 % 순위는 10위다.

▶**BM민감도:** 시장변화에 대한 펀드수익률의 민감도
        B=1 시장수익률과 동일한 민감도
        B>1 시장수익률보다 민감하게 움직임(위험이 큼)
        B<1 시장수익률보다 둔감하게 움직임(안정적)

수해야 하거든. 샤프지수가 높다는 건 위험을 감수하고서라도 높은 수익을 추구한다는 의미야. 여러 종목에 분산하지 않고 소수 종목에 집중 투자하면 샤프지수가 높게 나와. 그럼 직접 실전에 적용해볼까? 2016년 초 수익률 최하위권을 기록한 중국 펀드들이야. 4월 12일 기준 연초 대비 모든 중국 펀드는 마이너스를 기록했어. 중국의 대표 지수인 상하이종합지수가 곤두박질쳤으니 당연히 중국 펀드의 수익률도 형편없었지.

이런 악조건 속에서도 선방한 펀드가 있어. 중국본토 펀드 4개를 비교한 표를 봐. 중국 펀드라고 해도 수익률은 제 각각이지?

중국본토 펀드 비교

항목	이스트스프링차이나드래곤AShare(H)	한화중국본토H(주식)	신한BNPP중국본토RQFⅡ(H)	삼성중국본토중소형FOCUS(H)
연초대비 수익률	-12.58%	-10.16%	-13.99%	-15.23%
1개월 수익률	3.83%	5.40%	3.66%	11.29%
표준편차(%)	20.67	19.06	22.86	32.51
%순위	62	36	74	83
젠센알파	-1.62	8.94	1.11	13.51
샤프지수	-0.9	-0.33	-0.75	-0.41

〈기준: 2016년 4월 12일〉

시장 대비 가장 높은 초과 수익을 낸 펀드는 한화중국본토증권자투자신탁H(주식)이야. 수익률이 -10.16%로 시장 평균을 웃돌았어. 이스트스프링차이나드래곤AShare(H)도 -12.58%로 나름대로 선방했지. 반면 삼성중국본토중소형FOCUS(H)는 -15.23%로 시장 평균을 훨씬 밑돌았어.

오~. 진짜 그러네요? 왜 이런 차이가 나죠?

답은 앞에서 공부한 펀드 매니저의 능력을 알려주는 지표들을 보면 알 수 있어. 먼저 BM 대비 수익률이야. 한화중국본토H(주식)은 2015 년 9월 이후 BM을 초과하는 성과를 냈어. 반면 삼성중국본토중소 형FOCUS(H)는 2015년 5월까진 BM과 비슷하다가 움직였지만 9 월 이후 격차가 크게 벌어졌지. 그나마 이스트스프링차이나드래곤 AShare(H)의 수익률과 BM의 격차가 적었어.

BM 대비 수익률이 다 비슷할 줄 알았더니 차이가 생각보다 크네요.

젠센의 알파지수는 더 많이 차이나. 그럼 젠센의 알파지수가 가장 높 게 나타난 한화중국본토H(주식)의 BM 대비 수익률을 다시 볼까?

삼성중국본토중소형FOCUS(H)주식A의 BM 대비 수익률

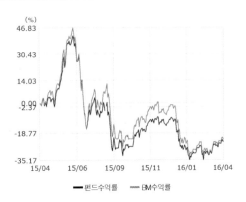

(%)
46.83
30.43
14.03
-2.37
-9.99
-18.77
-35.17

15/04　15/06　15/09　15/11　16/01　16/04

━ 펀드수익률　　━ BM수익률

이스트스프링차이나드래곤AShare(H)주식A의 BM 대비 수익률

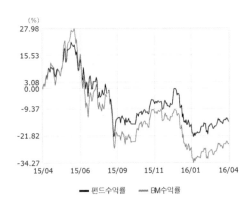

(%)
27.98
15.53
3.08
0.00
-9.37
-21.82
-34.27

15/04　15/06　15/09　15/11　16/01　16/04

━ 펀드수익률　　━ BM수익률

어때? 지난 2015년 8월 이후 펀드 수익률이 BM 대비 수익률을 큰 차
이로 웃돌고 있지? 젠센의 알파지수가 높으니까 당연히 BM 대비 수
익률보다 크게 나타나는 거야.

펀드 매니저의 종목 선정 능력이 뛰어나면 젠센의 알파지수, %순위 등의 지표들도 높게 나와.

우와. 몇 가지 지표들만 챙겨봐도 펀드 선택에 큰 도움이 될 것 같아요. 근데 투자설명서, 운용보고서에는 %순위, 젠센의 알파, BM 대비 수익률 등이 안 나와 있더라고요. 이런 지표들을 어디에서 확인할 수 있나요?

펀드 관련 정보는 펀드 평가사인 제로인에서 운영하는 '펀드닥터(www.funddoctor.co.kr)'라는 사이트에 자세하게 나와 있어. 펀드를

한화중국본토증권자투자신탁 H(주식)종류A
펀드코드 : KR5103863589

펀드개요　　상품정보　　일별기준가　　**성과·위험분석**　　포트폴리오분석　　관련뉴스　　펀드 VS 펀드　　펀드 VS 지수

기간누적위험분석
(2016.04.11, 단위 : %)

구분		3개월	6개월	1년	2년	3년	5년
표준편차(%)	표준편차(%)	19.06	37.57	35.02	28.31	24.48	21.08
	%순위	6	88	82	78	74	49
	유형평균	27.24	29.28	31.71	26.10	22.87	22.11
BM민감도(β)	BM민감도(β)	0.62	0.96	0.72	0.74	0.75	0.75
	%순위	11	73	16	16	16	10
	유형평균	0.91	0.95	0.89	0.91	0.90	0.90
트래킹에러(TE,%)	트래킹에러(TE,%)	12.62	23.26	22.59	17.02	14.69	11.93
	%순위	71	98	93	93	94	96
	유형평균	4.22	3.92	6.59	5.33	4.80	5.63
Sharpe Ratio	Sharpe Ratio	-0.33	0.76	-0.00	0.63	0.64	0.25
	%순위	34	1	1	3	1	1
	유형평균	-0.60	-0.59	-1.17	0.04	0.04	-0.21
젠센알파(%)	젠센알파(%)	10.94	42.60	22.83	12.50	9.74	7.52
	%순위	10	1	1	1	1	1
	유형평균	-3.84	3.30	1.40	1.07	1.37	0.49

▲〈출처: 펀드닥터, 기준: 2016년 4월 11일〉

검색한 뒤 '성과·위험분석' 탭을 클릭하면 돼.

그리고 마지막으로 꼭 챙겨봐야 할 항목이 펀드 매니저의 '운용 기간'
이야. 펀드 매니저가 자주 교체되는 펀드는 결코 좋은 펀드가 아니야.
미국의 자산운용사인 블랙록자산운용의 '글로벌 자산 배분' 펀드는 지
난 1997년 펀드가 생긴 이후 20년 가까이 펀드 매니저가 한 번도 바뀌
지 않았어.

한 펀드 매니저가 오래 운용하는 게 왜 그렇게 중요한 거죠?

그건 말야. 설사 단기 수익률이 나빠도 장기적 안목이 있기 때문이야.
매니저가 오래 운용한다는 건 자본시장의 테스트를 오랜 기간 잘 통
과했다는 의미고, 큰 파도를 몸소 느껴봤기에 말로 표현하기 힘든 지
진을 먼저 느낄 감각도 있다는 얘기거든.

펀드도 직구, 온라인 펀드슈퍼마켓

아하! 언니 이제 펀드 투자도 한번 해볼 만한 것 같아요. 조금 배웠다
고 자신감이 마구마구 솟구쳐요.

👩 그래? 이제 그럼 펀드 사러 가자! 친구들은 어디로 갈 거야?

👩 어디라뇨? 당연히 은행이나 증권사로 가야죠.

👩 에이. 요즘 누가 촌스럽게 은행에 가서 펀드 가입해? 언니가 펀드를 사는 곳은 따로 있어.

👩 네? 거기가 어딘가요? 우리도 데려가주세요.

👩 그래? 그럼 언니랑 같이 갈래? 언니는 '슈퍼마켓'으로 갈 거야.

👩 네? 슈퍼마켓이요? 설마 동네 슈퍼마켓은 아니겠죠?

👩 펀드슈퍼마켓은 자산운용사가 만든 펀드를 은행이나 증권사 등 오프라인 지점이 아닌 온라인에서 구매할 수 있는 펀드 전용 온라인 쇼핑몰이야. 굳이 힘들게 지점을 방문하지 않아도 오프라인에서 판매 중인 거의 모든 펀드를 살 수 있어. 아주 쉽게 설명하면, 인터넷 뱅킹이랑 똑같아. 은행에 가지 않아  도 계좌 조회나 이체 등 많은 업무를 온라인 상에서 할 수 있잖아.

▲온라인 펀드슈퍼마켓(www.fundsupermarket.co.kr)

와! 진짜 좋네요. 펀드슈퍼마켓에선 시중에 판매 중인 모든 펀드들을 다 살 수 있는 거예요?

100%는 아니지만 거의 대부분의 펀드에 가입할 수 있어. 펀드 이름 뒤에 S자가 붙으면 '펀드슈퍼마켓 전용 펀드'라는 뜻이야.

전용 펀드라면 펀드슈퍼마켓에서만 판다는 뜻인가요?

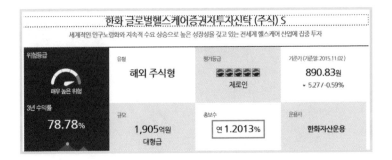

🙍 맞아. 똑같은 헬스케어 펀드라도 펀드슈퍼마켓에서만 파는 거야. 예를 들어, '한화글로벌헬스케어S'라면 한화글로벌헬스케어 중 펀드슈퍼마켓에서만 파는 펀드라는 뜻이야.

🙍 펀드슈퍼마켓의 장점은 뭔가요?

🙍 같은 펀드라도 어디에서 사느냐에 따라 총 수수료율이 달라져. 투자자가 내야 할 총보수에는 '판매보수'도 포함돼 있거든. 일반적으로 오프라인 매장보다 온라인에서 쇼핑하는 것이 더 저렴한 것과 똑같은 이치야. 한화글로벌헬스케어의 경우 은행 전용펀드 수수료는 2%가 넘지만 펀드슈퍼마켓에서 사면 총보수가 1.2%에 불과해.

당연한 얘기겠지만 판매 수수료는 낮으면 낮을수록 좋아. 판매 수수료가 높은 펀드는 그렇지 않은 펀드에 비해 수익률이 떨어질 확률이 높거든. 높은 판매 수수료는 수익률 하락의 원인이 될 수 있어.

판매 수수료는 고객이 펀드를 파는 판매사(중개사, 은행, 보험사 등)에 지불하는 수수료야. 자산운용사가 각 금융기관에 지불하는 일종의 채널(지점) 사용료야.

자산운용사가 처음 새 펀드를 출시하면 여러 판매 회사들을 돌면서 자사의 펀드를 잘 팔아 달라고 홍보를 해. 정부에서 계열사 펀드를 몰아주지 못하도록 규제는 하고 있지만, 현실에선 잘 지켜지지 않거든. 팔이 안으로 굽는 것과 마찬가지야.

하긴 펀드의 종류도 워낙 많을 테니 각 채널에 홍보하는 건 필수겠네요.

그렇지. 더 큰 문제는 예상한 대로 펀드의 종류가 엄청나게 많다는 거야. 2012년 말을 기준으로 무려 약 5,700개나 돼. 창구에서 펀드를 파는 PB들도 그 많은 펀드에 대해 다 알기는 어려워. 회사 차원에서 주력하는 펀드나 쉬운 펀드가 아닌 이상 제대로 다 알지 못해.

재테크 MEMO

펀드 클래스	판매처	특징
A	금융회사 창구	선취수수료와 판매보수 낮음. 장기투자 유리
C	금융회사 창구	선취수수료 없고, 투자기간 보수부과, 단기투자 유리
E	금융회사 온라인 펀드몰 펀드슈퍼마켓	선취수수료 없고, A·C보다 판매수수료 낮음. 장단기 모두 유리
S	펀드슈퍼마켓	판매보수 가장 낮고, 3년 내 환매 시 후취수수료 부과, 장기투자 유리

근데 꼭 펀드몰에만 이용해야 하나요? 각 증권사마다 온라인 전용 펀드도 팔던데요?

물론 증권사 온라인 전용몰에서 가입해도 돼. 중요한 건 '낮은 판매 수수료'야. 동일한 펀드라도 오프라인과 온라인의 판매 수수료 차이는 1% 포인트 이상 나거든.

네네. 알겠어요. 언니는 역시 알뜰쟁이!

수수료 절반
펀드슈퍼마켓 사용법

1. 통장 개설하기

펀드슈퍼마켓 이용을 위해서는 먼저 전용계좌 개설이 필요하다. 기존에 통장이 있다면 펀드슈퍼마켓 계좌만 추가발급 받으면 된다. 펀드슈퍼마켓 계좌는 온라인 가상계좌로 온라인 주식거래와 같은 개념이다. 어느 은행에서 계좌를 개설했느냐에 따라 시작 번호가 다르다.

타 계좌에서 펀드슈퍼마켓 계좌로 바로 이체는 되지 않는다. 먼저 계좌 개설 은행의 펀드슈퍼마켓 전용 계좌로 이체한 뒤, 펀드슈퍼마켓 홈페이지에서 접속해 개설 은행별 가상계좌로 다시 입금하면 '투자 총알' 준비가 완료된다.

2. 온라인 거래 등록

계좌 개설을 마쳤다면 펀드슈퍼마켓 사이트에 접속해 온라인 금융거래가 가능하도록 해야 한다. 이는 기존 은행, 증권사의 인터넷 뱅킹 등록 시스템과 비슷하다. 펀드슈퍼마켓에 접속하면 '회원가입'란이 나온다. 계좌가 없는 회원과 그렇지 않은 회원으로 구분하는데 계좌가 있어야만 투자가 가능하다. 공인인증서는 펀드슈퍼마켓에서 직접 새로 발급받을 수도 있고, 기존에 쓰던 타 기관 인증서를 등록할 수도 있다.

3. 수수료는 얼마나 저렴할까

펀드슈퍼마켓의 큰 장점은 저렴한 수수료다. 펀드슈퍼마켓에서 판매 중인 상품들을 전수조사한 결과, 현재 리스트 910개 펀드(S클래스) 모두가 기존 판매사 펀드(C나 A클래스)보다 비용이 저렴한 것으로 나타났다. 펀드슈퍼마켓 전용 상품인 S클래스는 먼저 떼는 수수료(선취 판매 수수료)는 없고, 환매 금액의 0.15%이내의 나중에 떼는 수수료(후취

할인율	비중
10~20%	1.1%
20~30%	2.1%
30~40%	11.1%
40~50%	15.1%
50~60%	17.8%
60~70%	34.8%
70~80%	16.4%
80~90%	1.5%
샤프지수	-1.06

▲온라인 전용 펀드보다 저렴한 할인율과 판매 펀드의 비중

판매 수수료)가 있다. 하지만 후취 판매 수수료도 장기 투자를 하면 할인되는 구조로 돼 있다.

기존 판매사 온라인전용펀드(C-E)와 동일한 보수의 펀드는 6개에 불과한 것으로 조사됐다. 나머지는 S클래스 펀드가 기존 판매사 펀드보다 저렴했다. 온라인 전용 펀드보다 저렴한 비율(할인률)과 판매 펀드의 비중을 살펴본 결과 60~70% 저렴한 것이 34.8%로 가장 많게 나타났다. 특히 50% 이상 저렴한 펀드의 비중이 70.5%로 집계됐다.

펀드, 주기적으로 갈아타야 돈 번다

에효. 근데 언니, 마이너스 난 펀드는 어떡해요? 손해를 보고 환매를 해야 할지, 아니면 원금이라도 회복할 때까지 기다려야 할지, 판단이 서질 않네요.

맞아. 수익률에 파란불이 들어온 펀드는 언제나 골치 덩어리야. 그럴 땐 먼저 펀드 수익률이 떨어진 이유를 파악해야 해. 해외 펀드라면 해당 국가에 악재가 발생한 건지 알아보고, 그것도 아니라면 직접 판매처나 자산운용사에 전화를 해서 알아보는 수밖에 없어.

근데 고객이 금융사에 막 전화해도 되나요?

당연하지. 직접 전화해서 "펀드 수익률이 떨어진 이유가 뭐죠?"라고 물어야 해. 친구들만을 위한 담당 PB가 있으면 참 좋겠지만, 앞에서 얘기했다시피 우리 같은 소액 투자자들은 금융회사에 버려지는 '금융 고아'가 될 가능성이 높아. 우는 아이한테 떡 하나 더 준다고, 목마른 사람이 우물을 파야 해.

만약 펀드 수익률이 떨어진 이유가 '구조적인 문제' 때문이라면 과감히 환매하는 게 맞아. 하지만 시장 상황에 따른 일시적인 현상이라면 버티는 게 맞지. 만약 구조적으로 문제가 없는데 일시적 악재로 수익률이 떨어졌다면, 오히려 저가매수의 타이밍이 될 수 있어.

네? 싸게 살 수 있는 타이밍이라고요?

언니도 고배당 펀드의 수익률이 한창 좋을 때 들어간 적이 있어. 수익률이 높다고 하니까 펀드 가격이 많이 올랐을 때 소위 상투를 잡은 거야. 그런데 그 뒤로 수익률이 뚝뚝 떨어지기 시작하더니 -7%까지 내려갔어. 그리고 곰곰이 생각을 했지. '이 펀드의 수익률이 왜 떨어졌을까.'
역시 직접 자산운용사에 전화를 해 이유를 물었더니, 별다른 이유가 없었어. 그동안 지나치게 많이 올랐기 때문이라는 거야. 펀드 자체의 구조적인 문제 때문은 아니라는 거지. 그래서 언니는 펀드를 환매하지 않고 그냥 놔두기로 했어. 결과는 어떻게 됐을까?

오호. 수익률이 다시 좋아졌나요?

물론이지. 6개월 만에 수익률은 다시 회복됐고, 플러스로 돌아섰어.

와우. 그때 안 팔고 버티기를 잘했네요.

그렇다고 모든 경우에 환매하지 말고 버티라는 게 절대 아니야. 펀드

의 환매는 꼭 필요해. 뒤늦게 버스를 잘못 탄 걸 알았다면 어떻게 해야 할까? 이왕 탄 버스비가 아깝다고 해서 종점까지 갈 거야? 빨리 버스에서 내리는 게 더 큰 기회비용을 줄이는 거야.

그러니까 펀드 환매는 '버스를 잘못 탔다'는 확신이 들 때, 과감히 실행에 옮겨야 해. 결국 버스를 잘못 탔다는 걸 깨닫는 능력이 관건이야.

🙍‍♀️ 듣고 보니 펀드는 투자 타이밍도 중요하겠네요.

🙍‍♀️ 그렇지. 경제신문에서 수익률 높다고 기사가 날 때, 부나방처럼 따라 들어가는 건 투자가 아닌 도박이야. 제대로 된 공부도 안 하고 무조건 수익률만 쫓아가는 거니까. 그때가 바로 꼭지고, 팔고 나와야 할 때라고 할 수 있지. 펀드 가격이 쌀 때 들어가면 적어도 손해는 안 봐.

결국 펀드로 수익을 내려면 시장 상황을 읽고 주기적으로 갈아타줘야 해. 좋은 펀드는 그때 당시 시장 상황이 결정하는 거야. 시장 흐름을 읽고 앞으로 오를 것 같은 저평가된 펀드를 찾아 투자를 해야지.
펀드는 한번 가입하고 그냥 잊어버리는 상품이 아니야. 사람들이 펀

드로 돈을 못 버는 이유는 시장 상황이 달라졌는데도 펀드를 갈아타
지 않고 내버려두기 때문이야.

펀드로 수익률을 내려면 펀드를 갈아타야 할 '절묘한 타이밍'을 잘 잡
아야 해. 사실 이게 정말 어려운 거야.

그쵸. 인생은 언제나 타이밍이죠!

근데 펀드도 주식처럼 가격이 있나요? 펀드가 쌀 때 들어가야 된다는
말이 이해가 잘 안 돼요.

펀드에도 주식처럼 가격이 있어. 예를 들어, 미래에셋한국헬스케어
펀드를 보면, 2015년 6월 15일 기준으로 기준가가 1383.64라는 걸 알
수 있어. 전일 대비 6.44(-0.46%)가 떨어졌지? 지난 3개월 동안 최저가
는 1056.81이고, 최고가는 1390.08이야. 3개월 그래프를 보면 펀드를

언제 매수하는 게 저렴한 건지 알 수 있지? 최근 가격이 많이 올랐을 때보다는 지난 3월 초나 5월 초처럼 가격이 빠졌을 때 들어가는 게 훨씬 유리해.

다만 펀드의 가격은 주식 시장의 가격과 달리 1년에 한 번 결산을 해. 이때는 원래 기준 가격인 1,000원으로 해. 펀드마다 정산일은 차이가 있는데, 어느 날 갑자기 펀드 수익률을 확인했을 때 마이너스로 뚝 떨어질 수가 있어. 이럴 때는 펀드가 결산을 했을 확률이 높아. 지난 1년 동안 수익을 정산해 현금 배당 또는 펀드 좌수로 환산하거든.

🙎 펀드 정산은 왜 하는 건가요?

🙍 이렇게 정산을 해서 펀드의 기준 가격을 1,000원으로 맞춰 놓지 않으면, 펀드 가격이 계속 올라가니까. 주식은 계속 가격이 올라도 상관이 없는데, 펀드는 가격이 계속 오르면 불편한 거지.

🙎 그럼, 펀드도 무조건 싸게만 들어가면 되는 건가요?

🙍 그건 또 아니지. 여기서 언니만의 '펀드 고르기 필살기'를 공개할게. 일단 소심하게 발을 담가보는 거야. 처음에 투자할 땐 절대 많은 금액을 넣지 않아. 소액으로 일정 금액을 넣고 일단 한번 지켜보는 거지. 아무리 다양한 기준으로 펀드 평가를 철저히 했다고 해도, 시장 상황이나 다양한 변수에 따라 펀드의 실제 수익률이 좋으냐는 건 다

른 문제거든. 일단 처음에 수익률이 마이너스가 나면 추가로 돈을 넣지 않아. 한 달 이상 지켜보다가 수익률이 꾸준히 오르는 펀드를 추가 매수해.

그러니까 일단은 5~6개 펀드에 소액의 돈을 넣고 지켜보다가, 지지부진한 펀드는 환매하고 꾸준히 가는 펀드로 돈을 모으는 전략이 필요해.

1억 원 이상 투자자,
사모펀드 해볼까?

1. 최소 투자금액이 1억 원인 이유는?

사모펀드의 최소 가입금액은 1억 원이다. 레버리지를 200% 이상 초과하는 헤지펀드와 경영참여형 사모펀드는 이보다 높은 3억 원이다.

현행

구분	현행 적격투자자
일반 사모펀드	제한 없음
헤지펀드	– 전문투자자(일부 제외)
	– 5억 원 이상 투자하는 개인·법인 등
PEF (기업재무안정 PEF)	– 전문투자자(일부 제외)
	– 10억 원 이상 투자자(개인)
	– 20억 원 이상 투자자(법인)

개선

구분	개선 적격투자자
전문투자형 사모펀드	모든 전문투자자
	– 레버리지 200% 이하 : 1억 원 이상 투자자
	– 레버리지 200% 초과 : 3억 원 이상 투자자
경영참여형 사모펀드	모든 전문 투자자
	– 3억 원 이상 투자자 GP임원·운용역은 1억 원

〈출처: 금융위원회〉

이와 관련, 금융당국은 사모펀드 자체가 고수익을 추구하는 리스크가 높은 상품이기 때문에 이를 감당할 수 있는 투자자들에게만 판매하기 위해서라고

81

설명했다. 서민들이 강제저축으로 모은 1억 원 미만의 투자금을 사모펀드 투자로 날리면 이들을 보호할 수가 없다는 논리다.

2. 너도나도 사모펀드, 진짜는?

일반 투자자들이 가짜 사모펀드에 속지 않으려면 해당 업체가 금융위에 등록된 제도권 금융기관인지를 알아봐야 한다. 이는 금감원 홈페이지의 금융소비자보호처에 접속해 금융회사 길라잡이 중 '제도권금융회사조회(http://www.fcsc.kr/D/fu_d_01_05.jsp)'에서 확인 가능하다.

최근 규제 완화 이후 사모펀드 운영을 위해선 금융위원회에 '전문사모집합투자업자'로 등록이 돼야 한다. 지금까지는 인가제였지만 앞으로는 사후 등록제로 바뀐다. 금융위에 등록 후 금감원의 심사를 거쳐야 한다.

등록 요건은 자기 자본 20억 원에 최소 3인의 전문인력이 요구된다.

3. 투자일임 VS 사모펀드, 뭐가 좋을까?

투자일임과 사모펀드의 가장 큰 차이점은 운용주체가 '자기 돈'을 넣을 수 있느냐 없느냐의 여부다. 공모형 펀드를 운용하는 펀드 매니저나 투자자문사의 매니저들은 본인 명의로 된 고유계정과 고객계정을 철저히 분리해야 한다. 쉽게 설명해서 펀드 매니저 본인이 투자하는 주식이나 상품에 고객의 돈을 넣지 못한다.

하지만 이번에 규제가 완화되면서 사모펀드 매니저들이 자기 돈과 고객 돈을 같이 넣어서 굴릴 수 있게 됐다. 투자자문업계 관계자는 "그동안 이해상충방지규제 때문에 펀드 매니저가 직접 투자를 못한다는 제약이 컸다"며

"하지만 앞으로는 자기 돈을 넣는 투자를 하는 만큼 보다 책임 있는 운용을 하게 될 것"이라고 전망했다.

다만 사모펀드의 경우 펀드 매니저가 어떤 종목에 투자하는지를 실시간으로 확인할 수 없다. 투자일임 계약의 경우 실시간으로 투자 종목과 매매 현황을 볼 수 있지만, 사모펀드는 운용 철학에 따라 공개를 할 수도 있고 하지 않을 수도 있다.

해외 펀드 똑 소리 나게
투자하는 법

2016년 2월 말 매매차익은 물론 환차익까지 비과세 혜택을 받을 수 있는 해외주식투자 전용 펀드가 일제히 상장됐다. 그동안 국내주식형 펀드와 달리 해외 펀드의 매매·평가손익(환차익 포함)에 대해선 15.4%의 세율을 부과해왔다. 이번 비과세 혜택은 1인당 3,000만 원까지이며, 최대 10년까지다.

이번 해외주식투자 전용 펀드는 대부분이 기존 펀드(92%)다. 새로운 펀드 상품은 10개에 불과하다. 금융투자협회가 공개한 310개 펀드 상품 라인업을 살펴보면 기존에 국내 투자자가 많이 가입한 대표 해외 펀드가 대거 포함됐다. 지난해 8월 수탁액 1조 원을 돌파한 슈로더유로 펀드, 대표적 헬스케어 펀드인 한화글로벌헬스케어 펀드, 중국 펀드의 선두인 이스트스프링차이나드래곤AShare·에셋플러스차이나리치투게더 등이다.

미국 소비재 시장에 투자하는 미래에셋글로벌그레이트컨슈머, 일본 펀드로선 설정액이 가장 큰 프랭클린재팬 등도 상장 예정이다.

이 밖에 해외주식투자 전용 펀드에는 10개의 ETF도 포함됐다. 상장하는 ETF는 중국 ETF가 6개로 가장 많다. KINDEX 중국본토CSI300, KODEX China H, KODEX 중국본토 A50, KStar 중국본토 대형주 CSI100, TIGER차이나, TIGER차이나A300 등이다.

주요 비과세 해외 펀드
한화글로벌헬스케어증권자투자신탁(주식)
슈로더유로증권자투자신탁A(주식)
블랙록월드에너지자(주식-재간접형)(H)
에셋플러스차이나리치투게더증권자투자신탁1호(주식)
이스트스프링차이나드래곤AShare증권자투자신탁(H)주식
피델리티재팬증권자투자신탁(주식-재간접형)
JP모간천연자원증권자투자신탁(주식)
NH-CA인도네시아포커스증권자투자신탁(주식)
블랙록글로벌다이나믹주식증권투자신탁(주식-재간접형)(H)
미래에셋글로벌그레이트컨슈머증권자투자신탁1호(주식)

펀드와 주식의
장점만 쏙쏙
ETF

CHAPTER
02

ETF, 펀드야 주식이야?

🙍‍♀️ 와우. 벌써 투자 재테크의 첫 관문을 지나왔어! 투자의 기본인 펀드 공부를 해보니 어때?

🙍‍♀️ 그동안 펀드만큼은 잘 안다고 생각했는데 착각이었던 것 같아요. 펀드도 제대로 알려면 공부할 게 엄청 많네요.

🙍‍♀️ 맞아. 펀드는 결코 만만한 금융상품이 아니야. 정확하게 알고 투자하려면 투자자가 스스로 운용보고서, 투자설명서 등을 꼼꼼히 읽어야해. 게다가 펀드는 거래도 불편해. 하루에 한 번 거래가격(기준가)이 결정되고, 매수나 환매할 때도 시간 차가 발생해.

🙍‍♀️ 에효. 그래도 펀드만 한 상품이 없다고 하셨잖아요.

🙍‍♀️ 물론 그래. 하지만 펀드가 최고의 투자 상품이라는 뜻은 아니야. 역사가 발전하듯 금융상품도 계속 진화해. 미국에서 펀드가 처음 탄생한 지도 100년이 훌쩍 넘었어. 그 뒤로도 계속 새로운 투자 상품들이 나오지 않았겠어? 언니가 인터뷰했던 한 전문가는 "도대체 이렇게 좋은 상품이 있는데 왜 펀드를 하는지 모르겠다"는 말까지 했어.

우와. 그 정도예요? 펀드가 짱인 줄 알았는데….

평소에 경제 신문 좀 읽은 친구들은 들어봤을 거야. '상장지수펀드 (ETF, exchange traded funds)'라고. 사실 더 자주 쓰는 용어는 ETF 라는 영어 약자지.

네. 들어봤어요. 경제신문에서 ETF가 어쩌고저쩌고 하는 기사를 본 적 있어요. 근데 생소한 금융 용어라 무슨 내용인지 이해가 안 됐어요.

그래. 맞아. 금융상품엔 유난히 영어 약자 이름이 많아. ETF, ELS, ETN 등등. 일단 익숙하지 않은 영어가 나오면 머리가 딱딱하게 굳어 버려. 하지만 알고 보면 별 것 아냐. 사실 이름 안에 벌써 답이 다 있으 니까.

이름 안에 답이 다 있다고요?

물론이지. ETF의 F는 펀드(Fund)의 줄임말이야. 이름에 펀드가 들어갔으 니까 펀드의 성격을 띠고 있다고 유추 할 수 있겠지? 힌트를 주면 ETF는 '이 론적으로' 펀드와 주식의 장점만 모아 놓은 거야.

👩 이야~. 얼핏 들어도 엄청 좋은 상품 같아요. 펀드와 주식의 장점만 쏙 쏙 골라 담았다니!

👩 그래. ETF는 정말 기대해도 좋아. 먼저 펀드 같은 장점부터 설명할게. 펀드의 장점 중 하나가 분산 투자였어. 삼성전자 1주에 투자하려면 100만 원 이상이 필요하지만, 보유 종목으로 삼성전자를 포함한 펀드에 투자하면 10만 원으로도 충분해.
마찬가지로 ETF의 장점도 분산 투자야. 기초자산으로 삼성전자가 포함된 ETF에 투자하면, 소액으로 같은 효과를 낼 수 있어.
하지만 분명한 차이가 있지.

👩 네? 어떤 차이요?

👩 바로 투자 정보의 '투명성'이야. 펀드 매니저가 운용하는 액티브 펀드는 투자 종목을 실시간으로 전부 공개하지는 않아. 3개월 뒤에 주요 보유 종목들만 운용보고서에 공개해.
반면 ETF는 달라. 투자 시점에 보유한 종목을 실시간으로 알 수 있어. 보유 종목을 담은 주머니 같은 '포트폴리오 디파짓 파일(PDF, Portfolio Deposit File)'을 보면 다 나와. ETF의 운용 주체인 자산운용사는 매일 ETF의 포트폴리오 단위인 1CU(Creation Unit: 설정·환매 단위)의 구성 내역을 발표하니까.

포트폴리오 디파짓 파일(PDF, Portfolio Deposit File)

ETF의 '납부자산구성내역'이다. 자산운용사가 ETF를 설정할 때 보유해야 하는 자산의 구성 내역을 말한다. PDF는 1CU를 기준으로 작성되며, 주식과 같은 현물로 구성되는 경우도 있고, 현금으로만 구성되는 경우도 있다. 중요한 것은 ETF를 설정하거나 환매할 때는 반드시 PDF에 지정된 자산을 납입하거나 받게 된다는 점이다.

언니의
깨알팁

개인 퇴직연금 ETF 규제 완화

1. ETF 전성시대

1992년 미국에서 처음 개발된 ETF는 10년 뒤인 2002년 한국에 상륙했다. 하지만 금융위기 이전까진 별다른 주목을 받지 못했다. 당시엔 10~20% 수익률을 거뜬히 내는 펀드가 유행했다. 하지만 글로벌 금융위기 이후 펀드 수익률이 낮아지면서 ETF가 주목받기 시작했다.

2008년 3조 4,000억 원 규모였던 국내 ETF 시장은 2016년 1월 현재 21조 6,000억 원으로 6배 이상 급성장했다. 이런 ETF의 인기는 글로벌 트렌드다. 2015년 9월 기준 글로벌 ETF 시장 규모는 약 2조 7,780억 달러(3,147조 원)이며, 2014년 ETF 시장으로 새로 투자된 돈이 4,010억 달러(454조 원)에 달한다.

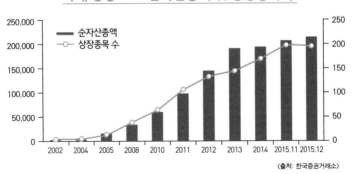

국내 상장 ETF 순자산총액 및 상장종목 수

〈출처: 한국증권거래소〉

현재 국내 상장종목 수는 국내 ETF 142개(주식102, 채권19, 레버리지·인버스15 등) 및 해외 ETF 56개(주식26, 원자재9, 레버리지·인버스15 등)로 총 198개다.

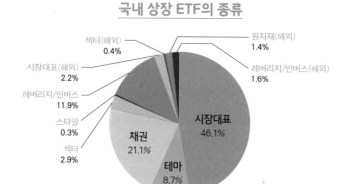

국내 상장 ETF의 종류

2. 연금상품, ETF 편입 쉬워진다

그동안 개인연금이 ETF에 투자하는 게 불가능했지만 2017년부터 상대적으로 위험이 큰 파생형(레버리지·인버스)을 제외한 모든 ETF에 투자할 수 있게 된다. 퇴직연금의 ETF 투자 대상 범위도 늘어난다. 투자 금지 상품의 범위가 '모든 파생형 ETF'에서 '레버리지(파생상품을 활용해 지수변동폭 이상의 수익을 노리는 것)를 일으키는 ETF'로 줄어들기 때문이다. 지수와 역방향으로 움직이는 인버스 ETF 등이 새로운 투자 대상으로 부상할 수 있다는 분석이 나온다.

속까지 다 보여주는 ETF

🙋 이야. ETF는 정말 속까지 시원하게 다 보여주는 건가요? 보유 종목을 담은 주머니, 그러니까 PDF(포트폴리오 디파짓 파일)는 어디서 볼 수 있나요?

👩 ETF도 결국 펀드의 일종이라고 했잖아? ETF의 운용도 펀드와 같은 자산운용사가 한다고. 그러니까 자산운용사 홈페이지에서 얼마든지 확인할 수 있어.

자, 그럼 직접 PDF를 한번 찾아볼까? 꾸준히 높은 수익을 낸 헬스케어 ETF를 살펴보자. 국내 미래에셋자산운용에서 운용하는 'TIGER 헬스케어' ETF야. 다음 표가 2016년 4월 15일 기준 TIGER 헬스케어 ETF가 보유한 종목을 전부 표시한 PDF야.

이 ETF는 총 40개의 종목에 투자를 해. 그중에서 가장 높은 비중을 차지하는 종목이 셀트리온이야. 2016년 4월 15일 기준으로 비중이 무려 25.95%나 돼. 그 다음은 한미약품(11.03%), 유한양행(6.87%), 한미사이언스(6.55%) 순이야.

🙋 구성 종목은 물론이고 수량, 평가금액, 비중까지 싹 다 공개하네요!

TIGER 헬스케어 ETF의 PDF

No	종목명	수량 (주)	평가금액 (원)	비중 (%)	No	종목명	수량 (주)	평가금액 (원)	비중 (%)
1	셀트리온	1,442	158,620,000	25.95	22	대화제약	182	6,588,400	1.08
2	한미약품	104	67,392,000	11.03	23	제일약품	99	6,553,800	1.07
3	유한양행	139	41,978,000	6.87	24	광동제약	568	6,106,000	1
4	한미사이언스	291	40,012,500	6.55	25	쎌바이오텍	94	5,790,400	0.95
5	메디톡스	71	32,155,900	5.26	26	아이센스	171	5,779,800	0.95
6	녹십자	97	17,120,500	2.8	27	종근당홀딩스	60	5,760,000	0.94
7	녹십자홀딩스	431	15,537,550	2.54	28	루트로닉	123	5,455,050	0.89
8	종근당	118	13,865,000	2.27	29	동국제약	82	5,403,800	0.88
9	LG생명과학	193	13,317,000	2.18	30	한독	115	4,899,000	0.8
10	오스템임플란트	179	13,246,000	2.17	31	바텍	111	4,839,600	0.79
11	부광약품	437	12,760,400	2.09	32	삼진제약	174	4,576,200	0.75
12	동아쏘시오홀딩스	62	12,245,000	2	33	서흥	96	4,459,200	0.73
13	코오롱생명과학	67	11,711,600	1.92	34	보령제약	70	3,850,000	0.63
14	메디포스트	120	10,260,000	1.68	35	대원제약	177	3,699,300	0.61
15	휴온스	123	9,028,200	1.48	36	씨티씨바이오	247	3,742,050	0.61
16	씨젠	240	8,928,000	1.46	37	환인제약	202	3,333,000	0.55
17	대웅제약	87	8,578,200	1.4	38	유나이티드제약	162	3,304,800	0.54
18	차바이오텍	587	8,306,050	1.36	39	대웅	39	2,515,500	0.41
19	바이넥스	412	7,951,600	1.3	40	이연제약	65	1,969,500	0.32
20	일동제약	272	7,616,000	1.25	41	원화현금	1	4,512,425	0.74
21	인바디	160	7,400,000	1.21					

기준일 : 2016년 4월 15일

언니가 얘기했잖아! 그동안 투자 종목을 다 알 수 없어 답답했던 펀드하고는 완전히 차원이 다르다고. ETF의 수익률이 떨어지면 그 이유도 정확히 알 수 있어.

진짜 속이 시원하네요. 근데 PDF의 종목 비중은 어떻게 결정되나요?

이 부분 역시 펀드와 ETF의 큰 차이점 중에 하나야. 액티브 펀드의 편입 종목은 매니저의 판단에 따라 결정돼. 하지만 ETF는 시가총액(주가×발행주식 수)에 따라 자동적으로 결정돼. 자산운용사가 편입 종목을 결정하는 게 아니라 시가총액의 비중이 높은 순서대로 저절로 담기는 거지.

일반인들에게 가장 익숙한 ETF인 코스피200 ETF를 예로 들면, 국내 2000개 코스피 상장주식 중에서 시가총액을 기준으로 200등까지 줄을 세워 담은 거지.

근데 언니 ETF 구성 종목 중에 투자가 꺼려지는 기업이 있으면요?

그럴 땐 안타깝게도 방법이 없어. ETF는 운용사가 자의적으로 편입 종목을 결정할 수 없으니까. ETF의 보유 종목은 섹터 내 시가총액 비중을 고스란히 '축소판'처럼 옮겨 놓아야 해. 만약 헬스케어 ETF의 가장 높은 비중을 차지하는 셀트리온이란 기업을 원치 않으면, 원하는 종목에만 투자하는 헬스케어 펀드를 선택해야 돼.

흠. 그렇다면 ETF와 펀드의 편입 종목을 일일이 비교해

미래에셋한국헬스케어펀드 보유종목 TOP 5

	종목별	비율
1	한미약품	8.01%
2	유한양행	6.94%
3	메디톡스	6.16%
4	바이로메드	4.01%
5	인바디	3.97%

기준일 : 2016년 1월 29일

봐야겠네요. 근데 ETF는 어떻게 그렇게 투명하게 정보를 싹 다 공개할 수 있나요?

그건 펀드 매니저가 하던 일을 '인덱스 지수'가 대신하기 때문이야.

네? 펀드 매니저가 하던 작업을 '인덱스 지수'가 대신한다고요?

응. 수동적으로 지수 수익률을 추종하는 인덱스 펀드랑 같은 원리야. 여기엔 펀드 매니저의 종목 선정 능력이 전혀 반영되지 않아. 그냥 추종 지수만 충실하게 따라가면 되니까.
아주 극단적인 비유를 하면, 펀드 매니저가 하던 일을 공장 자동화 시스템으로 바꿨다고 생각하면 돼.

ETF 뽀개기

1. ETF가 펀드보다 상대적으로 리스크가 적은 이유

①ETF는 한국증권거래소가 시어머니 역할을 한다. 상장심사라는 과정을 통해 상품구조에 문제가 없는지 살펴본다. 상장 이후에도 상품에 문제가 없는지 지속적으로 감시한다.

②펀드 매니저가 마음대로 운용하는 것을 막기 위해 PDF를 매일 공개하고, 운용 결과로 산출되는 오류(추적오차)를 공개한다. 오류가 심한 경우 상장폐지도 될 수 있다.

③거래활성화를 도와주는 보이지 않는 손(유동성 공급자)이 합리적 가격을 형성할 수 있도록 활동을 통제한다.

2. ETF 상장폐지 위험

일정 한도를 초과한 추적오차가 지속될 경우 상장폐지된다. 그 밖에 ETF의 규모가 일정액 미만으로 일정기간 이상 경과하거나, 수익자가 규정에서 정하는 수 미만인 경우에도 상장폐지될 수 있다. 이 경우 이 집합투자기구를 해지하여 잔여자산을 분배하게 되지만, 잔여자산 분배까지의 기간 동안에는 거래소에서의 매매를 통한 현금화가 불가능하다.

▶ETF 상장폐지, 관리종목 요건

· **상장폐지 요건** : 관리종목으로 지정된 상태에서 다음 반기 말에도 해당

사유가 계속되는 경우

· **관리종목 요건** : ①해당 반기 말 현재 신탁원본액이 50억 원 미만이면서

순자산총액이 50억 원 미만인 경우(상장규모 요건)

②해당 반기의 일평균 거래대금이 500만 원 미만인 경

우(거래규모 요건)

3. ETF 기초지수 요건

기초지수는 ETF가 추종하고자 하는 지수를 말한다. ETF의 기초지수는 일정한 요건을 충족해야 한다. 지수를 구성하는 자산의 종류에 따라 주가지수, 채권지수, 원자재 가격 등으로 나눠진다.

주가지수의 경우 지수 구성종목은 10종목 이상이고 1종목이 지수에서 차지하는 비중이 시가총액을 기준으로 30%를 넘지 않아야 한다. 채권지수는 국고채, 통안채 등 신용도가 우량한 채권인 경우 3종목만으로도 지수를 만들 수 있으나 그 외에는 주가지수처럼 10종목 이상으로 구성해야 한다.

복제 비용으로 발생하는 추적오차

와우. 펀드 매니저가 하던 일을 자동화한다는 개념은 정말 참신하네요. 근데 사람이 하던 일을 어떻게 지수가 대신할 수 있을까요?

좋은 질문이야! 매니저가 하던 일을 지수가 대신하는 걸 전문용어로 '복제한다'고 표현해. 다시 말해, 투자 전략을 지수로 만들고 이걸 ETF가 100% 따라가도록 만드는 거야. 하지만 현실에선 쉽지 않은 일이지.

재테크 MEMO

복제(Replication)의 의미
코스피200 ETF가 기초지수의 성과를 따라가려면 코스피200 지수에 포함돼 있는 200개의 종목을 그 지수 내 비중대로 똑같이 ETF 기초자산으로 편입해야 한다. 예를 들어 코스피200 지수 내에서 삼성전자가 차지하는 비중이 20%라고 하면, ETF 내에서도 순자산 기준으로 20%만큼 차지하도록 하는 것이다.

그러니까 인덱스 펀드처럼 지수의 수익률만 따라가게 한다는 거잖아요. 근데 기초지수 복제가 그렇게 어려운가요? 동물이나 사람 복제도 아닌데 말이죠.

그럼. 이론과 현실은 항상 다르거든. 코스피 레버리지 ETF를 예로 들어볼게. 코스피 레버리지 ETF의 정확한 개념은 코스피200 지수가 1배 오르면 2배의 수익이 나고, 반대로 지수가 1배 빠지면 2배의 손해가 나는 거야.

마치 성능 좋은 3D 프린터가 사물을 그대로 복제하는 것처럼 기초지수를 그대로 복사하는 게 ETF 운용의 목표지. 하지만 현실에서 이 목표를 달성하는 데 '복제 비용'이 발생해.

하하. 역시 뭘 해도 돈이 드네요.

당연하지. 요즘은 숨만 쉬고 있어도 돈이 드는 세상이잖아. 원칙대로 하면 ETF도 펀드의 일종이기 때문에 기초지수의 보유 종목을 실제로 매입해야 해. 그러니까 코스피200 지수를 구성하는 200개 종목을 지수 내 비율에 따라 전부 매입해야 되는 거야. 그 과정에서 주식 거래 수수료가 발생해. 게다가 보유한 주식의 주가가 가만히 고정된 게 아니잖아? 오르기도 하고 떨어지기도 해. 이런 주가 변동 때문에 총자산이 변하면, 보유 종목의 비중도 달라져. 그때마다 거래 수수료가 발생하는 거야. 그뿐이 아니야. 그 밖에도 지수이용료 등 소소한 비용들이 상당히 많다.

재테크 MEMO

ETF의 분배금과 분배락
ETF의 분배금은 주식의 배당과 같은 개념이다. 일정한 시기에 누적된 현금을 투자자들에게 돌려준다. 만약 이렇게 배당을 하지 않으면 기초지수보다 순자산가치(NAV)가 상승해 추적 오차가 커진다. 분배금이 발생하는 경우는 크게 세 가지다.

①ETF가 보유하고 있는 주식에서 발생하는 배당금 수익
②ETF가 보유하고 있는 채권에서 발생하는 이자 수익
③ETF가 보유하고 있는 여유 현금 운용 이익

분배금은 주식형의 경우 매월 1, 4, 7, 10, 12월 마지막 거래일에 발생하고, 국고채 및 회사채는 3, 6, 9, 12월의 초순과 중순에 발생한다.

분배금 지급 이후 분배금만큼 가격이 떨어지는 것이 '분배락'이다. 분배락 전일까지 ETF를 보유한 투자자가 분배금을 받는 효과를 얻게 된다.

헐. ETF를 운용하려면 기초지수의 비율만큼 실제로 주식을 매입해야 한다고요? 듣기만 해도 쉽지 않을 것 같아요.

원칙이 그렇다는 거야. 최근에는 실물 주식을 직접 매입하지 않고 파생거래를 하는 합성 ETF가 많아지는 추세야. 하지만 대부분의 ETF는 직접 기초자산이 되는 주식을 매입하고 보유해.

재테크 MEMO

합성 ETF란?

ETF는 기초지수를 복제하는 방법에 따라 실물복제(Physical replication)와 합성복제(Synthetic replication)로 나뉜다. 실물복제가 지수를 구성하는 종목들을 실제로 편입하는 방법이라면, 합성복제는 수익률 스왑(Swap)이라는 장외파생상품을 활용하는 방법이다. 합성복제는 국내에 2013년에 처음 도입됐으며, ETF 명칭에 '합성'이라는 용어를 사용하고 있다.

그렇군요. 기초 지수 이용료는 또 뭔가요?

ETF가 추종하는 기초지수를 만드는 것도 금융 기술이야. 미국 등 선진국은 기초지수를 만들어 놓고 다른 금융사들이 이를 사용하려면 수수료를 내라고 해. 대표적인 지수 회사들은 MSCI, S&P 등 미국의 신용평가 기관들이지.

거참. 지수 하나 만들어 놓고 앉아서 돈 버는 거네요. 이참에 기초지수 하나 만들어볼까 봐요.

하하. 못할 것도 없지. 국내 한국증권거래소(KRX)나 FN가이드 등이 만든 지수를 자산운용사들이 사용하고 있으니까.

에이. 농담이고요. 지수 복제에도 돈이 든다는 건 처음 알았어요. 하마터면 지수 수익률을 100% 추종한다고 믿을 뻔했네요.

그래서 ETF에 투자할 때는 '추적오차'를 반드시 살펴야 해. ETF 운용을 잘할수록 추적오차가 적으니까.

재테크 MEMO

▶ 추적오차(Tracking Error): ETF의 수익률이 기초지수의 수익률과 얼마나 정확히 일치하는지 알려주는 지표다. 추적오차가 낮을수록 ETF 본연의 목적에 충실한 ETF라고 할 수 있다. 추적오차는 ETF 운용회사의 운용능력과 직결되는데, 복제방법과 복제수준, 운용보수, 기초자산에서 발생하는 배당금 및 이자 등 다양한 원인에 따라 결정된다. 따라서 ETF가 추적대상 지수와 유사한 수익률 실현을 그 투자목적으로 하더라도 여러 가지 현실적 제약으로 인하여 추적대상 지수와 유사한 수익률이 실현되지 아니할 가능성이 있다.

현실적 제약요소

지수 구성종목 변경에 따른 매매 시 시장충격, 상·하한가, 거래정지 등으로 인한 미체결, 인덱스 운용 시 활용하는 모델의 지수추적 괴리, 환율변동(해외투자 시), 운용/판매 등 각종 보수, 위탁매매 수수료, 지적재산권 수수료와 같은 여러 가지 운용 관련 비용 발생, 너무 작은 운용규모, 대량 또는 빈번한 설정/해지 등.

추적오차 확인하기

국내 상장된 ETF의 추적오차는 한국증권거래소 홈페이지에서 확인할 수 있다.
[시장정보 〉증권상품〉 ETF&ETN〉 상품비교〉 추적오차비교]에서 볼 수 있다.

ETF의 추적오차와 운용 능력

1. 운용 능력 따라 추적오차도 천차만별

2015년은 코스피200 지수를 추종하는 상장지수펀드(ETF)의 희비가 엇갈린 한 해였다. 성과가 가장 좋았던 ARIRANG200 ETF는 자금이 863억 원 가량 늘어나 전년 대비 20.45% 자산증감율을 보였다. 두 번째로 성과가 좋았던 KB자산운용의 KStar200은 5개 상품 중 가장 많은 순자금(2.77억 원)이 증가했고, 이는 54.38% 증가한 수치다. 반면 삼성자산운용, 미래에셋자산운용, 한국투자신탁운용의 코스피200 ETF는 일제히 순자산이 감소했다. 가장 큰 폭으로 순자산이 감소한 ETF는 KINDEX200이었다. 이 상품은 순자산총액 규모가 전년 대비 -12.83% 감소했다.

국내 주요 운용사의 코스피200 ETF 현황

운용사	종목명	순자산증액	자금유출입	연초이후 수익률	추적 오차율	증감율
한화자산운용	ARIRANG200	508,155,630,644	86,285,050,190	-0.49%	1.78	20.45
KB자산운용	KStar200	788,634,729,788	277,784,023,156	-0.58%	1.90	54.38
한국투자신탁운용	KINDEX200	809,270,098,837	-119,115,023,719	-1.10%	2.01	-12.83
미래에셋자산운용	TIGER200	1,841,018,200,739	-110,088,938,817	-0.75%	1.77	-5.64
삼성자산운용	KODEX200	4,719,250,281,173	-211,771,077,289	-0.73%	1.76	-4.29

기준일 : 12월 24일, 단위 : 원, %

〈출처: 한국거래소 · theWM〉

〈출처: 더벨 2016년 1월 4일〉

2. ETF의 장점, 저렴한 수수료

ETF 매니저는 직접 종목을 선정하는 액티브 펀드 매니저와는 달리 추적오차를 줄이는 역할을 한다. 이로 인한 매니저의 인건비 차이 때문에 액티브 펀드의 수수료가 더 비싼 편이다. 2012년 기준으로 펀드 매니저가 운용하는 '액티브 주식형 펀드'의 수수료는 연 1.6% 정도인 반면, 인덱스형 ETF의 수수료는 연 0.35%에 불과했다. ETF의 수수료가 저렴한 것도 고연봉 펀드 매니저의 인건비가 들지 않기 때문이다.

어떤 투자 상품이든 고정비용(수수료)을 줄이는 게 관건이다. 특히 펀드는 투자금에 대한 수수료가 결정되기 때문 투자금이 커지면 커질수록 수수료도 더 커진다.

주식처럼 쉽게 사고팔 수 있는 ETF

지금까진 ETF가 가진 '펀드 같은 장점'을 알아봤어. 이제부턴 '주식 같은 장점'을 알아볼 거야. ETF가 가진 바로 이 주식의 속성이 펀드의 단점을 보완해주거든. 앞에서도 얘기했지만 펀드는 매수와 매도가 불편했어.

맞아요. 펀드 환매는 왜 그렇게 오래 걸리는지 모르겠어요. 급하게 돈이 필요할 땐 진짜 속 터졌어요. 심지어 해외 펀드는 환매부터 입금까지 10일 이상 걸리기도 했어요.

그치. 하지만 ETF는 펀드랑 비교하면 LTE급이야. 주식처럼 실시간 장중 매매가 가능하거든.

와우. 정말요? 성격 급한 사람들한테 딱이네요. 근데 ETF는 어떻게 주식처럼 사고팔 수 있나요?

그건 말이야. 펀드를 주식처럼 시장에서 거래되도록 만들면 돼. 불특정 다수의 참여자들이 생기고, 이들이 제시하는 매도와 매수 호가에 따라 시장가격이 형성되니까.

ETF의 발행시장 VS 유통시장

ETF 시장은 ETF 증권을 새로 발행하거나 이미 발행된 증권을 소각하는 '발행시장'과 발행된 ETF 증권을 상호 매매하는 '유통시장'으로 구분된다.

발행시장은 기관, 법인만이 참여가 가능하며 개인 투자자는 참여할 수 없다. 발행시장에서 ETF 증권을 새로 발행하는 절차를 '설정'이라고 한다. 발행된 ETF 증권을 일부 소각하는 절차는 '환매'라고 한다. 설정 또는 환매가 발생하면 ETF 증권 수의 증감에 영향을 미치게 된다. 이는 마치 상장법인이 유상증자를 통해 주식을 새로 찍어 내고 이를 거래소에 추가 상장하는 것과 유사한 개념이다.

지정참가회사(AP: Authorized Participant)

투자자와 자산운용사 사이에 개입해 설정과 환매 업무를 대행하는 증권사다. 유통시장은 모든 투자자 간에 매수 또는 매도 행위가 발생해 ETF 증권 수에는 변함이 없는 대신 소유자가 변경되는 시장이다.

와우. 그럼 주식처럼 똑같이 사고팔 수 있는 거네요. 실제 주문은 어떻게 하나요?

아주 간단해. 요즘은 모바일 트레이딩을 많이 하니까 MTS(Mobile

▲MTS 앱 접속 후 주식매매 카테고리에 접속해 ETF 탭을 선택하면 된다.

펀드와 주식의 장점만 쏙쏙 ETF

Trading System) 앱을 활용해서 코스피 ETF를 매수해보자. 먼저 해당 증권사의 주식매매 MTS 앱을 다운받아. 주식매매로 들어가 주문을 클릭한 뒤 상단의 'ETF검색' 탭을 선택하면 돼. 그리고 '코스피'라는 검색어를 입력하면 여러 코스피를 기초지수로 하는 ETF들이 주르륵 나와. 이중에서 원하는 ETF를 선택하고 매수 가격과 수량을 입력한 뒤 매수 주문을 하면 돼.

🙍 이야~. 어려울 거 하나 없네요. 펀드를 주식 시장에 상장한다는 아이디어는 정말 기발한 것 같아요.

🙍 맞아. ETF를 처음 개발한 사람은 '천재 중에 천재'일 거야. 맨 처음 자산운용사가 ETF를 만든 이유는 더 많은 펀드를 팔기 위해서였어. 펀드는 투자자가 특정 판매 채널을 찾아 설명을 듣고 사인도 하고 귀찮은 일이 많지만, ETF는 유통 채널이 필요 없이 그냥 시장에서 형성된 가격으로 사고팔 수 있으니까.
하지만 시장가격이 항상 옳은 건 아니야. 시장에서도 얼마든지 가격 왜곡이 일어날 수 있어.

🙍 왜요? 누가 사재기라도 하나요? 수요와 공급에 의해 가격이 형성되는 게 시장원리의 기본이잖아요?

🙍 그래 맞아. 친구들이 원하는 가격에 ETF를 '팔고 싶다'고 주문을 냈

어. 마침 그때 그 가격에 '사겠다'고 나서는 사람이 아무도 없는 거야. 그뿐이 아니야. 딱 한 명이 사겠다고 했는데, 터무니없이 낮은 가격을 부르는 거야. 이럴 땐 그냥 안 팔거나, 헐값에 떨어야 해.

이건 주식도 마찬가지야. 2,000개 상장 주식 중에서 시장에서 주목하는 핫한 주식도 있고, 소외된 왕따 주식도 있어. 제대로 된 시장가격 형성이 안 되는 거지.

👧 그쵸. 참 난감한 상황인데 어쩔 수 없잖아요. 엄연히 자유경제 시스템에서 억지로 할 수도 없고.

👩 그렇긴 하지만 ETF는 주식과 달리 시장가격이 아니라 '진짜 가격'이 이미 정해져 있어. 주식이야 정가가 표시된 게 아니니까 아무리 떨어져도 시비를 걸 수가 없어. ETF에는 '진짜 가격(실질가격)'이 있으니까, 시장가격의 괴리가 커지면 가격왜곡 현상이 일어나는 거야.

그런데 ETF의 진짜 가격이란 게 과연 뭘까? 이 추적오차를 이해하는 것만큼이나 중요한 포인트야. 처음 배운 ETF의 개념을 잘 생각해봐.

👧 다시 원점으로 돌아가야겠죠? ETF는 기초지수를 형성하는 다양한 종목을 담은 '투자 종목 꾸러미(바스켓)'예요. 예를 들어, 코스피200 ETF는 삼성전자가 차지하는 비중만큼을 실제로 꾸러미 안에 보유하는 거죠. 그렇다면 이 꾸러미 안에 담긴 모든 주식의 가격이 ETF의 실질가격이 아닐까요?

👩 역시 똑똑해! 그러니까 1좌당 ETF의 가치는 보유한 모든 주식의 시가총액을 주식 수로 나누면 돼. 전문 용어로는 '기준가격(NAV, Net Asset Value)'이라고 불러. 이렇게 정해진 1좌당 순자산가치는 시장에서 거래되는 시장가격과는 별개야. 그러니까 시장이 원활하게 작동하지 않으면 실질가격과 시장가격의 괴리가 생길 가능성이 높은 거야. 어때? 여기까진 이해한 거지?

👩 네! 직접 정리해볼게요. 그러니까 ETF는 실제 주식들을 담은 꾸러미를 거래하는 거예요. 이 꾸러미 한 개당 진짜 가격이 존재해요. 시장 참여자들이 이 꾸러미를 실질가격대로 사고팔고 하면 아주 이상적이겠지만, 현실적으로 시장이 잘 돌아가지 않으면 매수자와 매도자 간의 가격 차이가 나타날 수 있어요.

재테크 MEMO

▶ **기준가격(NAV, Net Asset Value):** 1좌당 순자산가치를 줄여 부르는 말. 순자산가치란, ETF가 보유하고 있는 주식, 채권, 현금 등을 모두 포함하는 자산총액에서 운용보수 등 부채총액을 차감한 순자산가액을 말한다. 즉, ETF가 보유하고 있는 자산가치를 모두 반영하여 산출되는 'ETF 1좌당 가치'다. 일반펀드와 마찬가지로 전일종가를 기준으로 하루 1번 발표된다.
▶ **실시간 기준가격(iNAV, Indicative or Intraday Net Asset Value):** 거래소에 상장된 ETF는 오전 9시부터 오후 3시까지 실시간으로 거래된다. 기초자산의 가치가 실시간으로 변하게 된다면, ETF의 기준가격은 장중 실시간으로 변하는 ETF의 기초자산의 가치변화를 고려할 때 도움이 안 된다. 이런 점을 보완하기 위해 일종의 참조용 기준가격으로 고안된 것이 '실시간 기준가격'이다. 기초자산의 가치변화를 고려하여 실시간으로 계산되며 통상 매 10초마다 발표된다.
▶ **시장가격(Market Price):** ETF가 시장에서 매매될 때 형성된 실제 1좌당 거래가격. 그런데, 시장가격은 가장 최근에 체결된 거래가격을 의미할 뿐이므로, 기준가격 또는 매 10초마다 정기적으로 갱신되는 실시간 기준가격(iNAV)과는 차이가 날 수 있다. 만일 시장에서 거래가 활발한 ETF라면 시장가격과 실시간 기준가격(iNAV) 간 차이가 적어진다.

아주 좋아! 퍼펙트!! 이런 ETF의 실질가격과 시장가격과의 차이를 '괴리율'이라고 불러. 괴리율이 크다면 ETF가 실질가격과 차이가 많이 나는 시장가격으로 거래된다는 의미고, 반대로 괴리율이 적다면 시장가격과 실질가격이 비슷하다는 뜻이야. 그러니까 괴리율이 적으면 적을수록 좋은 ETF라고 할 수 있어. 특히 ETF를 선택할 땐 가격 하락 시의 괴리율과 거래량을 확인하는 게 좋아. 시장이 나쁠 때 괴리율이 크고 거래량이 적다면 팔고 싶어도 못 파는 상황이 발생해.

재테크
MEMO

▶괴리율: ETF의 시장가격과 기준가격(NAV) 간에 얼마나 차이가 나는지를 비율로 표시한 지표. ETF의 특성상 시장가격과 기준가격 사이에 괴리가 발생할 수 있지만 그 정도가 비정상적으로 크면서 오래 지속되고 있는 경우(동시호가 시간 제외)에는 LP의 매수/매도 호가제공 활동이 원활하지 못해 ETF가 적정가격에 거래되고 있지 않은 경우에 해당한다.

괴리율 = {(시장가격-기준가격)/기준가격} × 100

그런데 여기서 좀 헷갈리네요. 괴리율은 앞에서 배운 추적오차와 어떻게 다른 거죠?

좋은 질문이야. 추적오차는 ETF가 추종하는 지수를 얼마나 충실하게 따라가는지를 보여줬어. 예를 들어 코스피200 지수가 2% 올랐다면 코스피200 ETF의 기준가격도 2% 올라야 하는 거야. 그러니까 시장가격과는 무관해. 추적오차는 자산운용사의 운용 실력에 달려 있어.

🧑 반면 괴리률은 운용사의 능력과는 전혀 다른 문제야.

👩 그럼 괴리율이 커지는 건 누구의 책임인가요?

🧑 그건 시장의 '보이지 않는 손'이 제대로 작동하지 않기 때문이야. ETF
의 거래시장에는 실질가격과 시장가격의 차이(호가 스프레드)를 줄이
는 보이지 않는 '인위적 손'이 개입해.

바로 유동성 공급자(LP: Liquidity Provider)들이야. ETF 거래시장에
서 가격왜곡이 일어나지 않도록 도와주는 조력자들이지. 이들은 시장
참여자 수에 상관없이 항상 거래가 가능하도록 매수 호가(사고 싶은 가
격)와 매도 호가(팔고 싶은 가격)를 띄워줘. 쉽게 설명하면, 한 친구가 원
래 100원이었던 ETF를 '나 그거 80원에 살래' 하고 매수 주문을 냈어.
100원 가격에 근접한 매수자들이 많으면 모르겠지만, 이 친구 말고는
아무도 ETF를 사려는 사람이 없는 거야. 그럼 갑자기 ETF의 가격이
떨어지겠지?

이때 유동성 공급자인 LP가 '짜잔' 하고 나타나. 그래서 100원과 80원
의 중간 가격에서 매수 계약이 체결되도록 도와줘. 중간에서 100원에
사고 80원에 사는 역할을 해서 가격을 90원이 되도록 해주는 거야. 그
래야 시장의 왜곡이 줄어드니까.

👩 하하. 유동성 공급자라고요? 말이 되게 재미있네요.

용어가 조금 낯설게 느껴질 수 있지만, 친구들이 늘 사용하는 단체 대화방을 떠올려봐. 대화 없이 분위기가 썰렁해질 때, 혜성처럼 나타나 대화거리를 던지는 친구들 있지? 또 누군가 말을 시작하면 어디선가 나타나 답변을 하는 친구들! 바로 이런 친구들이 대화방의 유동성 공급자들이야.

 오~~ 맞아요. 단톡방에서 꼭 필요한 존재들이죠.

▶**호가 스프레드:** ETF를 사고자 하는 가격 중 가장 비싼 가격(최우선 매수호가)과 팔고자 하는 가격 중 가장 싼 가격(최우선 매도호가) 간의 차이. ETF는 최소 5원 단위로 호가를 제시할 수 있으므로 만일 ETF의 호가 스프레드가 5원인 경우라면 가장 유동성이 좋은 편이다. 반면, 그 차이가 10원, 20원, 30원씩 벌어질수록 스프레드 비용이 발생하게 된다.
▶**유동성 공급자**(LP, Liquidity Provider)**:** 유통시장에서 ETF 매매가 원활하게 이뤄질 수 있도록 ETF의 유동성을 책임지는 증권회사. LP는 일정 수준의 호가범위 안에서 매수와 매도 물량을 공급해야 한다. 이를 통해 투자자는 장중 대부분의 시간 동안 ETF의 NAV 또는 iNAV 에서 크게 벗어나지 않는 가격으로 거래할 수 있으며, 거래량이 낮은 ETF라도 언제든지 거래가 가능하게 된다.

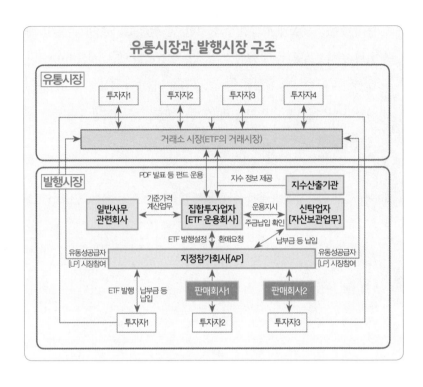

유통시장과 발행시장 구조

유통시장

투자자1　투자자2　투자자3　투자자4

거래소 시장(ETF의 거래시장)

발행시장

PDF 발표 등 펀드 운용　지수 정보 제공　지수산출기관

일반사무
관련회사
기준가격
계산업무
집합투자업자
[ETF 운용회사]
운용지시
주금납입 확인
신탁업자
[자산보관업무]

ETF 발행설정 환매요청　납부금 등 납입

유동성공급자
[LP] 시장참여
지정참가회사[AP]
유동성공급자
[LP] 시장참여

ETF 발행　납부금 등
납입
판매회사1　판매회사2

투자자1　투자자2　투자자3

중국 ETF 뽀개기

1. 기초지수, 중국본토 VS 홍콩H

중국 ETF는 기초지수에 따라 두 종류로 나뉜다. 상하이종합지수를 활용하는 중국본토 ETF와 홍콩 시장을 추종하는 홍콩 ETF다. 국내 중국본토 ETF는 총 7개로 대부분 CSI 지수를 활용한다. 그중에도 CSI300을 기초지수로 하는 ETF가 5개에 달한다.

중국 ETF 개요 및 거래 현황

기준: 2015년 6월

ETF명	일평균거래량	기초지수
KINDEX중국본토레버리지(합성)	561,194	CSI300
TIGER차이나A300	438,352	CSI300
TIGER차이나A레버리지(합성)	374,008	CSI300
KINDEX중국본토CSI300	291,995	CSI300
KODEX중국본토A50	149,666	FTSE China A50 Index
KODEX ChinaH레버리지(H)	129,568	HSCEI
TIGER차이나A인버스(합성)	126,612	CSI300
SMART중국본토중소형CSI500(합성 H)	85,741	CSI500
KODEX China H	26,368	HSCEI
ARIRANG차이나H레버리지(합성 H)	23,002	HSCEI
KStar중국본토CSI100	6,748	CSI100
TIGER차이나	841	Hang Seng Mainland 25

〈출처: 한국증권거래소〉

117

나머지 홍콩 ETF들은 HSCEI(홍콩H 지수)를 활용한다. 12개 ETF 중 거래량이 가장 적은 TIGER차이나만 'Hang Seng Mainland 25 인덱스'를 기초지수로 한다.

2. 기초지수가 되는 중국 CSI 지수

중국 증시를 나타내는 지수는 다양하다. CSI(China Securities Index) 시리즈가 대표적이다. CSI 시리즈는 시가총액 규모별 지수지만 산출 방법에 따라 약간의 차이가 있다.

가장 대표적인 CSI300 지수는 심천A주식과 상하이A주식 중에서 시가총액이 큰 300개 종목으로 구성됐다. 중국A주식 전체의 가격 변동을 반영한다.

CSI에서 주목해야 할 대목은 상하이와 선전거래소의 비중이다. CSI100은 상해거래소 상장종목이 82.2%에 달한다. CSI300 역시 72%에 육박한다. 두 지수는 상해거래소에 집중되었다고 볼 수 있다. 하지만 중소형주 비중이 높은 CSI500은 상해거래소와 선전거래소 상장종목의 시가총액 비중이 비슷한 수준이다.

CSI500 추종 글로벌 ETF로는 Deutsche X-trackers Harvest CSI500 China A-SharesETF(ASHS US)가 있다. 2014년 5월에 상장되어 아직 유동성이 풍부하지는 않지만 선강통 시행 등과 맞물려 거래 활성화가 기대된다. 이 밖에 선전거래소의 나스닥이라 할 수 있는 ChiNext 지수를 추종하는 Market Vectors ChinaAMC SME-ChiNext ETF(CNXT US)도 주목해볼 만하다.

중국 ETF 괴리율 주의보

중국본토 증시가 롤러코스터 장세를 보이면서 중국 ETF의 괴리율도 벌어지고 있다. ETF는 기초지수의 수익률에 연동되도록 설계된 펀드지만 시장 상황에 따라 자산의 가격과 실제 거래가격에 차이가 발생할 수 있다. 이를 괴리율이라고 부른다.

2016년 2월 10일 한국거래소에 따르면 최근 2달간 괴리율이 가장 자주 발생한 종목은 중국본토 레버리지 ETF다. KINDEX중국본토 레버리지CSI300이 22회, TIGER차이나A 레버리지가 19회 발생했다. 두 ETF 모두 상하이거래소와 선전거래소에 상장돼 있는 300개의 종목으로 구성된 CSI300 지수 일간

중국 ETF 괴리율 현황

기준: 2015년 11월~2016년 2월

+ 최대괴리율		− 최대괴리율	
TIGER나스닥바이오	29.73%	TIGER차이나A레버리지(합성)	-13.35%
TIGER차이나A레버리지(합성)	13.04%	KINDEX중국본토레버리지(합성)	-12.82%
KINDEX중국본토레버리지(합성)	12.68%	TIGER차이나A300	-7.98%
TIGER차이나A인버스(합성)	9.79%	KINDEX중국본토CSI300	-7.87%
KODEX ChinaH레버리지(H)	7.08%	TIGER 이머징마켓레버리지(합성H)	-6.96%

〈출처: 한국증권거래소〉

수익률을 2배로 추종하는 상품이다. 레버리지 효과를 내다 보니 정방향 ETF에 비해 괴리율도 발생하기 쉽다.

중국 레버리지 ETF에서 괴리율이 자주 발생하는 원인 중 하나는 시차다. 우리나라 증시는 오전 9시~오후 3시까지 운영되지만 중국 증시는 우리나라 시각으로 오전 10시 30분~오후 4시(오후 12시 30분~2시 휴장)까지다. 오후 3~4시에 중국 증시가 움직이거나, 오전 9시~10시 30분에 투자자들이 공격적으로 매매를 시작하는 경우 괴리율이 발생할 수 있다. 괴리율이 기준 이상으로 커지면 LP(유동성 공급자)들이 호가를 제출하도록 돼 있지만 중국 본토 증시가 폐장된 상태면 LP 역시 헤지가 어려워 호가 제출이 원활하지 않을 수 있다.

두 ETF는 모두 홍콩 등 해외에 상장된 CSI300 ETF를 일부 활용해 운용되고 있는데 CSI300 ETF 자체에서 괴리율이 발생한 경우에도 영향을 받을 수 있다.

〈출처: 머니투데이 2016년 2월 11일〉

레버리지 ETF의 복리 효과

👩 사실 ETF의 매력은 2~3배 공격적인 '레버리지 투자(지렛대 효과)'가 가능하다는 거야. 마치 대출 레버리지처럼 적은 돈으로 큰 효과를 낼 수 있지.

👩 오~~『재테크의 여왕』에서 대출 레버리지를 잘 활용해야 부자가 된다고 하셨잖아요? 완전 솔깃한데요?

👩 방법은 아주 간단해. 처음 설계될 때부터 기초지수를 2배 또는 3배 추종하도록 만드는 거야. ETF의 기본 구조는 기초지수를 1배 추종하는 거지만, 레버리지 2~3배는 수익률이 그만큼 높아지는 거야. ETF의 상품명에 레버리지가 들어가면 2배 수익률을 추구한다는 뜻이야. 아까 배웠던 'ETF검색' 탭으로 가서 '레버리지'로 검

▲MTS 거래주문 탭에서 '레버리지'를 검색한다.

색해봐. 국내 거래소에 상장된 레버리지 상품들이 쫙 나올 거야.

이야~. 정말 다양한 레버리지 ETF들이 쫙 나오네요. 이중에서 'KODEX 레버리지'는 들어봤어요.

그래. KODEX는 삼성자산운용의 ETF 브랜드야. ETF 이름 앞에 KODEX가 붙으면 삼성자산운용의 상품이라고 보면 돼. 국내 ETF 점유율은 삼성자산운용이 50% 가까이 차지하고 있어.
2015년 말엔 코스닥 레버리지 ETF 상품도 출시됐어. 코스닥150 지수 등락폭의 두 배를 추종하는 레버리지 상품이야. 상장 첫날 거래대금이 200억 원이 몰렸으니 엄청난 인기지. 아직까지 국내에선 2배 레버리지 ETF 밖에 없지만 해외에는 레버리지를 3배까지 활용하는 ETF들도 많아.

레버리지 3배짜리면 기초지수가 1배 오를 때 3배 수익이 나잖아요? 완전 대박이네요. 빨리 국내에도 3배 레버리지 ETF가 나왔으면 좋겠어요.

하하. 역시 우리는 이심전심이야. 언니가 한국증권거래소에 취재했더니 한국에선 아직까지 시기상조라는 거야. 국내 ETF 시장도 점점 발전하고 있으니까 언젠간 미국 등 선진국처럼 3배 레버리지 상품도 나오겠지. 하지만 아름다운 장미엔 가시가 있는 법! 레베리지 ETF에 투자할 땐 반드시 유념해야 될 '함정'이 있어. 바로 수익률의 '기간'이야.
레버리지 ETF는 기초지수의 '일 수익률(daily rate change)'을 2배 추
종하는 상품이란 거야.

네. 그건 알아요. 기초지수가 1배 오를 때 수익률은 2배 오른다고요.
우리도 다 아는 내용인데 그게 무슨 함정인가요?

아니. 내가 투자한 전체 기간이 아니라 단지 하루 동안만 2배 수익
률이라고. 다시말해 레버리지 상품은 '하루 동안(daily)'의 수익률
을 추종하는 거야. 투자자가 투자한 '전체 기간(the whole time of
investing)'이 아냐.

아…. 언니, 도무지 무슨 말인지 도통 이해가 안 돼요.

그런 표정 짓지 말고 집중해서 들어봐. 2000선을 웃돌던 코스피 지수
가 갑자기 1900선 아래로 폭락했어. '이때가 기회'라는 생각에 코스피
200 레버리지 ETF에 들어간 거야. 한동안 회사의 일이 바빠 깜빡 잊
고 있다가 신문을 봤는데 코스피가 2000선을 돌파한다는 거야. '얼씨
구나' 신이 나서 레버리지 ETF의 수익률을 열어봤어. 친구들은 코스
피 지수가 5% 이상 상승했으니 내 수익률도 당연히 10% 이상일 거라
고 생각하겠지?

 당연하죠. 그게 레버리지 ETF니까요!

실망스럽게도 내 수익률은 두 배가 아닐 수 있어. 이게 바로 '일간 변동률'과 '투자 기간 수익률'은 다르다는 의미야. 처음 레버리지 ETF에 투자를 하던 날 코스피 지수 1900이었어. 그런데 투자한 다음 날부터 3일 연속 주가가 빠졌어. -2%, -3%, -2%씩 쭉쭉 떨어진 거야. 결국 3일 누적 수익률이 -13.67%로 폭락했어. 근데 4일째 되는 날부터 주가가 반등하기 시작했어. +6.99%, +0.7%씩 이틀 연속 오른 거야. 결국 처음 투자했을 때보다 코스피 지수는 0.2% 올랐어. 하지만 레버리지 ETF의 수익률은 여전히 '마이너스'야. 이틀간 주가 반등으로 수익률을 회복(-0.06%)했지만, 회복은 다 못한 거지.

그러니까 투자 시점에 대비해서 지수가 올랐더라도, 중간에 하락 폭

1일 초과 투자 시 기초지수가 상승해도 손실이 나는 레버리지 ETF 수익률 예시

구분	기초지수(코스피200)			레버리지 ETF	
	기초지수 종가	일간수익률	누적수익률	일간수익률	누적수익률
T일	1,000.00	0.00%	0.00%	0.00%	0.00%
T+1일	980.00	-2.00%	-2.00%	-4.00%	-4.00%
T+2일	950.00	-3.06%	-5.00%	-6.12%	-9.88%
T+3일	930.00	-2.11%	-7.00%	-4.21%	-13.67%
T+4일	995.00	6.99%	-0.50%	13.98%	-1.60%
T+5일	1,002.00	0.70%	0.20%	1.41%	-0.22%
누적수익률		0.20%		-0.22%	

〈출처: 한국증권거래소 '자산관리 이제는 ETF다'〉

이 컸다면 레버리지 ETF의 수익률은 마이너스일 수 있어. 이 때문에 지수가 박스권에서 등락을 거듭할 때 레버리지 ETF 투자는 오히려 손해를 볼 수 있지. 이를 '레버리지 ETF의 복리 효과'라고 해.

혁. 레버리지 ETF에 이런 함정이 있었다니 역시 투자는 공부를 해야 손해를 안 봐요. 그냥 묻어두면 두 배로 벌 줄 알았는데.

그래. 공부만이 살 길이야. 공격적인 레버리지 투자는 시장의 방향성 이 확실할 때 '단기간'에 하는 거야. 지수가 급등락하는 변동성 장세 보다는 대세 우상향 구간에서 적합해. 지수가 지속적으로 오르는 구 간에는 매일 수익률이 배가되면서 오히려 투자 기간 대비 수익률이 더 높아져. 마치 원금에 이자가 더해져 나타나는 복리 효과처럼.

재테크 MEMO

▶**레버리지 ETF의 복리 효과**: 레버리지 ETF나 인버스 ETF를 투자할 때는 '복리 효과 (Compunding Effect on a daily basis)'를 고려해야 한다. 투자 기간 동안 코스피200 지수가 두 배 상승했더라도, 박스권에서 변동폭이 컸다면 코스피200 지수의 상승폭을 따라갈 수 없다. 금 융회사가 투자 시점이 모두 다른 다수의 투자자들의 수익률을 보장해줄 수 없기 때문이다.
레버리지 ETF나 인버스 ETF는 하루를 기준으로 2배 또는 -1배 수익을 맞추기 위해 운용된 다. 전날 ETF 가격이 기초지수 변동률의 2배 또는 -1배에 연동하도록 맞춰 놓은 자산 구성 은 다음 날 다시 그 구성으로부터 기초지수 수익의 2배 또는 -1배 수익을 따라간다.
주식 시장이 뚜렷한 방향성 없이 등락을 거듭하는 변동성이 높은 상황에서 레버리지 ETF나 인버스 ETF를 장기 보유할 경우에는 이익을 확대하거나 손실을 줄이는 것이 아니라, 오히려 손실을 키울 수도 있다.

아~ 그래서 레버리지 ETF의 복리 효과라고 부르나 봐요. 마이너스 복리 효과만 주의하면 레버리지 ETF로 높은 수익을 낼 수 있겠어요.

하하. 아직 이 정도로 만족하긴 일러. 공격적 레버리지 ETF만큼이나 유용한 ETF의 또 다른 장점이 있어. 그건 바로 시장이 떨어질 때도 수익을 내는 '인버스' ETF야. 대부분 투자 상품은 지수가 오를 때 수익을 내는 구조야. 하지만 인버스는 오히려 지수가 떨어질 때 수익을 낼 수 있어.

우와~ 지수가 빠지는 하락장에서도 수익을 낸다고요?

그래. 맞아. 이것도 간단해. 기초지수가 1배 떨어질 때 1배 수익을 내는 ETF 상품을 설계하면 돼. 지수가 오를 때 공격적인 레버리지로,

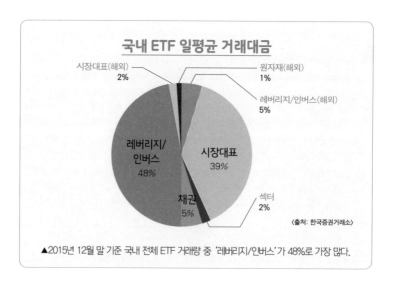

국내 ETF 일평균 거래대금

시장대표(해외) 2%
원자재(해외) 1%
레버리지/인버스(해외) 5%
레버리지/인버스 48%
시장대표 39%
채권 5%
섹터 2%

〈출처: 한국증권거래소〉

▲2015년 12월 말 기준 국내 전체 ETF 거래량 중 '레버리지/인버스'가 48%로 가장 많다.

반대로 지수가 빠질 땐 인버스로 수익을 낼 수 있어. 그러니까 ETF 투자는 지수가 오를 때나 떨어질 때나 시장 상황에 상관없이 돈을 벌 수 있는 거지. 업계 용어로는 더 오를 가능성이 있을 때 '롱'을 하고, 떨어질 것 같을 때 '숏'을 한다고 표현해. '숏을 친다'는 의미는 추가 하락이 예상돼 매도한다는 뜻이야. 그러니까 오를 종목을 계속 보유(롱)하고 떨어질 종목을 매도(숏)해 리스크를 관리하는 거지. '롱숏 펀드'는 바로 이런 원리로 수익을 내는 거야. 그러니까 일반인들도 얼마든지 ETF 하나로 롱숏 전략 투자를 할 수 있는 거야.

시장이 오를 땐 '롱', 떨어질 땐 '숏'해라! 근데 일반적으로 떨어지는 칼날을 잡기는 쉽지 않은 것 같아요.

그치. 흔히 따라 할 수 있는 쉬운 방법은 몇 년째 박스권을 움직이는 코스피 지수를 활용하는 거야. 언니가 주로 쓰는 방법이기도 해. 지수

재테크 MEMO

코스피 1800선은 투자 기회

코스피 지수는 5년째 1850~2100선을 횡보하고 있다. 전문가들은 코스피 지수가 박스권에 머물러 있는 국내 증시의 특성을 상수로 놓고 투자전략을 짜야 한다고 조언한다.

2012년 이후 이 전략의 승률은 상당히 높다. 2012년 1월 이후 코스피 지수가 1850선 아래로 떨어진 뒤 1900선을 회복한 횟수는 모두 여섯 차례다. 1850선이 무너진 뒤 1900선으로 다시 올라선 기간은 평균 26.4일로 한 달이 채 걸리지 않았다. 1900선 아래에서 1950선 위로 올라간 횟수도 여덟 차례에 달했다. 떨어진 지수가 다시 회복하는 연간 2~3회 정도의 사이클에 올라타면 안정적인 수익을 올릴 수 있다는 의미다.

ETF 매입 시점은 코스피 지수 1850~1900선, 목표 수익률은 7~12%를 제시하고 있다.

가 1900선 아래로 떨어지면 코스피 레버리지 ETF를 조금씩 분할 매수하는 거야. 과거 통계적으로 1850선이 코스피 지수의 바닥이니까. 그러다 지수가 2000선을 넘기 시작하면 조금씩 분할 매도하고, 코스피 인버스 ETF로 갈아타는 거야. 이것 또한 지수가 2000선을 넘으면 올라갈 확률보다는 떨어질 가능성이 더 높다고 보는 거지.

▲〈출처: 한국경제신문 2016년 1월 5일〉

오호! 1900선 아래에서 레버리지 분할 매수, 2000선에 근접하면 분할 매도 후 인버스 투자! 우리도 한번 시도해봐야겠어요.

이건 어디까지나 확률이 높다는 거니까, 너무 과신하지는 마. 무엇보다 지수가 빠질 때도 역발상을 통해 인버스 투자를 떠올리는 게 관건이야. 실제로 2015년 하반기 중국 지수와 국제 유가가 폭락했을 때 인버스 ETF에 투자한 사람들은 높은 수익을 냈어.

하락장에 베팅···
나 혼자 웃는 '인버스 ETF'

연초부터 글로벌 증시가 요동치고 있는 가운데서도 중국 증시, 원유에 인버스 투자를 한 사람들은 웃었다.

2016년 1월 15일 한국거래소에 따르면 올해 들어 유가증권시장에 상장된 ETF의 평균 수익률은 −4.55%, ETN는 −2.24%로 나타났다. ETF는 같은 기간 코스피 수익률(−4.20%)에도 못 미쳤다. 전체 198개 ETF 중 154개가 마이너스 수익률을 기록했고, ETN도 78개 중 52개가 빠졌다. 특히 중국본토증시나 원유에 투자하는 ETF와 ETN을 사들인 투자자들은 10%가 넘는 손실을 봤다.

반면 중국과 원유에 인버스 투자를 한 상품이 수익률 상위권을 휩쓸었다. TIGER원유인버스선물(H)는 연초 이후 20.93% 상승했고, TIGER차이나A인버

하락장에 상반된 ETF 수익률

(단위: %)

ETF 종목명	수익률
TIGER원유인버스선물(H)	20.93
TIGER차이나A인버스(합성)	14.18
KODEX China H	−11.62
TIGER원유선물(H)	−12.90
KINDEX중국본토CSI300	−13.51
TIGER차이나A300	−13.91
KODEX China H 레버리지(H)	−27.19
TIGER차이나A레버리지(합성)	−27.81
KINDEX중국본토레버리지(합성)	−28.07

중국·원유 관련 주요 ETN 수익률

(단위: %)

ETN 종목명	수익률
신한인버스브렌트원유선물 ETN(H)	22.42
신한인버스WTI원유선물 ETN(H)	20.25
TRUE인버스차이나H ETN(H)	15.75
삼성인버스China A50선물 ETN(H)	9.94
삼성China A50선물 ETN(H)	-12.18
대우차이나대표주15 ETN(H)	-12.23
신한WTI원유선물 ETN(H)	-17.56
신한브렌트원유선물 ETN(H)	-18.94
octo CHINEXT ETN(H)	-21.17

스(합성)은 14.18% 올랐다. 신한금융투자의 인버스브렌트원유선물 ETN과 WTI 원유선물 ETN이 각각 22.42%, 20.25% 상승했다. 중국 관련 상품인 TRUE인 버스차이나H ETN(15.75%)도 시장 흐름을 거슬러 올라갔다.

글로벌 '안전자산' 배분법

🙎 레버리지, 인버스 ETF까지 공부는 엄청 많이 한 것 같은데 막상 투자를 하려니까 막막해요. 역시 이론과 실전은 다른가 봐요.

🙍 그래. 기특한 친구들! 그동안 지겨운 이론 공부를 잘도 견뎠어. 사실 본격적인 실전 투자를 위해 지금까지 달려온 거야. 어떻게 보면 ETF 투자는 이제부터가 진짜야. 친구들이 시장 상황을 읽고 국내외 ETF에 자유자재로 투자하는 그날이 오면, 그야말로 투자 고수의 반열에 오르는 거야.

🙎 이야. 우리도 빨리 투자의 고수가 되고 싶어요.

🙍 친구들도 충분히 될 수 있어. 글로벌 ETF의 숫자는 5,400여 개에 달해. ETF만 잘 다뤄도 굳이 다른 투자를 할 필요가 없어. ETF 하나만으로 전문가들이 그토록 강조하는 '글로벌 자산배분'이 가능해.
그동안 일반인들에게 글로벌 자산 배분이 공허한 메아리로 다가왔던 이유가 주기적인 '리밸런싱(재조정)'이 힘들어서였어. 하지만 국내외 ETF에 대해 조금만 관심을 가지고 공부하면 전문가처럼 글로벌 자산에 투자하고 리밸런싱까지 할 수 있어.

🙍 와~ 국내도 아니고 글로벌 자산에 골고루 투자한다니…. 정말 그동안 어려운 개념들을 힘들게 공부한 보람이 있네요.

🙍 물론이지. 언니의 목표는 친구들이 짧게는 3개월, 길게는 1년의 시장을 전망하고 글로벌 자산 배분 전략을 스스로 짤 수 있게 하는 거야!

🙍 오~. 상상만 해도 신이 나네요. 빨리 시작해요.

🙍 그래, 좋아. 하지만 먼저 할 일이 있어. 스스로 '안전자산'과 '위험자산'의 비중을 결정해야 돼. 처음에 얘기한 '코어-위성 전략' 기억하지? 이들 자산의 비중은 개인의 투자 성향 차이 혹은 글로벌 시장 상황에 따라 달라져. 아주 보수적인 투자 성향으로 절대로 손해는 못 보겠다면 안전자산의 비중을 높여야 해. 그 반대라면 기회자산의 비중을 최대한 늘리는 거지.
시장 상황도 또다른 변수가 될 수 있어. 대세 상승장이라면 과감하게 위험자산의 비중을 늘릴 수도 있어. 반면 약세장일 때는 안전자산의 비중을 늘리고 위험자산의 비중을 줄이는 게 좋아.

🙍 예전에 재테크 강연회에서 비슷한 얘기를 들은 적이 있어요. 근데 이론적으로 안전자산과 기회자산을 구분하는 게 의미가 있을까요? 왠지 그냥 하기 좋은 말 같아서요.

언니도 처음엔 그랬어. 어차피 저축은 많이 하고 있으니까 굳이 안전 자산의 비중이 높을 필요가 없다고 생각했지. 하지만 갑자기 시장 상황이 변하면 위험자산 전체에 파란불이 들어와. 그때서야 후회를 하는 거지.

특히 우리 같은 초보 투자자가 포트폴리오를 짜는 이유는 '더 많이 벌기 위해서'가 아니라 '잃지 않기 위해서'야.

네~. 알겠어요. 우린 최대한 리스크를 줄이고 싶으니까 안전자산의 비중도 꼭 고려할게요.

그래, 좋아. 안전자산의 비중은 자기 성향에 맞게 정하면 돼. 안전자산은 말 그대로 수익률도 낮고 리스크도 적은 자산이야. 대표적인 안전자산은 '채권'이지. 채권은 발행 주체가 망하지 않는 이상 정해진 만기까지만 버티면 '확정된 수익(Fixed Income)'을 줘. 대신 만기가 올 때까지 기다리면서 이자를 받아. 그러니까 채권의 쿠폰(이자)은 은행의 금리와 경쟁 관계야. 금리가 오르면 채권 가격이 떨어지고 금리가 떨어지면 상대적으로 채권의 가격이 올라.

금리와 채권가격의 상관관계

기준금리	· · · ·	채권가격
상승 ▲	············	하락 ▼
하락 ▼	············	상승 ▲

근데 주변에서 채권에 투자하는 사람은 거의 못 본 것 같아요.

맞아. 채권도 소액으로 주식처럼 매매가 가능하지만, 투자 금액이 크기 때문에 일반적으로 접근성이 떨어져. 2013년부터 전자단기사채(전단채)가 도입되면서 소액 투자자들이 늘긴 했어. 하지만 여전히 최소 투자금이 1억 원 이상으로 높은 편이야. 그래서 우리 같은 소액 투자자들이 채권 투자하기에 좋은 수단이 채권형 ETF야. 전 세계에서 가장 우량한 미국 국채도 ETF로 투자할 수 있어.

재테크 MEMO

▶ **전자단기사채**(Asset Backed Short-Term Bond): 만기 1년 미만의 단기 자금을 종이가 아닌 전자방식으로 발행하여 유통되는 금융 상품을 말한다. 기업들이 단기 자금을 조달하기 위해 발행했던 기업어음(CP)를 대체하여 기존의 기업어음 거래의 부작용을 해소하고 단기금융시장을 활성화시키기 위한 것으로 2013년 1월 15일부터 도입됐다.

와우. 국채까지 ETF로 투자할 수 있다고요? 도대체 ETF로 못하는 투자가 없네요.

그치. 채권형 ETF에 투자할 때도 국내와 해외로 분산하는 게 좋아. 『재테크의 여왕』의 '통장 쪼개기' 편에서 외화 예금을 만들었던 것 기억하지? 통화 리스크를 분산하는 것과 같은 원리야.
먼저 국내 채권형 ETF를 살펴보자. 2016년 1월 현재 국내 상장된 채권형 ETF는 21개야. 정부에서 발행하는 국고채 ETF가 가장 많고, 통화안정 채권, 우량회사채 등도 있어.

앗! 이렇게 많은 채권형 ETF 중에서 어떻게 고르나요?

뭘 이 정도로 놀라긴! 미국에 상장된 채권형 ETF는 훨씬 더 많아. 일단 채권은 발행 주체에 따라 회사채와 국채, 기간에 따라 단기와 장기

국내 채권형 ETF

ETF명	기초지수	운용사
파워 단기채	KAP 단기채권 지수(총수익)	교보악사자산운용
KODEX단기채권PLUS	KRW Cash PLUS 지수(총수익)	삼성자산운용
KStar단기통안채	KIS 통안채 5개월 지수(총수익)	케이비자산운용
KINDEX단기자금	KIS MSB 단기 지수(총수익)	한국투자신탁운용
ARIRANG바벨 채권	KAP Barbell Index(총수익)	한화자산운용
ARIRANG단기유동성	KAP Money Market Index(총수익)	한화자산운용
KODEX인버스국채선물10년	10년국채선물 지수	삼성자산운용
파워 국고채	KTB INDEX(시장가격)	교보악사자산운용
KOSEF10년국고채 레버리지	KIS 10년 국고채 지수 (총수익)	키움투자자산운용
TIGER유동자금	KIS 통안채 3개월(총수익)	미래에셋자산운용
KODEX단기채권	KRW Cash 지수(총수익)	삼성자산운용
KODEX10년국채선물	10년국채선물 지수	삼성자산운용
KOSEF10년국고채	KIS 10년 국고채 지수 (총수익)	키움투자자산운용
KStar우량회사채	KOBI 크레딧 지수(총수익)	케이비자산운용
KOSEF단기자금	MK 머니마켓 지수(총수익)	키움투자자산운용
KOSEF통안채	MK 통안채 지수(총수익)	키움투자자산운용
TIGER국채3	KTB INDEX(시장가격)	미래에셋자산운용
KINDEX국고채	KTB INDEX(시장가격)	한국투자신탁운용
KOSEF국고채	KTB INDEX(시장가격)	키움투자자산운용
KStar국고채	KTB INDEX(시장가격)	케이비자산운용
KODEX국고채	MKF 국고채 지수(총수익)	삼성자산운용

로 나눌 수 있어. 정부가 발행하는 국채보다는 회사채의 리스크가 더 커. 투자적격등급(BBB+) 이하의 하이일드 채권의 리스크는 훨씬 더 커지지. 하지만 우리는 안전자산으로 채권형 ETF에 투자하는 거니까 국채 또는 우량 회사채에 국한시키는 거야.

채권형 ETF를 선택할 때는 먼저 '만기'를 유의해서 봐야 해. 만기가 짧을수록 리스크는 적지만 이자 수익률도 같이 낮아져. 반면 만기가 길수록 리스크가 커지지지만 이자 수익률은 높아져. 그러니까 아주 안정적으로 채권가격에 큰 변동이 없기를 원하면 '단기채'가 적합하고, 반대로 리스크는 있더라도 조금 더 높은 수익률을 추구한다고 하면 '장기채'가 맞아.

단기채 중에서 만기가 3개월로 가장 짧은 상품은 TIGER유동자금 ETF야. 그 밖에 만기 1년 미만의 단기자금 ETF, 통안채 ETF 등이 있어. 국고채는 3년 만기가 가장 일반적이고 10년 만기 국고채는 레버리지는 물론 인버스 ETF도 있어.

채권 투자도 발행주체와 만기를 주의해야겠어요.

그래, 맞아. 그럼 해외로 눈을 돌려. 미국 채권형 ETF에 투자해볼 거야. 아직까지 국내에는 미국 국채를 기초자산으로 하는 ETF가 없기 때문에 미국 시장에 상장된 채권형 ETF에 직접 투자를 해야 해. 미국 시장에는 미국 국채는 물론 회사채, 선진국과 이머징 국채 등 다양한 채권형 ETF들이 상장돼 있어.

미국에 상장된 채권형 ETF에 직접 투자를 한다고요? 그게 가능한 가요?

물론이지. 국내에서도 얼마든지 할 수 있어. 증권사에 가서 해외 거래를 하고 싶다고 얘기하고 해외전용 MTS 앱을 이용하면 돼.

증권사에 가서 해외 거래 신청만 하면 되나요? 그 다음엔 어떻게 해요?

이것도 아주 간단해. 언니가 자주 이용하는 사이트를 알려줄게. 'ETF 닷컴(http://www.etf.com)'에 가면 아주 유용한 ETF 관련 자료들이 많아. ETF시장에 대한 정보는 물론 친구들이 원하는 ETF도 얼마든지 찾을 수 있어. 그럼 우리가 투자하고 싶은 미국에 상장된 채권형 ETF를 찾아보자. 검색 기능을 활용하면 아주 쉬워. 미국에 상장된 채권형 ETF는 무려 300개가 넘으니까 범위를 좁혀볼게. 일단 ETF닷컴에 접속해서 '스크리닝' 탭을 클릭해 봐.

앗! 이건 뭔가요? 이 사이트는 다 영어로 되어 있네요? 영어는 정말 쥐약인데….

영어도 별 거 아니야. 쫄지 말고 한번 도전해봐. 맨 처음 카테고리에서 채권형(Fixed Income)을 선택하고 나머지 카테고리도 미국 정부

▲첫 번째 자산의 종류(Asset Class)에서 채권(Fixed Income)을 선택하면 된다.

(US Government), 국채(Treasury), 단기(short term) 등을 차례대로 선택하면 돼. 그러면 해당 ETF가 있다는 결과가 나와. 처음 300개에 달했던 채권형 ETF 중에서 많은 추린 거지?

이야~. 진짜 간단하네요. 그러면 이 중에 뭘 선택해야 하죠?

언니가 추천하는 ETF는 거래량이 많고 평가 결과가 좋은 ETF야. 해당 ETF를 클릭하면 자세한 내용을 볼 수 있어. 이 중 시장점유율이 가장 높은 PIMCO 1-3 Year U.S. Treasury(TUZ)를 선택하면 평가 등급과 거래량이 나와. 거래량이 많고 평가 등급이 높을수록 좋은 ETF야.

ETF Results: 6 ETFs

Display: **10** 20 50 100   ◀ Page 1 of 1 ▶

	FUND BASICS	PERFORMANCE	ANALYSIS	FUNDAMENTALS	CLASSIFICATION	TAX	⚙ CUSTOM

Ticker ▾	Fund Name ▾	Issuer ▾	Expense Ratio ▾	AUM ▾	Spread % ▾
SHY	iShares 1-3 Year Treasury Bond	BlackRock	0.15%	$12.31B	0.01%
SCHO	Schwab Short-Term U. S. Treasury	Charles Schwab	0.08%	$1.13B	0.04%
TUZ	PIMCO 1-3 Year U.S. Treasury	PIMCO	0.15%	$130.02M	0.09%
SST	SPDR Barclays Short Term Treasury	SSgA	0.10%	$69.74M	0.14%
DTUS	iPath U.S. Treasury 2-Year Bear ETN	Barclays Capital	0.75%	$13.02M	0.83%
DTUL	iPath U.S. Treasury 2-Year Bull ETN	Barclays Capital	0.75%	$3.95M	0.25%

▲미국 단기국채 검색 결과 6개의 ETF가 나왔다.

오~~~. 이거 완전 신기해요!

이 정도로 감탄하긴 일러. 또 다른 추천 사이트인 'ETFdb닷컴(http://etfdb.com)'에 접속해봐. 여기에선 보다 손쉽게 원하는 ETF를 검색할 수 있어. 먼저 우리가 원하는 채권(Bonds)을 선택하고 미국 재무부(Treasuries)를 선택해. 미국 재무부가 발행하는 채권이니까 미국 채권이 되겠지? 친절하게 기간까지 선택할 수 있는데 단기(10개), 중기(21개), 장기(17개)로 구분돼 있어.

미국 국채는 1~3년 단기는 물론

펀드와 주식의 장점만 쏙쏙 ETF

7~10년, 10년, 20년, 30년 등 아주 다양해. 게다가 레버리지 2배, 3배도 모자라 인버스 2배, 3배도 있어.

미국 중기 국채 ETF 종류

종목 코드	이름	가격	자산	평균 거래량	연 수익률	인버스	레버 리지
IEF	iShares 7-10 Year Treasury Bond ETF	$107.87	$9,494,692	2,409,686	2.16%	No	No
IEI	iShares 3-7 Year Treasury Bond ETF	$124.35	$5,616,754	526,387	1.42%	No	No
ITE	SPDR Barclays Intermediate Term Treasury ETF	$60.50	$690,276	160,610	0.52%	No	No
SCHR	Schwab Intermediate-Term U.S. Treasury ETF	$54.37	$520,189	105,875	1.44%	No	No
VGIT	Intermediate-Term Government Bond Index Fund	$65.32	$433,011	83,160	1.37%	No	No
UST	Ultra 7-10 Year Treasury	$58.48	$52,929	51,900	4.19%	No	2x
PST	UltraShort Barclays 7-10 Year Treasury	$22.31	$175,617	50,006	-4.00%	Yes	2x
DTYS	US Treasury 10-Year Bear ETN	$17.37	$65,389	36,090	-14.31%	Yes	No
RISE	Sit Rising Rate	$23.56	$19,941	14,050	-2.77%	No	No
TYO	Daily 7-10 Year Treasury Bear 3x Shares	$15.75	$31,140	12,079	-5.46%	Yes	3x
TBX	Short 7-10 Year Treasury	$28.88	$34,584	8,056	-2.17%	Yes	No
TENZ	7-15 Year U.S. Treasury Index Fund	$86.13	$20,383	3,406	2.10%	No	No
FIVZ	3-7 Year U.S. Treasury Index Fund	$80.45	$9,384	1,434	2.44%	No	No

〈출처: ETFdb.com, 2016년 1월 22일 기준〉

글로벌 '위험자산' 배분법

🙆 어때? 국내외 채권형 ETF로 안전자산 투자도 할 수 있겠지? 이제부터는 구체적으로 위험자산을 어디에 투자할지 결정해야 돼. 지금부터 하는 위험자산의 포트폴리오 구성이 진정한 실력이야. 위험자산의 투자처를 결정하려면, 펀드 투자 때보다 더 깊이 있게 글로벌 시장 상황을 분석해야 돼. 펀드 투자는 선진국 혹은 이머징, 중국 또는 유럽 등 시장의 큰 방향만 파악하는 것으로도 충분했어. 하지만 실전 ETF 투자는 더 구체적으로 '지역'과 '섹터'까지 상세히 봐야 해.

🙍 에효. 우리 같은 초보 투자자들한텐 글로벌 시장의 큰 흐름을 파악하는 것도 어려운데 '나무'까지 보라고 하시면…. 그게 가능할까요?

🙆 물론 쉽지 않은 일이야. 심지어 언니한테도 어려운 일이니까. 이제부터는 전문적인 시장 분석 자료를 읽으면서 열심히 공부해야 돼.

🙍 오호. 그런 자료들이 있나요? 우리가 공부할 수 있는 ETF 자료는 어디서 구할 수 있나요?

🙆 관련 자료는 마음만 먹으면 얼마든지 구할 수 있어. 한국증권거래소

는 한 달에 한 번 ETF 동향에 대한 월간 리포트를 발간하고 있고, 국내 대형 증권사들은 2주 또는 분기별로 글로벌 ETF 투자 전략에 대한 리포트를 발행해. 언니가 자주 이용하는 곳은 '미래에셋대우'와 'NH투자증권'의 이슈 분석이야. 이들 시장 분석 자료를 보면 그 당시의 시장 상황 분석과 추천 ETF가 상세하게 나와 있어.

오호. 정말요? 그런 시장 분석 자료가 누구나 볼 수 있는 증권사 홈페이지에 공개된다고요?

물론이지. 사실 더 좋은 자료는 해외 ETF 관련 사이트야. 앞에서 얘기한 ETF닷컴, ETFdb, ETF TREND 등의 사이트에는 글로벌 ETF 투자 동향 자료가 무궁무진해.
ETFdb가 전망한 2016년 분석 자료에 따르면 미국은 거의 제자리걸음이고 유럽과 선진국이 그나마 선전해. 하지만 이머징 시장의 전망

재테크 MEMO

국내외 ETF 관련 정보 뽀개기
1. 한국증권거래소: 시장정보〉시장동향〉증권상품뉴스〉ETF monthly
2. 미래에셋대우증권: 투자정보〉투자전략〉글로벌
3. NH투자증권: 투자정보〉투자전략〉이슈분석
4. 삼성자산운용 ETF: https://www.kodex.com/biWeekly.do
5. 미래에셋자산운용 ETF 시장리포트: https://www.tigeretf.com/front/info/market_list.do
6. ETF닷컴: http://www.etf.com/
7. ETF TREND: http://www.etftrends.com/
8. ETFdb: http://etfdb.com/

은 밝지 않아.

구체적인 지역 전망뿐만이 아니야. 금융, 원자재, 헬스케어, 에너지,
기술 등 각 분야의 시장 전망에 대한 자료까지 볼 수 있어. 그러니까
친구들도 의지만 있으면 자료는 얼마든지 찾을 수 있어.

맞아요. 이제부턴 우리도 할 수 있을 것 같아요.

자자! 지금까지 서론이 길었으니 구체적인 기회자산 배분에 들어가
보자고. 먼저 국내 증권사에서 발행하는 포트폴리오를 참고해보자.
미래에셋대우증권이 주기적으로 발행하는 리포트(2016년 4월 14일)를
보면 기회자산을 러시아(에너지) 20%, 미국 19%, 호주(원자재, 서비스)
10%, 이머징 이커머스 17%, 중국 헬스케어 17%, 원자재(커피) 9%, 원
자재(골드) 8%로 분산하고 있어.

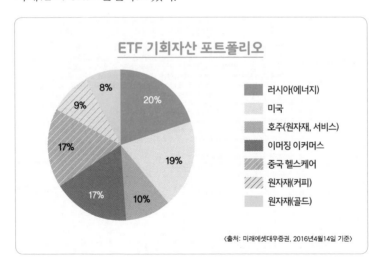

와우. 이런 게 진정한 글로벌 투자네요. 러시아 에너지, 호주 원자재, 커피까지. 정말 놀라워요.

글로벌 ETF 투자전략 요약

투자자산	투자 포인트	대표 ETF 티커
러시아 (원유)	· 유가반등 시 러시아 증시 상승+루블화 동시상승 효과로 중장기적 관점 효과적인 투자가 될 것으로 예상. 기준지수로 원유선물을 활용하는 원유ETF와 달리 롤오버 비용 없고 정유업종주 ETF 대비 유가와 높은 상관관계 · 산유국 생산량 회의로부터 감산기대에 따른 수익 기대. 하반기부터 수급 점진적 개선전망, 유가의 의미 있는 하락을 매수 기회로 활용	RSX(미국)
미국 〈신규편입〉	· Fed 초과 지급준비금, 지난해 12월 금리인상 앞두고 감소 · 미국의 지난해 은행신용(Bank credit) 전년 대비 7.8% 증가. 실질 GDP 성장률 2.4%와 소비자물가지수(PCE) 0.3% 고려 시 잉여유동성 빠르게 증가 · 본원통화 동결 불구, 초과지준 감소와 함께 잉여유동성 빠르게 증가하며 우호적인 유동성 환경 지속	143850(한국)
호주 (원자재, 서비스)	· 기존 마이닝 중심의 1차 산업수요를 의료, 농산품, 여행, 교육 등 중국의 서비스 수요가 대체함으로써 호주 산업구조의 안정화 진행 중 · 이에 따라 GDP 성장률 개선과 실업률 하락 및 서비스 경기지수 상승 · 글로벌 위험자산 선호 확대 시 원자재 및 호주달러 가치의 추가상승 기대	EWA(미국)
이머징 이커머스 〈신규편입〉	· 생산과 수출 중심의 중국 경제가 내수 중심으로 성장정책을 재편함에 따라 소비 인프라 제공하는 인터넷 소프트웨어&서비스 업종 수혜 기대 · 소강사회 건설을 위한 정책적인 소비진작 지원책: 공급측 개혁(국유기업 구조조정)과 서비스와 첨단산업을 육성하는 신경제정책 양회에서 확인 · 중국본토 인터넷 소프트웨어&서비스 업종 이익 모멘텀이 강하게 나타남	EMQQ(미국)
중국 헬스케어 〈재편입〉	· 2015년 중국 정부 의료비 지출 1조 위안 돌파했으나 GDP 대비 1.6% 불과. 헬스케어 산업 2015년 3조 위안에서 2020년 8조 위안 확대 계획 · 중국은 2013년부터 의료보험금 과지급 단속 실시. 반면 2015년에는 특수의약품 제외한 의약품 가격 시장 개방으로 제약 바이오 주가 급등 · 향후 고령화와 소득 수준 증가, 로컬기업 보호 정책으로 신약 개발과 대량생산 체제 갖춘 기업들의 차별화 전망	83132(홍콩)
커피	· 최대 생산국 브라질의 2015년 헤알화 약세에 따른 수출물량 급증과 수확량 감소로 재고 감소. 재고 대 사용비율 원자재 중 최저수준 · 2014년 10월 이후 가격 48% 하락, 2월~3월 가격 상승 후 조정기술적 저평가 상태로 가격 상승여력은 아직도 충분하다는 판단	JO(미국)
금	· 연초 이후 자산시장 변동성 확대에 따라 단기적으로 안전자산으로서 '금'의 투자 매력도가 높은 것으로 판단. 중기적으로 인플레이션 개선에 따른 인플레이션 헤지용 자산으로도 유망할 것으로 기대	132030(한국)

〈출처: 미래에셋대우, 2016년 4월 14일 기준〉

그렇게 놀라기만 하면 안 되지. 구체적으로 왜 이런 포트폴리오를 구성했는지 살펴봐야 해. 가장 높은 비중의 위험자산은 러시아(에너지)야. 러시아 주가지수는 국제 유가보다 유가 상승을 잘 반영하는 수단이야. 분석 자료를 보면 유가와 러시아 지수의 동행성은 상당히 높아. 국제 유가 상승을 예상한다면 직접 원유선물 ETF에 투자하기보단 러시아 ETF가 낫다는 거지. 이 부분은 나중에 원유 파트에서 자세히 설명할 거야.

원자재값 상승을 예상한다면 호주 역시 대안 투자처가 될 수 있어. 호주는 잘 알려진 대로 철광석, 석탄, 금, 원유, 알루미늄, 구리 및 육류(소고기) 등 원자재 수출국이야. 그동안은 중국의 수요 감소로 성장이 정체됐어. 하지만 최근 원자재 가격 반등 조짐이 나타나면서 경제 개선의 가능성이 높아졌어.

이제야 처음에 언니가 설명했던 합리적 상상력의 의미를 알 것 같아요. 국제 유가 상승이라는 큰 흐름에서 러시아와 호주 경제 개선을 상상하는 건 상당히 '합리적'이네요.

이번에 중국 이머징 이커머스와 미국 등이 신규로 편입됐어. 그리고 중국 헬스케어가 재편입됐지. 연초 이후 바닥을 친 중국 시장 중에서도 전자상거래, 헬스케어 등 특정 섹터의 급성장을 예상하는 거야. 중국 정부는 헬스케어 산업 규모를 2015년 3조 위안에서 2020년에 8조 위안까지 확대할 계획이야.

하지만 중요한 건 시장이 예상대로 가지 않을 수 있다는 리스크야. 그

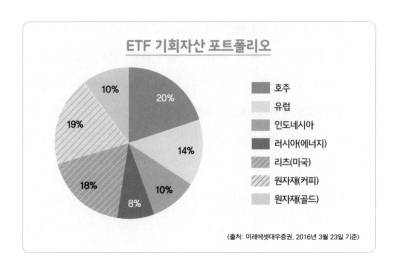

ETF 기회자산 포트폴리오

- 호주 20%
- 유럽 14%
- 인도네시아 10%
- 러시아(에너지) 8%
- 리츠(미국) 18%
- 원자재(커피) 19%
- 원자재(골드) 10%

〈출처: 미래에셋대우증권, 2016년 3월 23일 기준〉

래서 주기적인 리밸런싱이 필요한 거지. 그럼 위의 포트폴리오 직전에 발행된 포트폴리오(2016년 3월 23일)를 한번 볼까?

불과 2주전인데도 포트폴리오가 많이 다르지? 이때 러시아의 비중은 8%에 불과했어. 유럽, 인도네시아, 리츠(미국) 등은 아예 제외됐지. 당시에는 유럽과 인도네시아 등의 시장 개선을 예상했지만, 기대만큼 성과가 나지 않으니까 빠진 거야.

어때? 왠지 위험자산에 공격적으로 투자해 금방이라도 부자가 될 것 같지?

🧑 하하. 맞아요. 당장이라도 해외 ETF에 투자하고 싶어서 손이 근질근질할 정도예요.

다시 한 번 강조하지만 위험자산에 투자할 땐, 안전자산과는 달리 투자 기간을 3개월 이내로 짧게 가져가야 해. 위험자산 ETF 투자는 거의 매일 시장과 호흡하며 흐름을 따라가지 못하면 실패하기 십상이야. 특히 지금처럼 글로벌 시장의 변동성이 클 때는 펀드처럼 장기 투자로 묻어두겠다고 생각하면 큰코다쳐. 이렇게 글로벌 투자 기회를 노리고 단기 투자하는 자금을 '스마트 머니'라고 하지.

재테크 MEMO

▶스마트 머니(smart money): 고수익을 위해 장세 변화에 따라 신속하게 움직이는 자금을 뜻하는데, 월(wall) 가에서 나온 용어이다. 돈이 될 수 있는 대상을 가려내 한발 앞선 투자를 한다는 점에서 '똑똑한 돈, 현명한 돈'이라고 불리기도 한다.

스마트 머니! 똑똑한 돈! 이름 참 멋지네요.

스마트 머니가 짭짤한 재미를 보려면 변동성이 커야 해. 갑자기 중국 주식이 폭락했다든지, 국제 유가가 반토막이 났다든지, 한순간에 '낙폭과대' 현상이 나타날 때 단기 ETF 자금들이 모여들어. 단기간에 수익을 내고 다른 곳으로 옮겨가지. 펀드의 포트폴리오 리밸런싱 주기가 3개월에서 6개월 정도였다면, ETF에 투자하는 스마트 머니는 2주 단위로 포트폴리오 조정을 해줘야 해.

처음부터 쉽진 않겠지만, 우리도 스마트 머니에 도전해볼래요.

스마트폰으로 해외 ETF 투자하기

1. 해외주식 전용 앱 설치

미국, 중국 등 해외 시장에 상장된 ETF도 직접 투자할 수 있다. 방법은 해외주식 직접 투자와 동일하다. 시중 증권사들은 일반인들이 쉽게 모바일(MTS 앱)로 투자가 가능한 시스템을 지원하고 있다.

해외 거래를 위해선 거래를 원하는 증권사에서 해외주식 거래 신청을 해야 한다. 지점에 방문 신청서를 작성하고 온라인 및 모바일 거래 신청도 함께 한다. 해외 거래 신청이 완료되면 전용 앱을 설치한다. 대부분 증권사는 국내주식과는 별도로 해외주식 전용 앱을 운용하고 있다. 해외주식 전용 앱에서 ETF를 찾는 방법은 국내 ETF와 동일하다. 해외 종목 검색 창에서 원하는 ETF의 종목코드를 검색하면 된다.

▲삼성증권 해외주식 전용 앱

2. 현지 통화로 환전

미국에 상장된 ETF에 투자하려면 먼저 원화를 달러로 환전을 해야 한다. 해외전용 앱에선 원화를 다른 기타 통화로 환전은 물론 달러를 위안화, 엔화 등으로 환전하는 서비스까지 제공한다.

미국 시장은 한국 시간으로 밤 11시 30분에 개장한다. 은행 업무 시간대에 미리 환전을 해 놓고 미국 시장 개장을 기다리면 된다. 시간차 때문에 거래가 불편하다면 예약 매수를 걸어놔도 된다. 예약 기능을 활용해 원하는 매수가와 수량을 입력할 수 있다.

다만 투자금 회수의 경우 각국이 사정에 따라 오랜 시간이 걸리기도 한다. 중국의 경우 한 달에 4회만 해외 송금이 가능하기 때문에 매도 후 자금이 들어오는 데 2주 이상의 시간이 걸릴 수 있다. 일본 시장의 경우도 4일 이상이 소요된다.

3. 양도소득세 20% 부과

해외 ETF 투자의 가장 큰 걸림돌은 세금 문제다. 해외투자 세금으로는 배당세와 양도소득세가 있다. 양도소득세의 세율은 과세표준의 20%다. 1년 동안 해외 투자로 남긴 시세차익이 250만 원 이하면 양도세를 낼 필요가 없다. 하지만 연간 투자 소득이 250만 원이 넘는다면 소득자 본인이 관할 세무서에 자진 신고 납부를 해야 한다.

다음으로 배당 소득세는 현지통화로 받은 배당금에 대해 배당일 지급 기준의 한국 환율로 계산한다. 해당 국가에서도 배당금에 대해 세금을 매긴다는 것이다. 따라서 국세청은 만약 현지 배당세율이 14%를 넘어가면 국내에서 추가 징수를 하지 않는다.

ETF의 세금 체계

구분	국내 주식형 ETF	국내 주식형 이외의 ETF
ETF 매도시	증권거래세	배당소득세
	매도금액×세율 (현재는 증권거래세 부과대상에서 제외)	매매차익과 보유기간 동안의 과표기준가격 상승분 중 작은 금액×세율(15.4%)
분배금 수령 시	배당소득세 15.4%	

언니의
깨알팁

달러강세에 대비하는
자산 배분법

2015년 달러 자산의 상승률은 최대 12%에 달했다. 향후 점진적인 달러 강세가 예상되면서 달러 자산에 대한 투자법이 관심을 끌고 있다. 1차원적인 달러 자산 투자는 은행의 달러 예금이나 증권사의 RP통장이다. 하지만 직접 환전을 통한 투자는 환전 수수료 혜택을 받지 못하면 큰 수익을 보기 힘들다.

환전 수수료 없이 달러 강세에 투자하려면 달러 선물 ETF를 고려해볼 만하다. KRX 홈페이지에서 상품검색(http://marketdata.krx.co.kr) 기능을 활용하면 원하는 상품을 찾을 수 있다. 2016년 현재 달러선물을 기초자산으로 하는 ETF는 KOSEF미국달러선물 인버스2X(합성), KOSEF미국달러선물 레버리지(합성), KOSEF달러인버스선물, KOSEF달러선물 등 총 4개다.

국내 달러 ETF

ETF명	기초지수	운용사
KOSEF미국달러선물 인버스2X(합성)	미국달러선물지수	키움투자자산운용
KOSEF미국달러선물 레버리지(합성)	미국달러선물지수	키움투자자산운용
KOSEF달러인버스선물	미국달러선물지수	키움투자자산운용
KOSEF달러선물	미국달러선물지수	키움투자자산운용

▲2016년 1월말 국내 상장된 달러선물 ETF

KOSEF미국달러선물 ≒ 원/달러 환율

일반적인 원/달러 환율의 변동을 추종하도록 설계된 ETF입니다.

 (특징)

01 OSEF 미국달러선물 가격은 1달러당 원화의 가치를 나타냅니다 (일반적인 원/달러 환율).

02 KOSEF 미국달러선물 매수 → 환율 상승 시 이익, 하락 시 손실이 발생합니다.

03 채권 투자에 따른 추가 수익 추구
- KOSEF 미국달러선물 ETF는 위탁증거금 용도 이외의 투자자금에 대해서는 채권 등 단기자금으로 운용을 하고 있습니다.
- 따라서 이에 따른 부수적인 수익을 추구합니다.

KOSEF달러인버스선물 ≒ 달러/원

일반적인 원/달러 환율의 변동과 역방향으로 추종하도록 설계된 ETF입니다.

 (특징)

01 KOSEF 미국달러인버스선물 매수 → 원/달러 하락 시 이익, 상승 시 손실이 발생합니다.

02 채권 투자에 따른 추가 수익 추구
- KOSEF200 달러인버스선물 ETF는 위탁증거금 용도 이외의 투자자금에 대해서는 채권 등 단기자금으로 운용을 하고 있습니다.
- 따라서 이에 따른 부수적인 수익을 추구합니다.

KOSEF달러선물 ETF는 원달러 환율의 변동을 추종하도록 설계된 ETF다. 원달러 환율이 오르면 같이 오른다. 반대로 KOSEF달러인버스선물 ETF는 원달러 환율의 변동과 '역방향'으로 설계됐다. 원달러 환율이 떨어져야 수익이 나는 ETF다.

미국에 상장된 달러 ETF에 도전해볼 수도 있다. 앞에서 추천한 ETFdb 닷컴 사이트에서 검색(Screener) 메뉴를 선택하고 통화(currency) 중에서 '달러'를 선택하면 된다.

▲ETFdb닷컴 검색 결과, 미국 달러 관련 ETF가 3개 나왔다.

달러 강세일 땐 PowerShares DB US Dollar Index Bullish(UUP)가 유용하다.
UUP는 달러인덱스선물 지수를 기초자산으로 하는 ETF다. 특히 국내에서 UUP
에 투자하면 달러 환차익에 ETF 수익까지 일석이조의 효과를 낼 수 있다.

투자 전략에
배팅하는
ETN

CHAPTER
03

썸 타는 ETN

🧑 지금까지 글로벌 시장 흐름에 따른 펀드와 ETF 투자법까지 알아봤어. 출발부터 너무 빡세게 달린 느낌이지? 이번에는 조금 쉬어갈 거야.

🧑 오~ 좋아요. 그동안 머리에서 쥐나는 줄 알았어요.

🧑 이쯤 해서 머리도 식힐 겸 노래 한 곡 어때?
"요즘 따라 내꺼인 듯 내꺼 아닌 내꺼 같은 너~~. 니꺼인 듯 니꺼 아닌 니꺼 같은 나~~."

🧑 하하. 언니 요즘 연애하세요? 갑자기 왜 썸 타는 노래예요?

🧑 오늘 공부할 투자 수단이 바로 이 노래처럼 썸 타듯 애매하거든. 국내 상륙한 지 2년도 채 안 된 따끈따끈한 신상이야.

🧑 오~~ 썸 타는 신상이요? 완전 우리 스타일이네요.

🧑 역시 좋아할 줄 알았어. 그럼 오늘의 주제를 공개할게. 바로 '상장지수증권(ETN, Exchange Traded Note)'이야. 줄여서 ETN이라고 불러.

네? ETN이요? 정말 처음 들어요. 신상은 신상이네요. 도대체 누구랑 썸을 타나요?

눈치 백단인 친구들이니까 감으로 한번 맞춰봐.

흠, 자세히 보니 바로 앞에서 배운 ETF랑 비슷하게 생겼어요.

역시 찍기 실력 하나는 끝내준다니까! ETN은 ETF랑 비슷해 보이지만, 그렇다고 ETF는 아닌 애매한 상품이야. ETN을 영어로 풀어보면 Exchange Traded Note야. 우리말로 직역하면 '시장에서 사고팔 수 있는 증권'이란 뜻이지. 어때? 이젠 좀 감이 오지?

네. 앞에서 배운 Exchange Traded Funds(ETF)랑 거의 비슷하네요. 특히 앞에 두 글자가 똑같아요.

그래, 맞아. 그러니까 ETF의 정의를 떠올리면 ETN도 금방 이해가 될 거야. ETF의 기본개념을 다시 복습해볼까?

ETF는 펀드를 상장시켜 누구나 쉽게 사고 팔 수 있게 했어요. 그런데 마지막 단어가 Fund의 F가 아닌 Note의 N이니까, ETN은 펀드 대신 '증권(Note)'을 상장시킨 게 아닐까요?

대단한 추리력이야. 거의 정답에 가까워. ETN은 시장에서 사고파는 주체가 '펀드'에서 '증권'으로 바뀐 것뿐이야. 이제 남은 관건은 증권의 정체가 도대체 뭐냐는 거지.

아아. 거의 다 온 것 같은데 여기서 막히네요.

좋아. 그럼 ETN을 아주 어렵게 설명하고 있는 증권사의 개념 설명을 보자. 지금부터 언니가 붙인 번호를 잘 기억해둬. ETN은 ②발행자가 만기에 기초지수의 수익률을 연동하는 수익의 지급을 ③약속하고 발행하는 ①파생결합증권으로 거래소에 상장해 매매할 수 있는 ④원금비보장 상품이야.

헉헉. 읽기만 해도 숨이 막히네요. 가뜩이나 어려운 금융상품을 어떻게 이렇게 어렵게 설명할 수가 있죠?

원래 개념 설명이 제일 어렵잖아. 하지만 자세히 읽어보면 이것만큼 정확한 설명도 없어. 언니가 붙여 놓은 순서대로 하나씩 살펴보자. 먼저 ETN의 본질은 ①파생결합증권이야. 나머지 앞뒤로 붙은 말들은 다 수식어일 뿐이지. 파생결합증권은 파생금융상품과 유가증권의 결합어야. 풀어서 설명하면, 기초자산의 가격 변동에 따라 수익이 결정되고 주식 및 자본에 대한 청구권을 가져. 이제 점점 범위가 좁혀지지?

🙂 네! 결국엔 기초자산에 따라 수익이 결정되는 유가증권이란 의미네요!

🙂 그것봐! 기본으로 돌아가면 답이 보인다니까! 유가증권(Note)을 발행하는 주체는 증권사야. 반면 펀드의 발행 및 운용주체는 자산운용사지. ETN과 ETF의 근본적 차이는 바로 여기에 있어.
자산운용사는 불특정 다수의 자금을 모아 대신 굴려주는 펀드 운용이 기본 역할이야. 펀드 매니저들이 근무하는 곳이지. 하지만 증권사는 자산운용사가 만든 펀드를 팔아주는 판매 채널이야. 증권사의 궁극적인 역할은 주식 중개지. 금융을 잘 모르는 친구들은 자산운용사와 증권사를 헷갈려 해. 둘 다 비슷비슷할 거라고 어림짐작하는 거지.

🙂 앗, 언니 어떻게 아셨어요? 완전 쪽집게네요. 부끄럽게도 증권사에서 펀드를 만들어 파는 줄 알았어요.

🙂 하하. 민망해할 거 없어. 대부분 그런 착각을 해. 하지만 이 둘의 역할은 엄연히 달라. 자산운용사가 펀드를 만들면, 증권사는 상품을 파는 곳이야. 핵심은 ETN은 자산운용사가 아닌 증권사가 만들고 운용한다는 거야.

그럼 증권사가 어떻게 ETN을 발행하고 운용할까? 이것도 기본 개념에 다 나와 있어.

②발행자가 만기에 기초지수의 수익률을 연동하는 수익의 지급을 ③'약속했다'고 나와. 여기서 발행자는 증권사야. 그런데 증권사가 어떻게 한다는 거지? 수익의 지급을 약속했어! 정말 놀랍지 않아? 어서 빨리 형광펜 꺼내서 별표 땡땡 표시해야지.

 약속했다는 문구가 그렇게 중요한가요? 우리가 살면서 얼마나 많은 약속을 하는데요.

재테크 MEMO

ETN(상장지수증권) VS ETF(상장지수펀드)

ETN과 ETF는 모두 인덱스 상품으로 경제적 실질은 유사하나, 발행주체, 신용위험 유무, 기초지수, 자산운용, 만기 등의 차이가 있다. ETF로 제공하기 어렵거나 높은 비용이 발생하는 영역에서 다양한 ETN 상품을 개발하여 자산관리 시장의 시너지 창출이 가능하다.

구분	ETN	ETF
법적구분	파생결합증권	집합투자증권
발행자	증권회사	자산운용사
발행자 신용위험	있음	없음
만기	1년~20년	없음
기초자산 운용방법	발행자 재량 운용	기초지수 추적 운용

ETF
▶국내시장 대표지수
▶국내섹터지수
▶국내지수 레버리지
 (시장대표, 섹터)
▶국내지수 인버스
 (시장대표, 섹터)

ETN
▶국내외 바스켓 지수(5종목)
▶변동성 지수(국내, 해외)
▶상기 상품 레버리지·인버스

경쟁영역
▶국내 주식형 테마지수
▶국내의 채권지수
▶해외 주가지수
▶전략지수
▶상품, 통화, 에너지 인프라
▶상기 상품 레버리지·인버스

아이코. 아직 멀었네. 자본주의 경제 시스템에서 약속(신용)이 얼마나 중요한데. 신용이 곧 돈이야. 『재테크의 여왕』에서 대출 공부할 때 신용등급에 따라 대출금리가 달라졌던 거 기억나지? 눈에 보이진 않지만 신용 관리는 재테크의 기본이야. 제도권 금융회사들은 웬만해선 약속을 잘 하지 않아. 원금이 보장되는 것 같은 뉘앙스만 풍겨도 불완전 판매로 금융당국의 제재를 받으니까. 그런데도 ETN은 제도권 증권사가 수익률을 약속한 거야.

와. 듣고 보니 별 다섯 개 표시할 만하네요.

증권사가 수익률을 약속하는 ETN

자. 그럼 금융사가 한 약속의 위력에 대해 이해한 거지? 구체적으로 증권사가 어떤 약속을 했는지 살펴보자.
다시 설명으로 돌아가면, '만기에 기초지수의 수익률을 연동하는 수익을 지급한다'고 나와. 기초지수의 수익률에 연동된다는 설명은 ETF에서도 귀가 따갑도록 들었어.

아하! 이래서 ETF랑 썸을 탄 거네요! ETF도 기초지수의 수익률을 추종했잖아요.

그치. 하지만 ETF 운용사는 수익률에 대한 약속은 절대 하지 않았어. ETF 상품 설명을 읽어보면 기초지수의 몇 배 수익률을 "목표로 한다"고만 돼 있어. 못 믿겠으면 직접 한번 확인해봐! 미래에셋자산운용의 TIGER차이나A레버리지(합성) ETF에 대한 설명이야. CSI300 지수를 기초지수로 해서 기초지수의 일간 수익률 양의 2배수 수익률과 연동하는 것을 '목표로 운용한다'고 나와.

TIGER 차이나A레버리지(합성)(204480)

🏠 HOME > 상품정보 > 레버리지/인버스 > TIGER 차이나A레버리지(합성)

★ 관심상품등록 f ⅴ ✉

CSI(China Securities Index Co., Ltd.)가 발표하는 "CSI 300 지수(Price Return*)"를 기초지수로 하여 기초지수의 일간수익률의 양(陽)의 2배수 수익률과 연동하는 것을 목표로 운용 ★

목표로 하긴 하지만 약속한 건 아니니까, 될 수도 있고 안 될 수도 있다는 거야. 한마디로 해보고 안 돼도 책임은 못 진다는 거지. 그런데 앞에 ETF에 이어서 운용사가 목표 달성에 실패하면 어떻게 됐지?

ETF가 목표로 한 기초지수의 수익률을 추종하지 못하면…. 추적오차가 발생해요.

빙고! 하지만 ETN은 달라. 기초지수가 두 배 올랐으면 수익률도 정확히 두 배가 돼야 해. 반대로 기초지수가 두 배 떨어졌으면 ETN의 수익률도 마이너스 두 배야.

와우. 정말요? 기초지수를 100% 추종하는 거네요? 이론적으로는 가능해도 현실적으로는 어렵다고 하지 않았나요?

물론 ETF는 그랬어. 이렇게 증권사가 자신 있게 약속할 수 있는 이유는 자신들의 '주특기' 덕분이야. ETF가 실물로 주식을 보유하는 과정에서 주식 매매 거래비용이 발생했어. 하지만 증권사는 스스로 주식 거래를 하니까 추가비용이 안 들 거야. ETF 추적오차의 주요 원인인 거래비용이 안 드니까 당연히 추적오차도 없는 거야.

아하. 그래서 언니가 ETN의 고향이 증권사라고 강조를 하셨군요? 이제야 이해가 되네요.

근데 이렇게 설명하면 ETN은 추적오차가 아예 없다고 오해할 수 있어. 더 정확히 설명을 하면 '모든 비용이 감안된 지수 수익률을 오차 없이 추적한다'가 맞아.
ETN 역시 시장가격에 의한 괴리율이 발생하거든. 시장 참여자가 적다면 '호가 스프레드', 즉 가격의 차이가 벌어지면 가격왜곡이 생길 수 있어.

알 것도 같고 모를 것도 같아요. 아리송하네요.

자자~ 다시 정리하면, ETF와 ETN은 둘 다 기초지수를 추종하는 상품이야. 하지만 기초지수를 100% 추종하기란 현실적으로 쉽지 않아. 운용사마다 복제 능력도 다르고, 각종 비용이 발생하거든. 다만 ETN은 증권사가 능력이 부족해서 복제를 못한 부분에 대해서는 책임을 진다는 거야.

이제야 개념 정리가 되네요. 지금까지 배운 내용을 종합해볼게요. 기초지수를 따라갈 때 추적오차가 발생하는 이유는 두 가지예요. 첫 번째는 거래비용이 발생한다는 거고, 두 번째는 운용성과가 다르다는 거죠. 그런데 ETN은 운용성과를 지수에 반영하지 않고, ETF는 반영해요. 이런 차이는 태어난 곳, 즉 고향이 다르기 때문이죠.

퍼펙트! 이 정도면 ETF와 썸타는 ETN을 99.9% 이해한 거야.

에이~ 언니. 인심 좀 더 쓰세요. 이왕이면 100%가 좋잖아요.

아쉽게도 아직까지 100%는 아니야. 마지막으로 꼭 짚고 넘어가야 할 부분이 남아 있어. 바로 ETN이 예금자보호법의 보호를 받지 못하는 ④원금비보장 상품이란 거야.

앗, 정말요? 저축은행도 5,000만 원까지 예금자 보호를 해주는데 완전 실망이네요.

그런데 어쩔 수 없어. ETN은 증권사가 '무담보 신용'으로 발행한 거야. 처음부터 증권사와 고객의 약속으로 탄생한 거지. 신용을 발행한 주체인 증권사가 망하면 투자금 역시 보장받을 수가 없어. ETF는 자산운용사가 망해도 투자 바구니(PDF)에 담긴 주식을 청산해서 투자자들에게 돌려줄 수 있어. 하지만 ETN은 증권사가 파생거래로 수익률을 지급했기 때문에 펀드처럼 청산할 대상이 없는 거야.

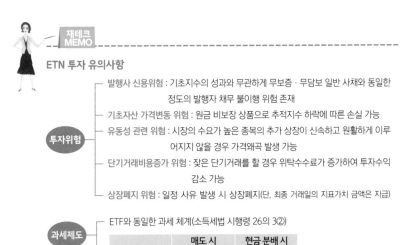

ETN 투자 유의사항

투자위험
- 발행사 신용위험 : 기초지수의 성과와 무관하게 무보증·무담보 일반 사채와 동일한 정도의 발행자 채무 불이행 위험 존재
- 기초자산 가격변동 위험 : 원금 비보장 상품으로 추적지수 하락에 따른 손실 가능
- 유동성 관련 위험 : 시장의 수요가 높은 종목의 추가 상장이 신속하고 원활하게 이루어지지 않을 경우 가격왜곡 발생 가능
- 단기거래비용증가 위험 : 잦은 단기거래를 할 경우 위탁수수료가 증가하여 투자수익 감소 가능
- 상장폐지 위험 : 일정 사유 발생 시 상장폐지(단, 최종 거래일의 지표가치 금액은 지급)

과세제도
ETF와 동일한 과세 체계(소득세법 시행령 26의 3②)

	매도 시	현금 분배 시
국내 주식형 ETN	비과세*	배당소득세(15.4%)
기타 ETN	배당소득세(15.4%)	배당소득세(15.4%)

*투자자는 환매 대신 장내 매도하여야 비과세 혜택

지수에 알파를 더하는 ETN

흄. ETN의 증권사 리스크는 생각지도 못했던 복병인데요? 정부 차원의 대책이 필요할 것 같아요.

당연하지. 금융당국도 증권사 부도 리스크에 대해 상당히 신중한 입장이야. 처음 국내에 도입될 때 신용도가 좋은 미래에셋대우, 미래에셋증권, 삼성증권, 신한금융투자, NH투자증권, 한국투자증권, 현대증권 등 7개 증권사에만 발행을 허용했지.
또 ETF와 중복될 수 있는 대표 지수를 추종하는 ETN은 출시할 수 없게 법적으로 막아놨어. 예를 들면 이미 ETF로 활발히 거래 중인 코스피200 지수로는 ETN을 만들 수 없도록 한 거야.

재테크 MEMO

ETN 발행증권사 조건
자기자본 1조 원, 영업용 순자본비율(NCR) 200%, 신용등급 AA− 이상. 한국증권거래소 홈페이지의 공시 사이트(KIND)에서 발행사의 신용등급과 영업용 순자본비율을 확인할 수 있다.

근데 투자자인 우리 입장에선 ETF나 ETN이나 큰 차이를 못 느끼겠어요.

🙍‍♀️ 그래, 맞아. 투자자 입장에선 ETF든 ETN이든 돈만 벌면 되니까. 사실 ETN의 차별화 전략은 발행사인 증권사들의 고민거리야. 단순히 지수를 추종하는 그 이상의 '플러스 알파'가 필요한데, 이게 바로 각 증권사들의 투자 전략이야. ETN은 증권사가 스스로 지수를 만들기 때문에 ETF보다 정교한 투자 전략을 짤 수 있어.

🙎‍♀️ 하하. 펀드 공부할 때 자주 들었던 투자 전략이 새록새록 떠오르네요.

🙍‍♀️ 그래. ETN의 투자 전략은 증권사의 합리적 상상력의 결과물이야. 증권사도 우리처럼 똑같은 질문을 던지고 답을 찾아.
"도대체 지금 글로벌 시장 상황에서 어디에 투자해야 돈을 벌까?"
그리고 단순히 기초지수를 추종하는 데 그치는 것이 아니라, 새로운 전략지수를 만들어내.

🙎‍♀️ 기존에 있던 지수를 빌려 쓰는 게 아니라, 증권사가 직접 전략지수를 만든다고요?

🙍‍♀️ 응. 증권사의 합리적 상상력을 실제 투자 가능한 지수로 만드는 거야. 상상을 현실로 만들고, 실제 수익으로까지 이어지게 하는 거지. 그게 바로 증권사의 실력이야.

🙎‍♀️ 상상을 현실로! 정말 멋져요. 점점 ETN의 매력에 빠져드네요.

아주 좋은 현상이야. 지금처럼 그렇게 재미를 느껴야 해. 그러니까 ETN 에 투자할 땐, 기초지수 자체보단 '투자 전략'에 초점을 맞춰야 해. 말만 할 게 아니라 각 증권사의 투자 전략을 한번 알아볼까? 처음 ETN이 도입될 때 어떤 투자 전략을 짤지 증권사들도 고민이 많았지. 지금은 시장 점유율 1위로 자리잡은 삼성증권은 맨 처음 유럽 시장 에 주목했어. 그중에서도 고배당 기업에 집중했지. 2014년 11월 17일 가장 먼저 출시했던 Perfex유럽고배당주식ETN(H)는 유럽 고배당 기업들의 수익률을 추종하는 BNPP High Div Europe Equity TR Index를 기초지수로 해. 물론 2015년 유럽 시장이 지지부진하면서 누적 수익률이 높진 않았지만, 유럽 펀드 대비 비용 측면에선 훨씬 유 리하다고 할 수 있어.

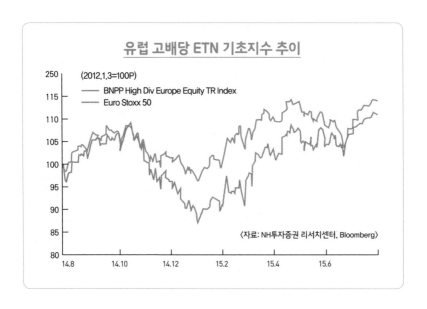

유럽 고배당 ETN 기초지수 추이

(2012.1.3=100P)
—— BNPP High Div Europe Equity TR Index
—— Euro Stoxx 50

〈자료: NH투자증권 리서치센터, Bloomberg〉

👩 유럽 시장 투자자라면 TIGER유로스탁스50(합성) 같은 ETF도 있잖아요? 어떤 차이죠?

👩 유럽이라고 다 같은 유럽이 아니야. Perfex유럽고배당주식ETN(H)의 강조점은 유럽이 아닌 '고배당'에 찍혀. TIGER유로스탁스50(합성H)은 유로존 국가의 50개 종목을 시가총액 기준으로 포함시킨 거야. 고배당이란 잣대로 선별한 건 아니야.

👩 아하. 그래서 지수에 '알파'가 더해지는 거네요.

👩 그치. NH투자증권은 국내 코스피 지수에 플러스 알파 전략을 선택했어. 코스피200 종목 중에서도 변동성이 큰 10개만 골라 담은 빅볼(BigVol) 지수를 만들었어. 국내 상장된 200개 대표 기업 중에서도 주가 등락폭이 큰 10개 종목만 골라서 새로운 기초 지수로 만든 거지. 이 빅볼 지수의 수익률을 추종하는 상품이 바로 NH투자증권의 1호 상품인 QV Big Vol ETN이야.

재테크 MEMO

로우볼Low Vol, 빅볼Big Vol
- 변동성 전략 상품은 미래에셋대우증권 로우볼(Low Vol)과 NH투자증권의 빅볼(Big Vol) ETN이 대표적이다. 한편, 로우볼 전략과 롱숏 전략을 결합한 Octo 롱숏 K150 매수 로우볼 매도 ETN도 등장했다.
- 누적 수익률은 빅볼이 로우볼보다 높았지만, 하락장에서 로우볼의 수익률 방어 효과가 확인됐다.

변동성 ETN 주가 추이

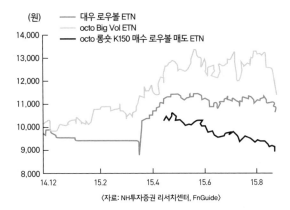

〈자료: NH투자증권 리서치센터, FnGuide〉

변동성 ETN TOP5 구성종목

ETN	종목	비중(%)
octo Big Vol ETN	아모레퍼시픽	25.00
	LG생활건강	18.20
	SK	18.08
	아모레G	10.18
	CJ	8.46
대우 로우볼 ETN	KT&G	1.90
	KT	1.86
	코리안리	1.84
	동원산업	1.72
	현대그린푸드	1.71

〈자료: NH투자증권 리서치센터, FnGuide, WISEfn〉

지수에 알파가 더해지니 수익률도 높겠네요?

2014년 11월 발행 이후 1년 동안 누적 수익률이 27.50%에 달해.

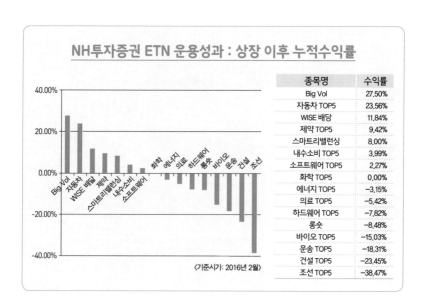

NH투자증권 ETN 운용성과 : 상장 이후 누적수익률

종목명	수익률
Big Vol	27.50%
자동차 TOP5	23.56%
WISE 배당	11.84%
제약 TOP5	9.42%
스마트리밸런싱	8.00%
내수소비 TOP5	3.99%
소프트웨어 TOP5	2.27%
화학 TOP5	0.00%
에너지 TOP5	-3.15%
의료 TOP5	-5.42%
하드웨어 TOP5	-7.82%
롱숏	-8.48%
바이오 TOP5	-15.03%
운송 TOP5	-18.31%
건설 TOP5	-23.45%
조선 TOP5	-38.47%

〈기준시가: 2016년 2월〉

나비처럼 날아서 벌처럼 빠르게!

처음 10개로 출발한 ETN은 출시 2년 만에 82개로 급증했어. 출시 이후 한 달에 5개꼴로 상장된 거야. 올해로 50개 이상의 ETN이 신규 상장될 예정이야.

ETF가 지금처럼 대중화되는 데 10년이 걸렸다면, ETN의 성장 속도는 기대 이상이야. 개장 1년 만에 하루 평균 거래대금이 약 420억 원으로, 개설 첫 달(1억 870만 원)에 비해 약 387배 늘었으니까. 많을 때는 하루 거래대금이 660억 원을 넘기도 했어.

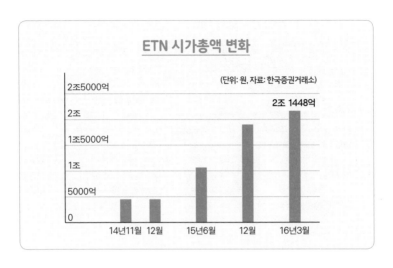

우와~. 1년 만에 거래 대금이 400배나 늘었다고요? 그야말로 일취월
장이네요. 비결이 뭔가요?

아주 간단해. 시장이 원하는 상품을 신속하게 공급했기 때문이야. 특
히 핫한 섹터와 원자재 인버스에 집중했어. ETN 상품의 흐름은 시장
상황에 따라 빠르게 변해. 지난 6개월 새 상위권 거래 종목이 얼마나
달라졌는지 확인해볼까?
2015년 8월 일평균 거래대금 상위종목을 보면 QV 제약 TOP5 ETN,
삼성 인버스 ChinaA50 선물 ETN(H), QV 바이오 TOP5 ETN 등이
1~3등을 나란히 차지했어. 지난해 상반기까지만 해도 제약·바이오주
가 정말 핫했으니까.

2015년 8월 ETN 일평균 거래대금 상위 종목		2016년 1월 ETN 일평균 거래대금 상위 종목	
종목	**일평균 거래대금**	**종목**	**일평균 거래대금**
QV 제약 TOP5 ETN	5,229,095,913	삼성 증권 테마주 ETN	4,571,357,151
삼성 인버스 China A50 선물 ETN(H)	2,565,515,316	삼성 미국 대형 가치주 ETN	2,815,159,698
QV 바이오 TOP5 ETN	1,159,026,544	삼성 미국 중소형 성장주 ETN	2,722,189,482
TRUE 코스피 선물매도 풋매도 ETN	1,156,852,742	삼성 바이오 테마주 ETN	2,410,832,839
TRUE 인버스 차이나H ETN(H)	1,012,235,058	삼성 온라인쇼핑 테마주 ETN	2,398,066,401
TRUE 코스피 선물매수 콜매도 ETN	970,565,160	삼성 미디어 테마주 ETN	2,391,333,344
삼성 바이오 테마주 ETN	784,057,946	삼성 화장품 테마주 ETN	2,277,293,839
삼성 온라인쇼핑 테마주 ETN	682,797,084	QV 소프트웨어 TOP5 ETN	2,117,857,406
QV 의료 TOP5 ETN	564,807,739	QV 자동차 TOP5 ETN	1,942,318,594
QV 내수소비 TOP5 ETN	395,148,916	QV 내수소비 TOP5 ETN	1,909,979,997

〈자료: 한국증권거래소〉

하지만 2016년이 되면서 분위기가 완전히 달라졌어. 상위권에 이름을 올린 종목들을 보면 삼성증권 테마주 ETN, 삼성 미국 대형 가치주 ETN, 삼성 미국 중소형 성장주 ETN 등 미국 관련 테마에 자금이 집중됐어.

와. 정말 빨리 변하네요. 수익률은 어떤가요?

수익률도 당연히 높았지. 2016년 1월 수익률 상위 ETN 종목을 보면, 얼마나 빠르게 시장에 반응했

1월 수익률 상위 ETN 종목	
종목	**주가 등락률(%)**
삼성 바이오 테마주 ETN	17.87
TRUE 인버스 차이나H ETN(H)	15.79
삼성 인버스 China A50 선물 ETN(H)	14.71
QV 건설 TOP5 ETN	11.23
QV 바이오 TOP5 ETN	10.68
신한 인버스 WTI원유선물 ETN(H)	10.31

〈자료: 한국증권거래소〉

는지를 알 수 있어. 연초 중국 증시가 급락할 때 재빨리 중국 관련 인
버스 ETN에 들어가 15%에 달하는 수익을 냈고, 원유 역시 인버스 투
자로 10%의 성과를 달성했어.

🧑 역시 민첩한 투자네요. 남들은 시장이 떨어질 때 가만히 움츠리는데
오히려 하락장에 배팅해서 수익을 냈어요.

🧑 그래. 맞아. 앞으로 더 기대되는 건 해외 관련 ETN이야. 지난해 말
상장된 ETN 종목들은 모두 해외 ETN이었어. NH투자증권의 QV
CHINEXT는 중국 심천거래소 내 혁신기업 시장인 CHINEXT 시총
상위 100개 종목을 추종해. 중국에는 대표 지수인 CSI300 이외에도
수십 개의 지수들이 있어. 하지만 심천시장의 기초지수로 상장된 종
목은 QV CHINEXT가 처음이야.
그동안 다른 증권사들에 비해 소극적이던 미래에셋증권도 심기일전
을 다짐하고 있어. 지난해 말 일본 주식 중 자사주 매입 비율이 높은
상위 50개 종목에 투자하는 미래에셋 일본 바이백 ETN(H)을 출시했
고, 앞으로도 해외 글로벌 자산 배분 전략을 구현하는 데 필요한 상품
위주로 상장할 계획이야.

🧑 이야. ETN으로도 글로벌 자산 배분을 할 수 있겠네요.

🧑 맞아. 하지만 반드시 명심해야 할 점이 있어. ETN은 ETF보다 초단기

투자에 적합한 상품이야. 지금까지 배운 3가지 상품을 굳이 투자 기간으로 나누자면, ETN이 가장 짧고 그 다음이 ETF 그리고 마지막이 펀드라고 할 수 있어. 그러니까 시장 상황에 민첩하게 대응할 자신이 있을 때 ETN을 적극 활용하는 거야.

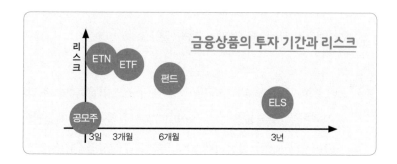

ETN의 전략적 분류법

1. 스마트베타(Smart Beta)형 ETN

· 주식형 ETN은 패시브와 액티브의 중간 개념인 스마트베타 전략을 추구하는 상품이 많다.

· 유형을 좀 더 세밀히 보면 변동성 관련 스마트 베타 상품과 배당, 커버드콜, 동일가중, 모멘텀 전략 등으로 구분할 수 있다.

주식형 ETN 현황

ETN명	기초지수	증권사
대우 로우볼 ETN	WISE 로우볼 지수	미래에셋대우증권
octo Big Vol ETN	Big Vol 지수	NH투자증권
octo WISE 배당 ETN	WISE 셀렉트 배당 지수	NH투자증권
TRUE 코스피 선물매수 콜매도 ETN	코스피 선물매수 콜매도 지수	한국투자증권
TRUE 코스피 선물매도 풋매도 ETN	코스피 선물매도 풋매도 지수	한국투자증권
able 코스피200 선물플러스 ETN	코스피 200 선물 플러스 지수	현대증권
able Quant비중조절 ETN	WISE K150 Quant 지수	현대증권
octo 스마트리밸런싱 250/3 ETN	스마트리밸런싱 250/3 A 지수	NH투자증권
octo 롱숏 K150 매수 로우볼 매도 ETN	WISE 롱숏 K150 로우볼 지수	NH투자증권
TRUE 빅5 동일가중 ETN	WISE BIG5 동일가중 TR 지수	한국투자증권
TRUE 목표변동성20 코스피선물 ETN	코스피 200 목표 변동성 20 선물 지수	한국투자증권
able Monthly Best 11 ETN	WISE Monthly Best 11 지수	현대증권
Perfex 모멘텀 탑픽 ETN	FnGuide 모멘텀 탑픽 지수	삼성증권
able KQ Monthly Best 11 ETN	WISE Q150 Monthly Best 11 지수	현대증권

〈자료: NH투자증권 리서치센터〉

177

2. 주요 섹터 ETN의 기초지수와 구성종목

· 섹터 ETN 기초지수는 모두 동일한데 5개의 구성종목과 동일가중 방식으로 편입되어 있다.

· 핫 섹터인 제약과 바이오의 경우 삼성증권은 바이오 테마주로 접근한 반면, NH투자증권은 바이오, 의료, 제약으로 좀 더 세분화해 ETN을 출시했다.

주요 섹터 ETN의 기초지수와 구성종목

섹터구분	종목명	구성종목
제약/바이오	Perfex 바이오 테마주 ETN	한미사이언스, 유한양행, 셀트리온, 한미약품, 녹십자
	octo 바이오 TOP5 ETN	씨젠, 메디포스트, 셀트리온, 바이로메드, 인트론바이오
	octo 의료 TOP5 ETN	인바디, 차바이오텍, 오스템임플란트, 아이센스, 루트로닉
	octo 제약 TOP5 ETN	한미사이언스, 메디톡스, 유한양행, 한미약품, 녹십자
화학	Perfex 화학 테마주 ETN	롯데케미칼, LG화학, 한화케미칼, 코오롱인더, 금호석유
	octo 화학 TOP5 ETN	롯데케미칼, LG화학, 한화케미칼, 코오롱인더, 금호석유
건설/건자재	Perfex 건축자재 테마주 ETN	LG하우시스, 노루페인트, 벽산, 아이에스동서, KCC
	octo 건설 TOP5 ETN	대우건설, 현대산업, KCC, 현대건설, 삼성물산
내수	octo 내수소비 TOP5 ETN	KT&G, LG생활건강, 아모레G, 아모레퍼시픽, 오리온
	Perfex 음식료 테마주 ETN	동서, 하이트진로, CJ제일제당, 롯데칠성, 오리온
	Perfex 온라인쇼핑 테마주 ETN	인터파크홀딩스, 인터파크, 엔에스쇼핑, 현대홈쇼핑, CJ오쇼핑
레저/미디어	Perfex 레저 테마주 ETN	강원랜드, 호텔신라, 골프존유원홀딩스, 파라다이스, 삼익악기
	Perfex 미디어 테마주 ETN	에스엠, CJ E&M, CJ CGV, 제일기획, CJ헬로비전
IT	octo 하드웨어 TOP5 ETN	삼성전자, LG전자, LG디스플레이, 삼성SDI, SK하이닉스
	octo 소프트웨어 TOP5 ETN	엔씨소프트, 다음카카오, 삼성SDS, SK, NAVER
증권	Perfex 증권 테마주 ETN	메리츠종금증권, 미래에셋대우증권, 현대증권, 미래에셋증권, NH투자증권
화장품	Perfex 화장품 테마주 ETN	에이블씨엔씨, 한국콜마, 코스맥스, 아모레퍼시픽, 한국화장품

〈자료: NH투자증권 리서치센터〉

섹터 ETN 현황

ETN명	기초지수	증권사
Perfex 화장품 테마주 ETN	FnGuide 화장품 테마주 지수	삼성증권
Perfex 바이오 테마주 ETN	FnGuide 바이오 테마주 지수	삼성증권
Perfex 음식료 테마주 ETN	FnGuide 음식료 테마주 지수	삼성증권
Perfex 레저 테마주 ETN	FnGuide 레저 테마주 지수	삼성증권
Perfex 미디어 테마주 ETN	FnGuide 미디어 테마주 지수	삼성증권
Perfex 증권 테마주 ETN	FnGuide 증권 테마주 지수	삼성증권
Perfex 건축자재 테마주 ETN	FnGuide 건축자재 테마주 지수	삼성증권
Perfex 온라인쇼핑 테마주 ETN	FnGuide 온라인쇼핑 테마주 지수	삼성증권
Perfex 화학 테마주 ETN	FnGuide 화학 테마주 지수	삼성증권
octo 에너지 TOP5 ETN	FnGuide 에너지 TOP5 지수	NH투자증권
octo 내수소비 TOP5 ETN	FnGuide 필수소비재 TOP5 지수	NH투자증권
octo 조선 TOP5 ETN	FnGuide 조선 TOP5 지수	NH투자증권
octo 소프트웨어 TOP5 ETN	FnGuide 소프트웨어 TOP5 지수	NH투자증권
octo 하드웨어 TOP5 ETN	FnGuide 하드웨어 TOP5 지수	NH투자증권
octo 운송 TOP5 ETN	FnGuide 운송 TOP5 지수	NH투자증권
octo 자동차 TOP5 ETN	FnGuide 자동차 TOP5 지수	NH투자증권
octo 의료 TOP5 ETN	FnGuide 의료 TOP5 지수	NH투자증권
octo 화학 TOP5 ETN	FnGuide 화학 TOP5 지수	NH투자증권
octo 바이오 TOP5 ETN	FnGuide 바이오 TOP5 지수	NH투자증권
octo 제약 TOP5 ETN	FnGuide 제약 TOP5 지수	NH투자증권
octo 건설 TOP5 ETN	FnGuide 건설 TOP5 지수	NH투자증권

〈자료: NH투자증권 리서치센터〉

3. 해외주식형 ETN

· 최근 글로벌 증시 하락과 맞물려 중국과 미국, 유럽 인버스 상품 등의 거래가 활발하다.

· 유럽 고배당 주식에 투자하는 상품과 미국의 자사주 매입이 활발한 기업에 투자하는 ETN의 경우 해외주식 펀드 대비 비용 측면에서 장점이다.

해외주식형 ETN 현황

ETN명	기초지수	증권사
Perfex 유럽 고배당 주식 ETN(H)	BNPP High Div Europe Equity TR Index	삼성증권
미래에셋 미국 바이백 ETN(H)	S&P 500 Buyback Net Total Return Index	미래에셋증권
대우 차이나 대표주15 ETN(H)	Dow Jones BRIC China15 Capped Net TR USD	미래에셋대우증권
TRUE 인버스 유로스탁스50 ETN(H)	Euro Stoxx 50 Daily Short (Gross Return)	한국투자증권
신한 다우존스지수 선물 ETN(H)	DJIA Futures Index TR	신한금융투자
신한 인버스 다우존스지수 선물 ETN(H)	DJIA Futures 1x Inverse Daily Index TR	신한금융투자
TRUE 인버스 차이나H ETN(H)	HSCEI Short Index (Total Return)	한국투자증권
Perfex 인버스 China A50 선물 ETN(H)	FnGuide China Access Inverse TR Index	삼성증권

〈자료: NH투자증권 리서치센터〉

4. 통화형과 해외채권형 ETN

· 신한금융투자에서 달러와 주식에 동시에 투자하는 콘셉트의 상품과 달러인덱스와 인버스 달러 인덱스 상품을 출시했다.

· 한국투자증권에서 운용하는 TRUE 위안화 중국5년 국채는 유일한 채권 ETN으로 중국 채권과 위안화 강세에 대한 투자 수단을 제공한다.

5. 원자재 ETN

· 원자재 ETN은 신한금융투자의 상품 위주로 상장되어 있다. 최근 급락한 유가 및 인버스와 함께 금, 은, 구리 인버스 상품이 상장되어 있다.

· 미래에셋대우증권은 원자재 종합지수인 Dow Jones Commodity Index 를 추종하는 상품을 출시했다.

· 한편, 원자재 ETN은 모두 환헤지 상품이며 해당 원자재 선물을 추종하고 있다.

원자재 ETN 현황

ETN명	기초지수	증권사
신한 인버스 WTI원유선물 ETN(H)	S&P GSCI Inverse Crude Oil Index TR	신한금융투자
신한 브렌트원유선물 ETN(H)	Dow Jones Commodity Index Brent Oil TR	신한금융투자
신한 인버스 브렌트원유선물 ETN(H)	DJCI Inverse Brent Crude TR	신한금융투자
신한 인버스 금 선물 ETN(H)	DJCI Inverse Gold TR	신한금융투자
신한 인버스 은 선물 ETN(H)	DJCI Inverse Silver TR	신한금융투자
신한 인버스 구리 선물 ETN(H)	DJCI Inverse North American Copper TR	신한금융투자
대우 원자재 선물 ETN(H)	Dow Jones Commodity Index TR	미래에셋대우증권

〈자료: NH투자증권 리서치센터〉

복불복
확률 게임
ELS

CHAPTER
04

가정법의 확률 게임

🙎 어때, 친구들! 이제 조금 투자의 촉이 생기는 것 같아? 그동안 투자의 기본인 펀드, 펀드에서 파생된 ETF, 그리고 썸 타는 ETN까지 알토란 같은 투자 공부들을 해봤어.

🙍 네. 이 정도만 제대로 알아도 어디 가서 빠지진 않을 것 같아요. 근데 요새 경제 신문을 읽다가 궁금한 점이 생겼어요. 'ELS의 악몽, 원금손실 구간 공포' 이런 제목들이 계속 보이는데요. ELS에 무슨 문제라도 생겼나요?

🙎 친구들이 신문에서 자주 본 ELS는 펀드 이후 국민 재테크 수단으로 최근에 급부상한 상품이야. 저금리 시대에 돈 굴릴 데가 없다 보니 4년 만에 두 배 가까이 성장했지. 2015년 상반기에만 47조 3,453억 원이 발행됐을 정도야. 아마도 친구들 중에서도 ELS 투자를 해본 사람들이 있지 않아?

🙍 네. 해봤어요. 은행 창구 언니가 펀드보다 좋다고 추천했거든요.

🙎 거봐! 근데 정확하게 ELS의 상품 구조를 이해하고 투자한 거야?

재테크
MEMO

ELS(Equity Linked Securities)
개별 주식의 가격이나 주가지수와 연계되어 수익률이 정해지는 파생 상품.

ELS / DLS : 장외파생인가를 받은 증권사가 발행하는 '구조화 상품(Structured Product)'이다. 기초 자산의 변동에 의해 수익률이 정해진다.

투자자 ⇄ (투자/투자수익) 전문 금융기관 ⇄ (투자/투자수익) 주식, 채권, 파생금융 상품

지수형 ELS가 전체 93.9% 차지

ELS는 기초자산에 따라 지수형과 종목형으로 나뉜다. 2015년 기초 자산별로 살펴보면, 지수(코스피200, HSCEI 지수, S&P500 지수 등)를 기초자산으로 하는 ELS(주식+지수형 포함)가 전체 발행금액의 94.0%를 차지한다. 반면, 개별주식을 기초자산으로 하는 ELS가 5.9%를 차지했다.

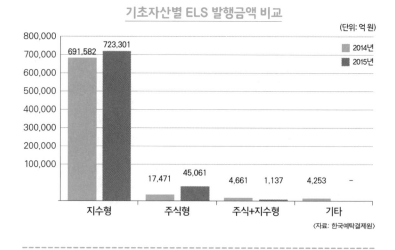

기초자산별 ELS 발행금액 비교

(단위: 억 원)

■ 2014년
■ 2015년

- 지수형: 691,582 / 723,301
- 주식형: 17,471 / 45,061
- 주식+지수형: 4,661 / 1,137
- 기타: 4,253 / –

〈자료: 한국예탁결제원〉

아…. 그건 아니고, 그냥 은행 창구 언니가 지금까지 한 번도 손해 난 적이 없다고 했거든요. 지난해 초에 가입했던 상품은 진짜 6개월 만

에 만기가 돌아왔어요. 상품 구조도 잘 모르고 한 건데. 하하.

그렇다면 운이 참 좋았던 거야. 얼떨결에 한번 해봤는데, 만기 수익률까지 챙겼으니까. 사실 2015년 상반기까지만 해도 지수형 ELS는 큰 걱정 없이 고수익을 챙길 수 있는 상품 중에 하나였어. 하지만 2015년 8월 이후 중국 증시가 폭락하면서 분위기가 급반전됐지. 딱 1년만 늦게 투자했어도 손실 위험에 떨었을 걸?

언니의 투자

[삼성증권]60226717-01 ELS10320회
상환금 1,027,080원이 처리되었습니다.

▲만기상환된 ELS. 2014년 6월에 가입한 ELS 상품으로, 연 10%의 높은 수익을 보장했던 ELS의 만기가 6개월 만에 돌아왔다. 원금 100만 원에 5%의 이자가 붙어 102만 7,080원이 상환됐다.

ELS/DLS

한화면 조회

상품명	거래일	기준가	매수원금	평가금액	평가손익	수익률
신한투자-ELS-11525	2015.08.27	8,389	1,000,000	838,943	-161,057	-16.11%
합계			1,000,000	838,943	-161,057	

▲만기 전 손실구간인 ELS 2015년 8월 투자한 ELS 상품의 2016년 2월 현재 수익률은 -16.11%다. <저자 사례>

정말요? 일찍 빠져 나오길 정말 잘한 거네요? 역시 투자도 실력보다 운발인가 봐요.

운이라도 좋으면 다행이지! 게다가 ELS라는 상품 자체가 실력보다는 운발이야.

🧑 네? 멀쩡한 금융상품더러 운발이라뇨?

👩 언니가 에둘러서 얘기하는 거 봤어? 지금부터 콕 꼬집어 ELS 상품
의 본질을 말해줄게. ELS는 결국 '가정법의 확률 게임'이야.

🧑 네? 가정법의 확률 게임이요?

👩 ELS는 지금까지 우리가 배운 펀드, ETF와는 본질적으로 다른 상품
이야. 앞에서 펀드 투자를 위해선 미국, 중국, 유럽 등 글로벌시장 분
석이 중요했어.
하지만 ELS는 달라. 어차피 전략이 아니라 확률이 수익률을 결정하
니까 아주 단순한 가정에서 출발해.

🧑 흠. 들을수록 아리송하네요. 언니 스타일대로 결론부터 알려주세요.

👩 좋아. 각설하고 본론부터 얘기할게.
ELS의 상품 구조는 'A가 B라면 C다'라는 가정에서 출발해. 쉽게 설명
하면 'A가 B까지 빠지지 않으면 C만큼 수익을 줄게'가 기본 전제야.
이런 단순한 구조 때문에 복잡한 분석이 크게 필요하지 않아. 그냥
A가 B까지 빠지지 않을 확률만 높이면 되는 거야. 아주 극단적으로
ELS 투자는 동전 던지기와 비슷해. 동전 던지기의 '앞면이냐, 뒷면이
냐'처럼 '오르느냐, 떨어지느냐'가 수익률을 결정하니까.

하하. ELS가 동전 던지기랑 똑같다고요?

응, 그래. 아주 쉽게 이해가 되지 않아? 머릿속에 기준이 되는 선을 하나 그려 봐. 이게 바로 우리의 수익률을 결정하는 기준이야. ELS의 만기가 돌아온 시점에 이 선을 넘으면 수익이고, 그 반대로 넘지 못하면 손실이야. 만기 평가일 '단 하루'가 최종 수익률을 결정짓는 거야.

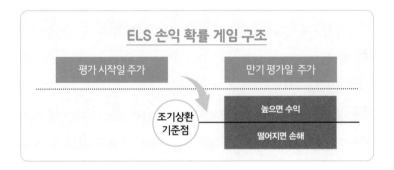

갑자기 대입 수능날의 악몽이 떠오르네요. 고교 3년 동안 공부한 실력을 대입 시험 하루에 결정짓는 게 너무 억울했어요.

그치. ELS도 똑같아. 중요한 건 만기가 돌아온 '그날'의 지수야. 전날까지 지수가 높더라도 만기 날에 폭락하면 손해를 보는 구조야. 이젠 언니가 왜 ELS를 복불복 확률 게임이라고 한 줄 알겠지?

근데 언니, 찍기도 실력이란 말이 있잖아요. ELS도 어쨌든 잘 찍기만 하면 되는 거 아닌가요?

😊 당연하지! 찍기도 실력이야. ELS 투자에서 승률을 높이려면 잘 찍어야 해.

😮 오호. 솔깃한데요?

😊 좋아. 여기서 첫 번째 퀴즈야. ELS의 승률을 높이려면 기본 전제의 출발인 A의 개수가 많은 게 유리할까? 적은 게 나을까? 앞에서 배운 'A가 B까지 떨어지지 않으면 C만큼의 수익을 준다'는 전제를 떠올리며 생각해봐.

😮 정확히 수치로 설명할 순 없지만, A가 많은 것보단 적은 게 유리할 것 같아요. A가 많으면 많을수록 B 이하로 떨어질 확률도 높아지니까요. 예를 들어 A가 하나라면, 이 하나만 B까지 빠지지 않으면 돼요. 그런데 A가 또 있다면, A^2(A가 2개)가 B까지 안 빠져야 수익이 나는 거잖아요? 늘어나는 A의 숫자만큼 B 이하로 떨어질 확률도 높아지죠.

기초지수 개수와 ELS의 승률

A (A가 1개)	VS	A^2 (A가 2개)	VS	A^3 (A가 3개)
2%		4%		8%

〈전제: A가 15% 이상 하락할 확률 = 2%〉

🧑 아주 훌륭한 추리야! 여기에 직접 숫자를 대입해보자. 만약 기준이 되는 A가 15% 이상 하락할 확률이 2%로 동일하다면, A가 2개일 경우는 4%지만, 3개로 늘어나면 8%로 확률이 높아져. 정리하면 우리가 머릿속에 그려야할 기준선의 숫자가 적으면 적을수록 유리하다는 거야. 그러니까 ELS를 선택할 땐 이왕이면 기초지수인 A의 숫자가 적은 걸 선택하는 게 좋겠지?

👩 네, 맞아요. 생각보다 어렵지 않네요.

🧑 문제는 기초지수인 A가 하나인 경우가 드물다는 거야. 대부분 기초지수는 2개, 또는 3개야. 현실적으로 기초지수 자체의 숫자를 줄여 확률을 높이는 건 쉽지 않아.
그렇다면 다른 방법은 뭘까? 그건 바로 '기초지수 자체의 확률'을 높이는 거야.

👩 지수 자체의 확률을 높인다고요? 이건 또 무슨 뜻이죠?

🧑 집중해서 잘 들어봐. ELS의 기본 구조에서 승률을 결정하는 핵심 변수는 뭘까? 그래! A가 B까지 떨어지지 않을 확률이야.
A가 B까지 떨어지지 않으려면, A의 현재 수준이 평균보다 낮아야 유리하지 않겠어?

당연히 평균보다 낮아야죠. 그래야 거기서 더 떨어질 확률이 낮아지 잖아요.

맞아. 아주 예외적으로 바닥을 쳤다고 생각했는데, 지하까지 뚫고 갈수도 있지. 하지만 중요한 건 '여기까지 떨어지지 않을' 확률이야. 기준이 되는 A의 수준이 평균과 대비해서 낮다면, C만큼 수익을 낼 확률도 높아지는 거야. 오케이?

이제 두 번째 퀴즈야. 코스피 지수를 기준으로 하는 ELS 상품이 있어. 투자 시점에서 50% 이상 빠지지 않으면 연 10%의 수익률을 준대. 언제 들어가는 게 좋을까? 힌트는 앞에서 배운 ETF의 투자 타이밍이야.

아하! 알 것 같아요. 코스피 지수는 1800~2100선의 박스권을 횡보하고 있어서, 1800선까지 폭락하면 레버리지 ETF 매수 타이밍이라고 했어요. 이 논리를 ELS에 적용한다면 코스피 지수가 적어도 1900선일 때 들어가는 게 좋겠네요.

아주 잘했어. 코스피 지수뿐만 아니라 기초가 되는 다른 지수들도 같은 원리야. 어때? 할 만하지? 그럼 본격적인 실전 투자로 들어가보자. 지금부터 증권사 홈페이지로 들어가서 직접 투자할 만한 ELS 상품들을 한번 찾아볼 거야. 각 증권사는 매주 초에 청약 가능한 ELS 상품을 업데이트하고 있어. ELS 상품의 종류도 증권사 별로 천차만별이니까 주요 대형 증권사 사이트를 돌아다녀봐. 홈페이지의 상품정보에서 ELS 탭을 선택하면 상품들이 주르륵 나올 거야. 30분이면 충분하겠지?

실전 ELS 투자 체크 포인트

어때? 한번 둘러보니 투자할 만한 상품이 좀 보여?

아뇨. 복잡해서 도대체 무슨 말인지 하나도 모르겠어요. 암호도 아니고, 상품 설명이 초보 투자자들한테 마치 외국어 같아요.

처음엔 익숙하지 않아서 그래. 간단한 요령만 터득하면 쉽게 고를 수 있어. 언니가 2015년 8월에 투자했던 상품을 예로 들어 설명해볼게. 아래 표에 친절하게 초보 투자자가 챙겨야 할 포인트들을 표시했어.

먼저 첫 번째 체크 포인트는 '기초자산'이야. 앞에서 배운 ELS 기본 구조의 기초지수 A에 해당되겠지? 이 상품의 경우 기초자산이 유로스탁스50, 홍콩H(HSCEI), 코스피200으로 구성돼 있어. 기초자산의 수가 적을수록 승률이 높지만, 이 상품은 평균 수준인 3개야.

그 다음 두 번째 체크 포인트는 '노낙인(NO Knock In)'이야. 낙인 (Knock In)은 말이 어려워서 그렇지 사실 별 거 아냐. 그냥 쉽게 말하

면 절대로 찍어선 안 될 '바닥'이라고 생각하면 돼. 만약 이 바닥을 치게 되면 그때부턴 전혀 새로운 ELS로 다시 태어나. 그렇다면 노낙인이 무슨 뜻일까?

흠, 바닥이 없다는 뜻인가요?

비슷해. 노낙인은 만기 평가일 이전까지 '바닥이 없다'는 뜻이야. 그전에 아무리 지수가 빠져도 수익률에 영향을 미치지 않아. 낙인이 있는 상품보다 훨씬 안전하겠지?

마지막 세 번째 체크 포인트는 '조기상환 조건'이야. 일반적인 ELS의 만기는 3년이지만 6개월마다 조기상환 기회가 돌아와. 조기상환은 만기 전이라도 일정 조건을 충족시키면 약속한 수익을 낼 수 있어.

이 상품의 조기상환 조건은 85-85-85-80-75-60이야. 이 숫자들이 바로 6개월마다 돌아오는 조기상환 조건을 의미해. 이 상품의 85라는 의미는 처음을 100%라고 할 때 85% 이상 수준이란 뜻이야. 다시 말해, 6개월 뒤 조기상환 평가일이 돌아왔을 때 15% 이상 빠지지 않았다면 약속했던 수익률을 주겠다는 거지.

▶ 낙인(Knock-In): 기초자산의 가격이 일정 수준 이내로 들어섰을 때 새로운 수익구조가 생기는 것을 말한다.

▶ 만기상환: 자동조기상환형의 경우 자동조기상환이 발생하지 않으면 발행 증권사는 만기일에 만기상환금액 결정 조건에 따라 결정된 상환금액을 지급함으로써 ELS를 상환한다. 만기상환형의 경우 발행 증권사는 만기일에 만기상환금액 결정 조건에 따라 결정된 상환금액을 지급함으로써 ELS를 상환한다.

▶ 상환연장: 자동조기상환형의 경우, 만기까지 일정 시점마다 상환 기회를 갖게 되는데 자동조기상환 발생조건이 충족되지 않으면 상환이 되지 않고 다음 상환 기회로 넘어가는 게 된다.

▶ 자동조기상환형 및 자동조기상환: 일정조건을 충족하면 만기 이전이라도 사전에 일정 시점마다 상환기회를 부여하는 형태의 상품으로, 자동조기상환 횟수를 '차수(Chance)'라고 표현하고 자동조기상환이 되지 않더라도 다음번에 다시 기회를 가질 수 있다. 자동조기상환 평가일에 자동조기상환 발생조건이 충족되는 경우 발행 증권사는 해당 차수의 상환금액을 지급함으로써 ELS를 상환한다.

▶ 중도상환: ELS는 만기 혹은 자동조기상환 등과 같이 사전에 정해진 시점에 상환되는 것을 원칙으로 한다. 그러나 ELS 발행증권사는 투자자의 환금성 및 유동성을 높이기 위해 중도상환 청구권을 부여. 투자자가 만기 혹은 자동조기상환 이전에 발행증권사에 중도상환을 요청할 수 있다.

이 3가지 체크 포인트만 알면 되는 건가요? ELS는 복불복 '운발 상품'이라더니 엄청 복잡하네요.

복잡할 거 전혀 없어. 찬찬히 요약상품설명서를 살펴보면 금방 이해가 될 거야.

이 ELS의 상환조건을 보면 만기 전까지 총 다섯 번의 조기상환 평가

일이 돌아와. 2015년 8월 27일에 가입한 이 상품의 1차 조기상환 평가일은 6개월 뒤인 2016년 2월 23일이야. 평가비율이 85%니까 최초 기준가격을 100%로 할 때 15% 이상만 안 떨어지면 된다는 의미지. 상품 개요를 보면 친절하게도 3개의 기초자산 평가일 기준을 자세히 알려주고 있어. 그러니까 가입 당시 228.94였던 코스피200 지수는 194.5990 이상, HSCEI 지수(9863.61)는 8384.0685, 유로스탁스50은 2788.6630을 넘으면 만기 전이라도 약속한 수익률을 챙겨주겠다는 거야.

공모 ELS 11525호

신한금융투자 준법감시인 심사필 제15-6696호(2015년 08월 27일~2015년 08월 27일)
투자위험도 : 고위험(2등급) / 모집기간: 15.08.27(목, 13시)

· 상품개요

종목코드	상장일
유형	조기상환형 스텝다운(No KI)
기초자산	KOSPI200, HSCEI, EUROSTOXX50
만기/상환주기	3년/6개월
상환조건	85-85-85-80-75-60(NO KI)
최대수익(세전)	18.00%(연6.00%) 조건미달성 시 손실률: -100.00%~-40.00%
청약일정	2015-08-27(목, 13시) 최초기준가격 결정일: 2015-08-27(목) 발행일: 2015-08-27(목)
모집금액	총 100억 원(예정) / 100만 원 단위로 청약, 안분배정
환매방법	가능기간: 2015-08-28~2018-08-14 지급일: 신청일로부터 제2거래소 영업일 중도상환가액: 공정가액의 95% 이상 (단, 발행 후 6개월까지는 90% 이상)

· 만기상환시 수익구조

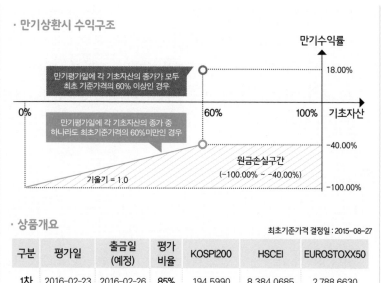

· 상품개요

최초기준가격 결정일 : 2015-08-27

구분	평가일	출금일 (예정)	평가 비율	KOSPI200	HSCEI	EUROSTOXX50
1차	2016-02-23	2016-02-26	85%	194.5990	8,384.0685	2,788.6630
2차	2016-08-23	2016-08-26	85%	194.5990	8,384.0685	2,788.6630
3차	2017-02-22	2017-02-27	85%	194.5990	8,384.0685	2,788.6630
4차	2017-08-22	2017-08-25	80%	183.1520	7,890.8880	2,624.6240
5차	2018-02-22	2018-02-27	75%	171.7050	7,397.7075	2,460.5850
만기	2018-08-22	2018-08-27	60%	137.3640	5,918.1660	1,968.4680

오~. 이제 조금씩 이해가 돼요. 만기 전까지 '확률 게임'을 하다 끝내 만기를 맞는 거네요. 근데 각 평가일마다 조기상환 조건이 달라요.

그래. 맞아. 다시 조기상환 조건을 보면, 2차와 3차 평가일까지는 조건이 85%로 동일해. 하지만 4차, 5차로 갈수록 80%, 75%로 기준이 낮아져. 비록 1~3차에서 조기상환 조건을 충족시키지 못했더라도 시간이 지날수록 확률이 높아지는 거지. 설사 5번 모두 조기상환이 안 됐더라도 최종 만기일에만 40% 이상 빠지지 않으면 돼. 2018년 8월 27일에 3가지 기초 자산들이 모두 최소 60% 이상 수준만 유지하면 총 수익률은 18%야.

와우. 총 수익률이 18%나 된다고요?

응. 연 수익률은 6%고, 만기까지 3년을 기다렸으니 6% 곱하기 3년을 하면 18%가 되는 거지. 만약 1년 만에 조기상환됐다면 6%, 2년 만에 상환됐다면 12%가 총 수익률이 되는 거야.

그렇다면 조기상환이 항상 좋은 건 아니네요. 연 수익률이 높다면 만기까지 갈 때 총 수익률이 제일 높잖아요.

그치. 하지만 전제가 있어. 낙인 상품이 아닌 '노낙인' 상품이어야 해. 만기까지 끌고 가서 승률이 높으려면 중간에 낙인 위험이 없을 때나 가능해. 만약 바닥을 치는 낙인 조건이 있으면 리스크에 노출되는 시간 또한 길어지니까 빨리 상환을 받는 게 나을 수 있어.

노낙인이 두 번째 체크 포인트였죠? '바닥이 없다'는 의미라고요. 근데 아직 이해가 잘 안 돼요.

🧑‍🦰 금융 상품을 공부할 때는 낯선 용어에 지레 겁먹지 않는 게 중요해. 낙인을 아주 쉽게 우리네 삶에 비유하자면, 인생의 바닥을 치는 상황과 비슷해. 친구들도 '지금이 내 인생의 바닥'이라고 느낄 때가 있지 않아?

👧 그쵸. 인생에서 더 이상 잃을 게 없다고 느낄 때 바닥을 친 느낌을 받아요.

🧑‍🦰 바로 그거야. ELS가 낙인을 치게 되면 그동안 쌓아온 수익률이 말짱 도루묵이 돼. 그때부턴 원래 약속했던 상품의 수익률 조건이 깡그리 무시되고, 오롯이 낙인 기준에 의해서만 수익이 결정돼. 그때부터는 ELS의 수익을 결정하는 기준은 낙인뿐이야. 예를 들어 평가일에 낙인 기준 아래에 있다면, 떨어진 만큼을 손실로 떠안아야 해. 반면 노낙인 상품은 이전까지 아무리 많이 떨어졌더라도 만기 평가일에만 조건을 만족시키면 약속한 수익을 줘.

👧 헐. 인생의 바닥만큼 무서운 게 ELS의 낙인이네요. 이런 무서운 리스크는 피하는 게 상책이죠. 근데 뭐하러 낙인 상품으로 가입하죠?

🧑‍🦰 그러니까 말야. 투자를 한 데는 수익률 말고 다른 이유가 더 있겠어? 낙인이 있는 ELS의 수익률이 노낙인 상품보다 훨씬 더 높아. 언니가 가입했던 연 6% 수익률은 노낙인 상품 중에선 상당히 높은 편이야.

대부분 낙인 상품들은 리스크가 있는 만큼 8~10%의 고수익을 보장하지.

오호! 그럼 낙인 조건을 가장 먼저 봐야 할 것 같아요. 낙인 조건은 어디서 찾을 수 있나요?

조기상환평가기준 옆에 나오는 수치가 바로 낙인 조건이야. 다음의 NH투자증권 12103 ELS 상품을 보면 연 12%로 고수익를 보장하지만 낙인 기준이 55%야.

이 상품의 예상 수익률 구조를 한번 볼까? 낙인 기준에 대한 상세한 설명이 보이지? 투자기간 중 최초기준가격의 55% 미만으로 하락한 기초 자산이 없는 경우에만 연 12%의 수익률을 보장해.

아얏. 그럼 만약 55% 이하로 떨어져 낙인을 치면 어떻게 되나요?

그때부턴 약속했던 연 12% 조건은 없던 일이 되는 거야. 3개의 기초 자산 중 손실률이 가장 큰 자산을 기준으로 손해를 보게 돼.

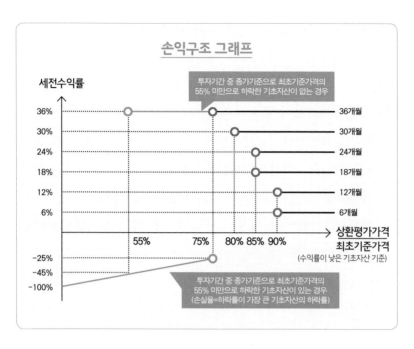

손익구조 그래프

세전수익률

투자기간 중 종가기준으로 최초기준가격의 55% 미만으로 하락한 기초자산이 없는 경우

36%	○	○	36개월
30%		30개월
24%		24개월
18%		18개월
12%		12개월
6%		6개월

55% 75% 80% 85% 90%

상환평가가격
최초기준가격
(수익률이 낮은 기초자산 기준)

-25%
-45%
-100%

투자기간 중 종가기준으로 최초기준가격의 55% 미만으로 하락한 기초자산이 있는 경우
(손실율=하락률이 가장 큰 기초자산의 하락률)

수익률만 보고 낙인 상품에 무작정 덤빌 일은 아니네요!

ELS의 계륵, 홍콩H 지수

이미 빠른 친구들은 눈치챘겠지만 ELS 기초자산에 빠지지 않고 들어 가는 지수가 있었어.

네. 맞아요. 약방의 감초처럼 빠지지 않던 지수가 있었어요. 홍콩H 지수 아닌가요?

그래. 정확히 봤어. 홍콩H 지수는 홍콩항생중국기업 지수로 중국, 홍콩 시장에 상장된 주요 종목들의 지수야. 영어 약자는 HSCEI지. 하지만 우리나라 금융업계 사람들은 홍콩H 지수라고 줄여서 불러. 국내에선 홍콩H 지수 또는 HSCEI를 혼용해서 쓰고 있어.
특히 홍콩H랑 비슷하게 보이는 홍콩항생(HSI)지수와 헷갈려선 안 돼. HSI는 중국본토기업으로 구성된 홍콩H 지수에 홍콩 등 기타 글로벌 다국적 기업의 종목을 포함시킨 거야.
물론 두 지수의 유사성 상관관계는 95%에 달해. 최근엔 홍콩H 지수 폭락으로 HSI를 더 많이 편입하는 추세야.

근데 왜 하필 홍콩H 지수가 약방의 감초처럼 많이 쓰는 거죠? 이 홍콩H 지수가 폭락해서 투자자들이 떨고 있다면서요.

예리한 질문이야. 언니도 똑같은 질문을 증권사 ELS 담당자들한테 했어. "왜 하필 홍콩H 지수인가요?"라고. 돌아온 답변은 "홍콩H 지수의 변동성이 크니까요"였어.

홍콩H 지수의 변동성이 크기 때문에 ELS 상품에 꼭 포함이 된다고요?

홍콩H 지수 VS 홍콩항셍 지수

▶**홍콩H 지수(Hang Seng China Enterprises Index · 항생중국기업지수):** 홍콩 증시에 상장한 중국 기업 가운데 시가총액, 거래량 등의 기준에 따른 우량주 위주 40개 종목으로 구성된 지수다. 편입 종목은 중국공상은행(ICBC) 등 금융권이 70% 정도를 차지하고, 중국본토와 홍콩 증시에 중복 상장돼 거래되는 종목도 있다. 2000년 1월 3일 지수 2000을 기준으로 한다.

▶**홍콩항셍(HSI) 지수:** 홍콩항셍 지수는 홍콩증권거래소에 상장된 중국본토기업, 홍콩기반기업, 다국적기업을 포함한 홍콩 주식 시장을 대변할 수 있는 50개 우량종목으로 구성된 지수다. H주만 포함하고 있는 홍콩H주와 달리 홍콩항셍 지수의 중국 구성 종목은 레드칩(본토 밖에서 본토 정부기관에 의해 통제되는 기업)과 기타 홍콩에 상장된 본토기업을 포함하고 있다.

맞아. 투자자 입장이 아닌, 공급자인 증권사 편에서 생각하면 금방 답이 나와. 증권사가 ELS 상품을 많이 파는 건, 돈이 되기 때문이야.

ELS에도 판매 수수료가 포함돼 있나요?

당연하지. 겉으로 보이지 않지만 ELS에도 판매 수수료가 포함돼. 일단 가입하는 순간 일정 수수료를 떼고 시작하는 거지. 그다음으로 증권사는 고객에게 약속한 수익을 주기 위해 파생거래를 해. 파생거래는 선물과 옵션거래 등을 의미하는데, 우리가 정확히 이해할 필요는 없어. 마치 냉장고의 작동 원리는 몰라도 일상생활에서 냉장고를 아주 잘 활용하는 것과 같아. 그냥 지수의 변동성이 커야 증권사가 파생거래로 버는 수익이 더 크다고만 이해하면 돼.

홍콩H 지수처럼 변동성이 큰 지수가 편입될수록 ELS의 기대 수익률도 높아져.

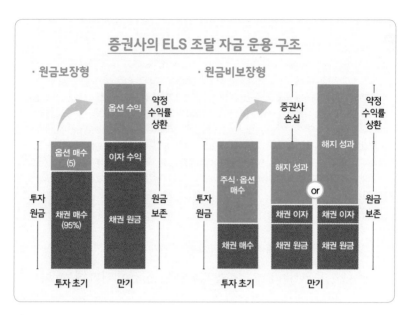

증권사의 ELS 조달 자금 운용 구조

· 원금보장형

투자 원금 / 옵션 매수 (5) / 채권 매수 (95%) — 투자 초기

옵션 수익 / 이자 수익 / 채권 원금 — 만기

약정 수익률 상환 / 원금 보존

· 원금비보장형

투자 원금 / 주식·옵션 매수 / 채권 매수 — 투자 초기

증권사 손실 / 해지 성과 / 채권 이자 / 채권 원금 — 만기

or

약정 수익률 상환 / 해지 성과 / 채권 이자 / 채권 원금 / 원금 보존 — 만기

재테크 MEMO

ELS의 판매 수수료

일반적인 ELS 상품판매 수수료는 0.3% 수준이다. 2015년 국내 발행 ELS 규모가 100조 원임을 감안하면 3,000억 원 정도다. 이는 증권사 전체 수수료 수익의 10%에 달한다.

뭐예요. 결국 증권사 돈벌이 수단으로 홍콩H 지수의 편입 비중을 늘린 건가요?

그치. 하지만 너무 증권사만 뭐라고 할 수는 없어. 고수익을 보장해야 투자자들이 몰리니까.

홍콩H 지수가 폭락하면 증권사 역시도 손해를 봐. 그래서 "여기서 설

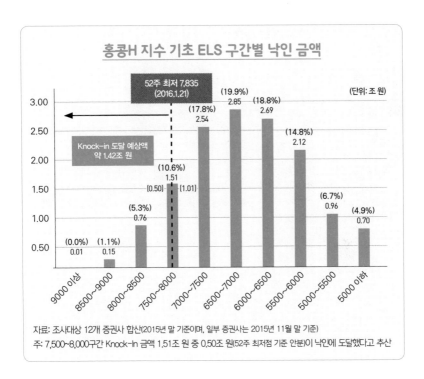

홍콩H 지수 기초 ELS 구간별 낙인 금액

52주 최저 7,835
(2016.1.21)

(단위: 조 원)

Knock-in 도달 예상액
약 1.42조 원

(19.9%)
2.85

(18.8%)
2.69

(17.8%)
2.54

(14.8%)
2.12

(10.6%)
1.51
[0.50] [1.01]

(6.7%)
0.96

(5.3%)
0.76

(4.9%)
0.70

(0.0%)
0.01

(1.1%)
0.15

3.00
2.50
2.00
1.50
1.00
0.50

9000 이상
8500~9000
8000~8500
7500~8000
7000~7500
6500~7000
6000~6500
5500~6000
5000~5500
5000 이하

자료: 조사대상 12개 증권사 합산(2015년 말 기준이며, 일부 증권사는 2015년 11월 말 기준)
주: 7,500~8,000구간 Knock-In 금액 1.51조 원 중 0.50조 원(52주 최저점 기준 안분)이 낙인에 도달했다고 추산

마 50% 이상 빠지겠어"라면서 계속 상품을 찍어낸 거야.

역시 설마가 사람 잡는다니까요! 만약 증권사가 망하면 어떻게 하나요? 손실 난 금액이라도 찾을 수 있나요?

아니. ETN과 마찬가지로 증권사가 발행한 유가증권은 예금자 보호 대상이 아니야. 발행 주체가 부도날 경우 실물이 없는 파생상품을 보상받을 방법은 없어.

헐. 높은 수익률만 보고 함부로 가입할 게 아니었어요.

ELS 수익에 대한 세금과 절세 전략
ELS 투자 수익은 배당소득으로 분류되며, 배당소득세가 부과된다. 개인의 경우 수익금의 15.4%(배당소득세 14%, 주민세 1.4%) 원천 징수된다.

월지급식 ELS로 절세하기
연간 금융소득(배당소득과 이자소득)이 2,000만 원이 넘는 금융소득종합과세 대상자에 해당된다. 월지급식 ELS는 수익지급 관측이 매월 단위로 이뤄져 만기상환이 되더라도 일시적인 소득 증가가 발생되지 않는다.

인터넷으로 ELS 청약하기

ELS는 투자자가 직접 인터넷으로 청약하는 상품이다. 매주 새로운 ELS 상품들이 업데이트된다. 다양한 상품들 중에 투자 상품을 결정하려면 꾸준히 모니터링을 하며 원하는 상품을 찾는 게 좋다.

1. 증권사 계좌 만들기

ELS 투자를 하려면 증권사 계좌가 필요하다. 투자를 원하는 증권사 계좌를 만들고 인터넷 거래 신청을 해야 한다. 증권사마다 출시되는 상품에 차이가 있으므로 주요 증권사의 계좌를 미리 만들어 놓고 원하는 상품이 출시되면 바로 인터넷 청약이 가능하도록 하는 게 좋다. ELS 청약에 유용한 증권사로는 NH투자증권, 한국투자증권, 삼성증권, 신한금융투자 등이 있다.

2. 여러 증권사 상품 비교하기

ELS 상품을 선택할 때도 여러 증권사를 두루 돌아보고 상품구조를 꼼꼼히 비교해봐야 한다. 대부분 ELS 상품은 증권사 홈페이지의 금융상품 탭에서 ELS를 클릭하면 볼 수 있다. 기초자산, 낙인, 조기상환 등 3가지 핵심 정보를 비교해본 뒤 최종 투자 상품을 결정해야 한다.

상품명 ▲▼	기초자산 ▲▼	예상 수익률 ▲▼	조기상환조건 ▲▼	청약기간(시간)	청약
원금지급 저위험 NH투자증권(ELB)977 미리보기	KOSPI200	0.0%	100-120(40 %)	02/11 (08:30) ~ 02/12 (13:00)	청약하기 ▸ 관심상품 ▸ 상담하기 ▸
원금비보장 고위험 NH투자증권(DLS)2075 미리보기	WTI 선물(WTI Crude Oil) 브렌트 선물 최근월물(Brent Oil)	8.0%	95-90-85-80/45	02/11 (08:30) ~ 02/12 (16:00)	청약하기 ▸ 관심상품 ▸ 상담하기 ▸
원금비보장 고위험 NH투자증권(ELS)12113 미리보기	KOSPI200 HSI EuroStoxx50	6.0%	87-87-85-85-80-75/50	02/11 (08:30) ~ 02/12 (13:00)	청약하기 ▸ 관심상품 ▸ 상담하기 ▸
원금비보장 고위험 NH투자증권(ELS)12112 미리보기	S&P500 HSI EuroStoxx50	9.0%	87-87-85-85-80-75/50	02/11 (08:30) ~ 02/12 (13:00)	청약하기 ▸ 관심상품 ▸ 상담하기 ▸
원금비보장 고위험 NH투자증권(ELS)12111 미리보기	S&P500 HSI EuroStoxx50	7.02%	90-90-90-85-85-85-80 -80-75/40	02/11 (08:30) ~ 02/12 (13:00)	청약하기 ▸ 관심상품 ▸ 상담하기 ▸

3. 인터넷으로 청약하기

최종 투자 상품을 결정했다면 인터넷으로 청약을 하면 된다. 청약 가능 기간은 2~3일 정도다. 먼저 원하는 투자 금액을 증권사 계좌로 입금한 뒤, 청약 절차를 진행한다. ELS는 발행규모가 정해져 있기 때문에 청약자들이 많이 몰릴 경우 원하는 만큼 배정을 받지 못할 수도 있다.

4. ELS로 풍차 돌리기

ELS의 리스크를 분산하기 위해 매주 소액으로 투자하고 원리금을 다시 재투자하는 방식의 풍차돌리기를 할 수도 있다. 예를 들면 매주 100만 원씩 새로운 ELS 상품에 가입하는 방식이다. 1년으로 환산하면 52주, 연간 5,200만 원을 ELS에 투자한다.

5. 만기 전에 중도 환매

투자자가 원할 경우 만기 전에도 중도상환신청이 가능하다. 다만 중도상환 신청가능일과 가능 방법은 ELS 발행 증권사마다 다를 수 있다.

ELS는 주식처럼 거래소에 상장되어 있지 않아 시장가격이 존재하지 않는 다. ELS의 가치 산정을 위해 공정가액(기준가, 이론가, 또는 평가가격: 제 3의 독 립된 평가기관 또는 발행사가 직접 이론상으로 산정한 평가금액)이 매일 산출된 다. 이 공정가액(기준가, 이론가)을 기준으로 중도상환가격이 산정된다.

경우에 따라 공정가액과 중도상환가격은 최대 5~10%까지 차이가 날 수 있다. 해당 ELS의 청산가치(중도상환가격)와 이론가치(공정가액)의 괴리율 때 문이다.

ELS의 중도상환가격의 산정에 있어서 해당 ELS 상품별, 발행 증권사별 차 이가 있을 수 있으므로 중도상환가격의 산정 기준은 해당 ELS의 발행 증권 사에 문의해야 한다.

보이는 원자재
투자의 시작,
원유

CHAPTER
05

누구도 상상하지 못했던 저유가

👩 그동안 보이지 않는 투자에 지친 친구들에게 반가운 소식이야! 오늘은 직접 눈으로 보고 만질 수 있는 '실물' 투자법을 알아볼 거야. 이번 투자는 보이는 실체가 있다는 게 가장 큰 장점이지.

👧 오호. 그동안 보이지 않는 투자에 너무 갑갑했는데, 속이 뻥 뚫리네요. 근데 부동산 말고 눈에 보이는 투자가 또 있나요?

👩 물론이지. 힌트를 줄 테니 한번 맞춰봐. 2006년 수습기자 시절 언니는 '이것'의 가격이 160달러가 넘었다는 기사를 썼어. 중동 지역 불안과 수출 국가들의 단합으로 가격이 폭등하면서 글로벌 인플레이션을 유발한다는 분석 기사였지.
하지만 정확히 10년 뒤인 2016년, 언니는 이것의 가격 폭락으로 글로벌 디플레이션 우려가 나오고 있다는 기사를 쓰고 있어. 이것의 가격 하락은 구조적 문제라는 분석과 함께. 과연 이것이 뭘까?

👧 무슨 도전 골든벨 퀴즈처럼 장황하네요. 하지만 이런 문제일수록 문제 안에 답이 있죠! 들으면서 바로 감이 왔어요. 정답은 '석유(원유)' 아닌가요?

🙎 빙고! 문제가 좀 쉬웠나? 그럼 최근 국제 유가는 얼마야?

🙎 에이. 정확한 시세까지 꿰뚫고 있으면 벌써 '투자의 여왕'이죠. 게다가 국제 유가는 떨어졌는데 주유소 휘발유값은 안 떨어져서 실감이 안 나요.

🙎 물론 언니도 찔끔찔끔 떨어지는 국내 휘발유값을 보면 분통이 터져. 하지만 비판을 하려면 시세는 정확히 알아야 하지 않겠어? 일단 공부 먼저 하자고!

2016년 4월 초 현재 미국 뉴욕상업거래소(www.nymex.com)에서 거래되는 원유(crude oil)의 가격은 배럴당 40달러 선이야. 올초 1월 20일엔 배럴당 28.350달러까지 떨어졌었지. 2014년 6월에 100달러에 육

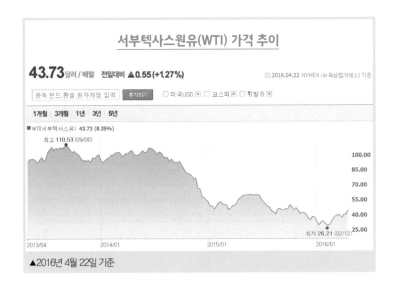

▲2016년 4월 22일 기준

박했던 국제 유가가 불과 1년 8월 만에 70% 이상 폭락한 거야.

👩 떨어졌다는 얘기는 들었지만 70%나 폭락한 줄은 몰랐어요.

👩 하지만 발 빠른 투자자들은 급격한 유가 폭락에 주목했어. 단기간 내 너무 급작스럽게 빠지니까, 반대로 단기 급등을 기대한 거지. 언니 도 마찬가지였어. 2015년 초 국제 유가가 배럴당 50달러 아래로 떨어 질 때 구체적인 분할 매수 투자 전략을 세웠어. 배럴당 50달러 선에서 투자금의 30%를 매수하고, 45달러까지 더 떨어지면 30%, 40달러까 지 또 떨어지면 30%, 아마 그럴 일은 없겠지만 35달러까지 가면 남은 30%를 투자한다는 시나리오였어.

하지만 계획은 어디까지 나 계획일 뿐, 당시 속마음은 "여기가 바닥이니 빨리 들어가서 단기간에 수익을 내자"였지. 게다 가 대부분의 전문가들이

언니의 유가 투자 전략

국제 유가	투자 비중
배럴당 50달러	30% 매수
배럴당 45달러	30% 매수
배럴당 40달러	30% 매수

2015년 말엔 60달러까지 오른다고 예상했어.

그런데 웬걸? 단기 급등은커녕, 계속 더 떨어지는 거야.

👩 이야~ 국제 원유 투자까지! 진짜 언니도 돈 되는 투자는 다 하셨네요.

일단 한국말은 끝까지 들어봐. 처음에 배럴당 50달러 선에서 투자를 시작했다고 했잖아? 그 뒤로도 유가는 1년 이상 계속 빠졌어. 유가가 배럴당 26달러까지 빠졌을 때 수익률이 얼마인지 알아? 미국에 직접 투자했던 투자 상품의 손실은 무려 85%에 달하고, 국내 투자 상품도 약 -27%에 달해.

				언니의 투자			
CS LONG CRUDE 뉴욕	-113,565 **-84.74%**	10 10		TIGER 원유선물(H)	4,881	-1,281	(-26.24%)

▲2016년 1월 국제 유가가 배럴당 26달러일 때 원유선물 ETF 투자수익률.

신한 레버리지 WTI원유 선물 ETN(H)	12,196	+13.61%	TIGER 원유선물(H)	3,494	+12.17%

▲2016년 초 배럴당 26달러까지 떨어졌던 WTI 가격이 3월 이후 회복되기 시작하면서 4월 말 현재 원유 ETF, ETN 투자 상품의 수익률도 급등했다. 〈저자 사례〉

네? -85%요? 이거 완전 집안 거덜날 만한 수준인데요? 언니는 괜찮으세요?

친구들도 알잖아. 언니가 워낙 소심한 거. 쥐꼬리만큼 투자를 해서 손실액이 크지 않지만, 거액을 투자했다면 그야말로 피눈물을 흘렸을 거야. 문제는 그 누구도 국제 원유가 배럴당 30달러 아래로 떨어질 줄은 상상도 못했다는 거야. 2015년 초 골드만삭스가 배럴당 26달러까지 떨어진다는 보고서를 냈을 때 대부분 전문가들은 코웃음을 쳤어. "설마 거기까지 떨어지겠어?"

투자를 망치는 고정관념

🙎 ELS의 홍콩H 지수도 그러더니 여기서도 '설마'가 여러 사람 잡네요!

🙎 그치. 설마설마하다가 정말 큰코다친다니까! 그런데 우리가 '설마'라고 판단한 이유는 뭘까? 그건 바로 고정관념 때문이야. 더 정확히 말하면 '인지적 편향성' 때문이지. 유가가 높다, 낮다는 판단도 결국 상대적인 거야. 유가 100달러 시대를 살던 우리에게 30달러는 70% 폭락한 가격이지만, 10달러 시대에 살았다면 3배나 폭등한 거야.
인지적 편향성은 투자를 위한 합리적 상상력을 망치는 원인이 될 수 있어. 정확한 데이터가 아니라 그냥 감으로 '그럴 것 같다'고 느끼는 거지.

🙎 하하. 또 나왔네요, 합리적 상상력! 눈에 보이는 투자를 한다고 해서 그놈의 상상은 안 해도 되는 줄 알았더니!

🙎 아이러니하게도 눈에 보이는 실물을 합리적으로 상상하기가 더 힘들어. 오죽하면 전문가들도 '원자재 가격은 귀신도 모른다'는 얘기를 하겠어?
그렇다고 포기할 언니가 아니겠지? 인지적 편향성을 배제하고 다시 원점으로 돌아가야지. 다들 기억하지?

당연하죠. 이제 귀에 딱지가 생길 것 같아요.

그래. 좋아. 원점에서 다시 근본적인 질문을 던져 보자.
"과연 국제 유가는 왜 떨어졌을까?"
"현재의 유가 급락이 일시적인 현상일까? 아니면 구조적인 패러다임
의 변화일까?"

흠. 이번 건 상당히 난해한데요? 일단 국제 유가를 어디에서 확인할 수
있는지 모르겠고요. 가격을 예측하려면 수요와 공급을 알아야 하는데,
국내도 아니고 글로벌 시장의 데이터는 도무지 엄두가 안 나네요.

친구들이 몰라서 그렇지 원유만큼 정확한 데이터가 공개된 원자재도

▲원유는 뉴욕상업거래소에서 거래되는 여러 원자재 중 하나다. 에너지 부문의 종목코드 QMH6를 클릭하면
실시간 시세를 확인할 수 있다.

▲뉴욕상업거래소에서 거래되는 WTI의 1분 단위 가격 그래프

없어. 흔히 말하는 유가는 미국의 뉴욕상업거래소에서 거래되는 원유 가격이야. 미국 서부 텍사스에서 생산된다고 해서 우리는 줄여서 WTI(서부텍사스원유, West Texas Intermediate)라고 부르지. 이 WTI의 가격은 뉴욕상업거래소 사이트(www.nymax.com)에서 얼마든지 확인 가능해. 물론 실시간 시세는 아니고 10분 늦은 시세지만, 1분 단위까지 확인할 수 있어.

🙍 와우. 한국에서 클릭 몇 번으로 국제 원유 시세를 확인할 수 있다니! 이젠 정보가 없어서 투자를 못한다는 얘기는 꺼내지도 못하겠네요.

🙎 이 정도로 놀라긴 일러. 국제에너지기구(http://www.iea.org)에 가면 우리의 합리적 상상력에 근거가 될 만한 보석 같은 데이터들이 넘쳐

나. 하지만 이 중에서 유가의 미래를 합리적으로 상상하기 위해 꼭 필요한 데이터는 뭘까?

재테크
MEMO

▶EIA 원유재고통계: http://kr.investing.com/economic-calendar/eia-crude-oil-invevtories
----

그건 당연히 수요와 공급이죠. 공급보다 수요가 많아야 가격이 오를 테니까요.

그래. 맞아. 그럼 국제에너지기구 사이트에서 직접 글로벌 원유 공급과 수요 관련 데이터를 찾아보자. 여기에 유용한 자료는 '오일 마

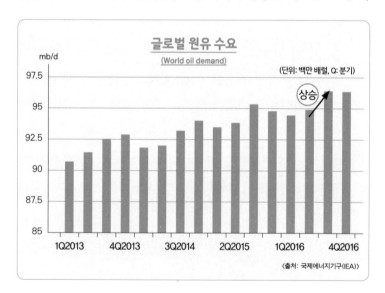

켓 리포트'야. 이 자료를 보면 세계 원유 수요 자료가 나와. 중요한 건 2016년 예상치인데, 1분기 95백만 배럴 이하로 저점을 찍고 2분기 이후 96백만 배럴로 상승하는 걸 알 수 있어.

오~. 정말 그러네요? 수요가 늘어나니까 국제 유가가 다시 폭등하는 건가요?

그건 아니지. 공급 측면 데이터도 확인을 해야지. 아무리 수요가 늘어도 공급이 더 늘어버리면 가격은 오히려 더 떨어질 수 있으니까. 실제로 공급과 수요의 그래프를 같이 보면 말이야.
2014년 1분기부터 비슷했던 수요와 공급의 균형이 깨지기 시작했어.

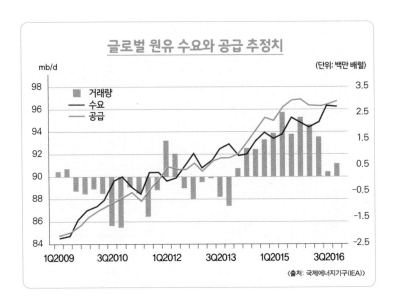

보이는 원자재 투자의 시작, 원유

이때부터 공급이 많아지면서 수요가 증가하는 속도를 넘어서기 시작
한 거야. 하지만 본격적인 격차가 벌어진 건 2014년 3분기부터지. 다
들 국제 유가가 언제부터 급락했는지 기억하지?

네! 2014년 4분기요. 이야~. 정말 신기하게 맞아떨어지네요. 이렇게
데이터를 놓고 보니 국제 유가가 그냥 이유 없이 떨어진 게 아니었네
요. 수요와 공급이 정확히 가격에 영향을 미친 거네요.

그러니까 합리적 상상력엔 구체적인 데이터가 있어야 해. 우리에게
중요한 건 미래의 가격 추이니까 다시 그래프를 보자. 수요와 공급의
격차가 가장 큰 때가 바로 2016년 1분기야. 국제 유가가 배럴당 27달
러까지 떨어진 이유가 있는 거야. 하지만 이 격차는 다시 점점 좁혀지
고 급기야 3분기엔 다시 만나고 있어. 이제부턴 친구들이 2016년 국
제 유가를 한번 상상해봐.

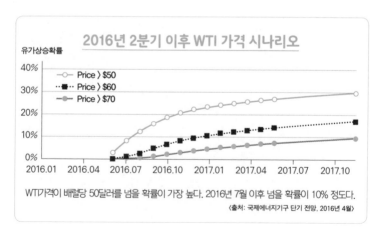

WTI가격이 배럴당 50달러를 넘을 확률이 가장 높다. 2016년 7월 이후 넘을 확률이 10% 정도다.

〈출처: 국제에너지기구 단기 전망, 2016년 4월〉

1분기 바닥을 찍고 서서히 회복하다가 3분기에 급반등이 나올 수 있을 듯해요.

옳지! 거봐. 친구들도 할 수 있잖아. 구체적으로 가격이 얼마까지 오를지는 모르겠지만 추세에 대한 감은 충분히 잡을 수 있어.

재테크 MEMO

국제 원유의 종류
1. 서부 텍사스 중질유(WTI, West Texas Intermediate): 미국 서부 텍사스 지역에서 생산되는 원유. 국제 원유가격을 결정하는 기준 원유
2. 북해산 브렌트유(Brent Oil): 영국 북해 지역에서 생산되는 원유. 유럽과 아프리카 지역에서 거래되는 원유가격을 결정하는 기준 원유
3. 셰일오일(Shale Oil): 지표면 부근으로 이동하지 못하고 셰일층 안에 갇혀 있는 원유

원유, 현물이 아닌 선물 투자

갑자기 자신감이 솟구쳐요. 이제 원유 투자도 할 수 있을 것 같아요.

친구들의 넘치는 의욕은 높이 평가할 만해. 그런데 구체적인 투자법은 알고 있는 거야?

아얏! 그러게요. 지금 당장이라도 주유소에 가면 휘발유가 있긴 하지만, 그걸 사다 집에 둘 수도 없고. 흠. 이거 난감하네요.

실제로 진짜 부자들은 바다 위에 유조선을 띄우기도 해. 유가가 떨어질 때 사서 유조선에 보관하다가 가격이 오르면 파는 거야. 큰 부자들에게 원유는 현금과 같아.

우와~. 저 푸른 바다 위에 유조선을 띄워 놓고, 현금처럼 쓰고 싶네요! 하하. 생각만 해도 즐거워요.

즐거운 상상이긴 하지만 우린 아직까지 큰 부자는 아니니까 현실적인 방법을 찾아보자. 비단 원유뿐만이 아니라 금, 은, 구리, 커피 등 모든 실물 투자는 물리적, 공간적 공약이 따르기 마련이야. 실물을 실제로 보유하는 비용도 많이 들고. 그래서 똑똑한 투자자들은 실물 투자

▶ **선물거래(futures trades):** 장래 일정 시점에 미리 정한 가격으로 매매할 것을 약정하는 거래로 미래의 가치를 사고파는 것이다. 처음 시작은 위험 회피를 목적으로 시작됐으나, 첨단금융기법을 이용하여 위험을 능동적으로 받아들여 오히려 고수익·고위험 투자상품으로 발전했다.

에 선물거래의 개념을 도입했어.

네? 선물거래요? 친구한테 주는 그런 선물(gift)은 아니죠?

뭐야. 유머치곤 너무 썰렁한데? 투자에서 선물거래는 현물거래와 대비되는 개념이야. 일상생활에서 우리는 대부분 현물거래를 해. 돈을 지불하는 시점과 물건을 받는 시점이 동시에 발생해. 돈을 내는 즉시 물건을 받는 거지. 하지만 선물거래는 돈을 먼저 내고, 물건은 나중에 받는 거야.

그럼 주유비를 먼저 내고, 실제 주유는 나중에 하는 건가요?

뭐, 굳이 비유하자면 그렇다고 할 수 있지. 한 달 전에 미리 주유비를 계산하고 실제 주유는 한 달 뒤에 하는 식이야. 이렇게 되면 어떤 현상이 발생할까?

일단 평소보다 휘발유값이 떨어졌을 때 사재기를 할 것 같아요. 그러다 예상과 달리 다음 달에 휘발유값이 더 떨어져버리면 되레 손해를 보겠죠. 근데 왜 굳이 어떻게 변할지도 모를 가격을 먼저 지불하는 거죠?

🙍‍♀️ 사실 선물거래는 아주 오래전부터 있었던 거래 방식이야. 1년 농사를 짓는 농작물 거래에서 주로 쓰였지. 그해의 농산물이 풍년일지 흉년일지 모르지만, 일단 리스크를 줄이기 위해서 미리 가격과 수량을 정해 놨던 거야. 처음엔 개인 간의 사적 계약이었지만 규격화된 시장이 생겼고, 투자 수요와 맞아떨어지면서 급기야 금융상품으로까지 등장하게 됐어.

선물거래에서 반드시 이해해야 할 부분은 '가격 결정 시스템'이야. 선물거래는 한쪽이 이득을 보면, 필연적으로 상대방은 손해를 보는 제로섬 게임이지. 현재 시점에서 미래의 가격과 수량을 정하다 보니, 향후의 가격 변동에 따른 리스크를 누군가는 떠안아야 해.

게다가 원유선물은 매월 만기가 돌아오고 만기 때마다 가격이 다시 결정돼. 정해진 하나의 가격이 있는 게 아니니까 선물의 가격은 '몇 월 인도분'이라고 표시되는 거야. 그럼 뉴욕상업거래소에서 매달 변하는 국제 유가를 직접 한번 확인해볼까?

어때? 매달 가격이 변하는 게 보이지? 'MAR 2016'은 2016년 3월 인도분, 'APR 2016'은 2016년 4월 인도분의 선물가격이란 뜻이야.

🙍‍♀️ 매달 가격이 달라지니, 이거 정말 신기하네요. 그런데 시간이 지날수록 가격이 점점 더 비싸져요.

뉴욕상업거래소 월별 WTI선물 시세

Month	Charts	Last	Change	Prior Settle	Open	High	Low	Volume	Hi / Low Limit
MAR 2016	📊	28.500	+0.550	27.950	28.350	28.550	28.300	237	37.925 / 17.950
APR 2016	📊	30.400	+0.650	29.750	30.275	30.400	30.275	13	39.725 / 19.750
MAY 2016	📊	32.025	+0.625	31.400	31.900	32.025	31.900	3	41.400 / 21.425
JUN 2016	📊	-	-	32.750	-	-	-	0	42.725 / 22.750
JUL 2016	📊	-	-	33.775	-	-	-	0	43.750 / 23.775

▲뉴욕상업거래소의 원유선물 가격. 월별로 가격이 달라지는 것을 확인할 수 있다.

역시 예리한 관찰력이야. 3월보다는 4월, 4월보다는 5월물 가격이 더 비싸지? 이유가 뭘까?

재테크 MEMO

선물 가격 결정 요인

원자재 선물의 가격= 현물X[(금리+보관비용)-편의 수익]
편의 수익은 선물 보유자가 얻게 되는 이익이다. 선물의 가격을 결정짓는 요인은 금리, 보관 비용, 편의 수익 3가지다.

그냥 원유도 오래 묵힐수록 더 비싸지는 게 아닐까요? 오래된 와인이 숙성되면서 비싸지는 것처럼요.

하하. 모로 가도 서울만 가면 되니까. 엉뚱한 논리지만 정답은 맞췄어.

보이는 원자재 투자의 시작, 원유

우리가 실제로 원유에 투자한다고 가정해보자. 선물 투자는 유조선을 띄워놓고 보관하고 있다가 만기가 돌아오길 기다려야 해. 그 기간 동안에 유조선 대여비도 내야 하고, 대출을 받았다면 이자도 내야 해. 오래 보관할수록 비용도 더 많이 들겠지? 그러니까 가까운 달(근월물)보다는 먼 달(원월물)의 선물가격이 더 비싸지는 거야.

일반적으로 선물가격이 현물가격보다 높거나, 결제월이 멀수록 높아

▶**콘탱고(Contango)**: 시장이 정상적이라면 선물가격은 현물지수보다 높다. 결제월이 멀수록 가격이 더 높게 형성되며 이를 콘탱고라고 한다. 선물의 만기가 현물상품보다 늦게 발생하기 때문에 그 기간 동안 보관료, 보험료, 투자금액에 대한 이자비용 등이 반영되기 때문이다. 따라서 이 경우 베이시스(선물가격-현물가격)는 양(+)의 값을 갖는다.

▶**백워데이션(Backwardation)**: 선물시장에 있어서 선물과 현물 간의 가격역전 현상이다. 만기가 늦은 지수선물가격이 만기가 임박한 지수선물가격보다 점차 인하되는 시장이다. 이 경우 베이시스(선물가격-현물가격)는 음(-)의 값을 갖게 된다.

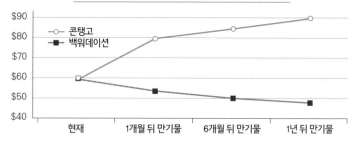

원유선물의 콘탱고와 백워데이션 현상

시장이 정상이라면 먼 달의 가격이 더 비싼 콘탱고 현상이 발생한다. 하지만 비정상적인 시장에선 반대인 백워데이션이 일어난다.

지는 현상을 '콘탱고(contango)'라고 불러. 문제는 한 달 이상 장기 투자를 할 때야. 매달 가격이 바뀌는데, 한 달 이상 원유 투자를 하고 싶다면 어떤 방법이 있는지 알아보자.

투자 수익률 떨어뜨리는 롤오버 효과

이제 드디어 친구들에게 고비가 찾아왔어. 이번 관문을 넘느냐 못 넘느냐에 친구들의 투자 실력이 결정될 거야. 지금부터 고도의 집중력을 발휘해서 잘 들어봐.

원유선물의 가격은 매달 달라져. 우리는 한 달 이상 장기 투자를 할 거야. 투자를 유지하려면 현재 가지고 있는 선물을 팔고 다음 월물로 갈아타야 돼. 예를 들어 현재 3월 인도분 선물을 보유 중이라면, 실제 3월이 되었을 때 현물로 인도를 해야 하는 거야. 그럼 3월물을 팔고 4월물을 사야겠지? 한 달이 또 지나 4월이 됐어. 이럴 때도 같은 작업을 반복해야 돼. 4월물을 팔고 5월물을 사야 하는 거야. 투자를 그만둘 때까지 매달 새로운 월물로 갈아타기를 해줘야 해. 업계 용어로는 만기 때까지 계속 굴린다는 의미로 '롤오버(roll over)'라고 해.

여기까진 이해한 거지?

네. 마치 예금 자동 만기 연장과 같은 개념이네요. 만기 때 예금을 인출하지 않으면 매달 자동 연장되잖아요.

그치. 예금처럼 매달 가격이 같으면 문제될 게 전혀 없어. 하지만 선물의 애로점은 매월 선물가격이 다르다는 거야. 일반적인 경우는 가까운 달보다 먼 달의 가격이 더 비싼 콘탱고 현상이 발생하잖아? 그러면 매달 상대적으로 싼 선물을 팔고 비싼 선물을 계속 사야 하는 거야. 싸게 팔고 비싸게 사면 어떻게 되지?

그만큼 손해를 보게 되겠죠?

그치? 실제 투자금이 줄어든다기보단 실제 계약 건수가 줄어. 아무것도 하지 않아도 보유한 현물이 줄어드는 롤오버 비용이 발생해. 아주 쉽게 매달 내는 '월세'라고 생각하면 이해하기 편할 거야. 월세처럼 생활을 위해 매달 지출해야 하는 고정비용이야.

아하! 머리에 쏙쏙 들어오네요. 바빠서 집에선 잠만 자고 나오는데 매달 월세를 내는 건 정말 아까워요.

선물에 투자할 땐 롤오버라는 비용 효과를 반드시 고려해야 해.
선물 투자는 가격이 오른 만큼 100% 순익으로 돌아오는 게 아니야.
롤오버로 발생하는 손해를 뺀 나머지가 순익이 되는 거야. 이 롤오버

▶롤오버 비용(roll over cost): 실질적으로 선물 교체 시 발생하는 매매 비용
▶롤오버 효과(roll over effect): 롤오버 이후 콘탱고 또는 백워데이션 상황에서 만기까지 보유 시 선물가격이 현물가격으로 수렴하는 현상

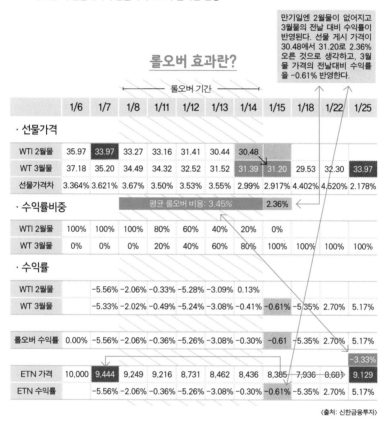

만기일엔 2월물이 없어지고 3월물의 전날 대비 수익률이 반영된다. 선물 게시 가격이 30.48에서 31.20로 2.36% 오른 것으로 생각하고, 3월물 가격의 전날대비 수익률을 -0.61% 반영한다.

롤오버 효과란?

	←──── 롤오버 기간 ────→										
---	1/6	1/7	1/8	1/11	1/12	1/13	1/14	1/15	1/18	1/22	1/25
· 선물가격											
WTI 2월물	35.97	33.97	33.27	33.16	31.41	30.44	30.48				
WT 3월물	37.18	35.20	34.49	34.32	32.52	31.52	31.39	31.20	29.53	32.30	33.97
선물가격차	3.364%	3.621%	3.67%	3.50%	3.53%	3.55%	2.99%	2.917%	4.402%	4.520%	2.178%
· 수익률비중		평균 롤오버 비용: 3.45%						2.36%			
WTI 2월물	100%	100%	100%	80%	60%	40%	20%	0%			
WT 3월물	0%	0%	0%	20%	40%	60%	80%	100%	100%	100%	100%
· 수익률											
WTI 2월물		-5.56%	-2.06%	-0.33%	-5.28%	-3.09%	0.13%				
WT 3월물		-5.33%	-2.02%	-0.49%	-5.24%	-3.08%	-0.41%	-0.61%	-5.35%	2.70%	5.17%
롤오버 수익률	0.00%	-5.56%	-2.06%	-0.36%	-5.26%	-3.08%	-0.30%	-0.61	-5.35%	2.70%	5.17%
											-3.33%
ETN 가격	10,000	9,444	9,249	9,216	8,731	8,462	8,436	8,385	7,936	8,681	9,129
ETN 수익률		-5.56%	-2.06%	-0.36%	-5.26%	-3.08%	-0.30%	-0.61%	-5.35%	2.70%	5.17%

〈출처: 신한금융투자〉

효과를 고려하지 않으면 수익률 계산에 오류가 발생해. 한 달 월급이 100만 원도 안 되는데, 월세 120만 원인 오피스텔에 살 순 없잖아. 한

달 월세가 100만 원이면 적어도 월급이 그 이상은 돼야 밀지지 않고 사는 거야.

관건은 롤오버 효과가 수익에 얼마나 큰 영향을 미치느냐 아닐까요? 영향이 크지 않을 수도 있잖아요.

과연 그럴까? 애매할 땐 실제로 계산을 해보면 돼. 1월물이 70달러고, 2월물이 80달러, 3월물이 90달러야. 1월물 선물의 만기가 돌아오면, 70달러에 산 1월물을 75달러에 팔고 80달러에 2월물을 사야 해. 그 다음 2월물의 만기가 돌아왔어. 80달러에 산 2월물을 85달러에 팔고, 3월물을 90달러에 매입해야 해. 3월물 만기 때도 마찬가지야. 롤오버 비용을 고려하지 않고 선물 가격만 보면 70달러에서 100달러로 30달러의 시세차익이 났어. 하지만 롤오버 과정에서 -11.46달러의 비용이 발생했어. 실질 순익은 18.54%에 불과한 거야. 다시 말해 3달 동안 적어도 12달러 이상 선물 가격이 오르지 않으면 되레 손해를 보는 구조라는 거지.

콘탱고의 예

최초 1월만기선물 1계약을 70달러에 매수 후 만기 시 75달러에 매도하여 5달러의 이익금을 확보할 수 있다. 그런데, 2월만기선물가격은 콘탱고로 인해 80달러이므로 1월만기선물 매도금액 75달러로는 2월 만기선물을 1계약이 아닌 0.9375계약밖에 매수하지 못한다. 따라서, 2월만기선물은 만기 시 85달러에 매도하더라도 이익금은 5달러가 아닌 4.6875%가 된다. 3월만기선물로 롤오버하는 과정에서도 같은 방법으로 계산하면 이익금은 10달러가 아닌 8.854달러가 된다.

	1월만기선물	2월만기선물	3월만기선물	롤오버 효과 반영	롤오버 효과 미반영
매수가격	70(E)	80	90	총손익 = 18.54 (A+B+C)	총손익 = 30 (D-E)
매도가격	75	85	100(D)		
보유계약수	1계약	0.9375계약 (75/80)	0.8854계약 (79.6875/90)		
평가액	75.00	79.6875	88.5417		
투자성과 (이익/손실)	5 (75-70)x1(A)	4.6875 (85-80) x0.9375(B)	8.854 (100-90) x0.8854(C)		

이상과 같이 롤오버 효과를 반영한 실제 투자수익을 모두 합하면 총 이익금은 18.54달러가 되는 것이다. 롤오버 효과는 고려하지 않고 선물 가격만을 비교해보면 마치 30달러의 이익이 있는 것으로 오해할 수 있으나, 실제로는 롤오버 과정에서 -11.46달러의 롤오버 효과가 발생한 것이다. 이처럼 콘탱고 상황은 투자성과에 부(-)의 영향을 준다.

백워데이션의 예

최초 1월만기선물 1계약을 70달러에 매수 후 만기 시 68달러에 매도하여 -2달러의 손해를 보았다. 그런데, 2월만기선물 가격은 백워데이션으로 인해 65%이므로 1월만기선물 매도금액 68달러로는 2월만기선물을 1계약이 아닌 1.0462계약을 매수할 수 있다. 이후 2월만기선물을 만기 시 62달러에 매도하면 손실액은 -3달러가 아닌 -3.1386달러가 된다. 3월만기선물로 롤오버하는 과정에서도 같은 방법으로 계산하면 손실액은 -5달러가 아닌 -5.4055달러가 된다.

	1월만기선물	2월만기선물	3월만기선물	롤오버 효과 반영	롤오버 효과 미반영
매수가격	70(E)	65	60	총손익 = -10.54 (A+B+C)	총손익 = -15 (D-E)
매도가격	68	62	55(D)		
보유계약수	1계약	1.0462계약 (68/65)	1.0811계약 (64.8644/60)		
평가액	68.00	64.8644	59.4605		
투자성과(이익/손실)	-2 (70-68)x1(A)	-3.1386 (62-65) x1.046(B)	-5.4055 (55-60) x0.081(C)		

이상과 같이 롤오버 효과를 반영한 실제 투자수익을 모두 합하면 총 손실금액은 -10.54달러가 되는 것이다. 롤오버 효과는 고려하지 않고 선물 가격만을 비교해보면 마치 -15%의 손해가 난 것으로 오해할 수 있으나, 실제로는 롤오버 과정에서 +4.46달러의 롤오버 효과가 발생할 것이다. 이처럼 백워데이션 상황은 투자성과에 정(+)의 영향을 준다.

🙍 생각보다 롤오버 효과가 엄청크네요? 이것도 모르고 선물 투자를 했다간 큰일 날 뻔 했어요.

🙎 당연하지. 특히 장기 투자 시에 발생하는 롤오버 효과는 총 투자 수익률을 떨어뜨릴 수 있어.

단기 공격투자에 적합한 원유 ETF · ETN

🙎 롤오버 효과까지 이해했으면, 이제야 원유 투자를 할 수 있는 기본기를 탑재한 거야. 이제 본격적으로 투자 전략을 세워보자.

🙍 네. 좋아요. 근데 눈에 보이는 실물 투자가 훨씬 더 어렵네요. 차라리 안 보이는 파생상품이 더 쉬울 거 같아요.

🙎 하하. 그거 잘 됐네. 지금부터는 보이지 않는 파생상품으로 투자하는 법을 알아볼 거야. 투자 기간과 상품에 따라 원유에 투자하는 방법도 정말 다양하거든.
먼저 단기 투자법이야. 3개월 미만의 단기 투자법으로 가장 손 쉬운 상품이 뭘까?

아하! 이럴 때 써먹으려고 앞에서 그 많은 공부를 한 거네요! 단기 투자라고 하면 주식처럼 쉽게 사고 팔 수 있는 ETF죠. ETF랑 썸 타는 ETN도 괜찮고요. 원유선물 지수를 추종하는 ETF 또는 ETN을 강력 추천합니다!!

오~. 누가 키웠는지 몰라도 재테크 신동들인데? 그래 맞아. 단기 투자라면 실시간 매수, 매도가 가능해야 해. 이럴 땐 원유선물 가격을 추종해야 하니까, 이를 기초지수로 하는 ETF나 ETN이 적합해. 이제 우리가 할 일은 원유선물 지수를 추종하는 ETF, ETN 상품을 찾으면 돼.

그것도 식은 죽 먹기죠. 한국증권거래소(KRX) 사이트에 가서 원자재를 기초지수로 하는 상품을 검색하면 바로 나오잖아요.

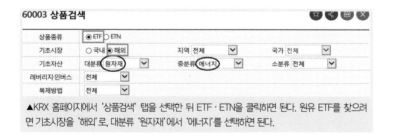

▲KRX 홈페이지에서 '상품검색' 탭을 선택한 뒤 ETF · ETN을 클릭하면 된다. 원유 ETF를 찾으려면 기초시장을 '해외'로, 대분류 '원자재'에서 '에너지'를 선택하면 된다.

이야~ 이제 정말 하산해도 되겠는데? 그럼 직접 찾아볼까. 2016년 2월초 현재 원유선물을 기초 지수로 하는 ETF는 2개야. TIGER원유선물(H)은 국제 원유 가격이 1배 오를 때 1배가 상승하는 구조야. 더 정확히 설명하면 미국 스탠다드앤드푸어스(Standard&Poor's)가 발표하는 WTI 선물 지수인 S&P GSCI Crude Oil Enhanced Index(ER)를 1배수로 추종해.

TIGER원유인버스선물(H)은 수익 구조가 반대인 ETF야. 국제 유가가 1배 떨어질 때 1배 수익이 나는 구조지.

사실 국제 유가 급락 전까지만 해도 TIGER원유선물 ETF의 존재감은 거의 없었어. 변동성이 적다 보니 거래량도 많지 않았지. 2014년 11월 30일까지만 해도 하루 거래량이 4만 2771주에 불과했어. 하지만 이듬해 2월 28일엔 342만 7269주로 60배 넘게 껑충 뛰었어. TIGE원유선물(H)이 투자자들 사이에서 주목받는 핫한 ETF가 된 건 불과 2년이 채 되지 않아.

국내 원유 ETF 개요

ETF명	기초지수	상장일
TIGER원유인버스선물(H)	S&P GSCI Crude Oil Index (Excess Return)	2015/04/29
TIGER원유선물(H)	S&P GSCI Crude Oil Enhanced Index (ER)	2010/08/02

사실 국내 원유 관련 파생상품의 종류는 ETN이 더 다양해. 신한금융투자에서 전략적으로 원자재를 기초지수로 하는 ETN 상품을 많이 선보였거든. 특히 2월 25일엔 국내 최초로 원유선물 레버리지 상품이 출시됐어.

국내 원유 ETN 개요

ETN명	기초지수	상장일
신한WTI원유선물 ETN(H)	DJCI Crude Oil TR	2015/10/28
신한인버스브렌트원유선물 ETN(H)	DJCI Inverse Brent Crude TR	2015/06/18
신한인버스WTI원유선물 ETN(H)	S&P GSCI Inverse Crude Oil Index Total Return	2015/04/15
신한브렌트원유선물 ETN(H)	Dow Jones Commodity Index Brent Oil TR	2015/04/15

🧑‍🦰 언니, 근데 원유선물 ETN 상품들의 차이점이 뭔지 잘 모르겠어요. 똑같은 원유선물 지수를 추종하는데 뭐가 다른 거죠?

👩 상품의 이름을 자세히 봐봐. WTI원유선물이 들어가는 ETN이 있고, 브렌트원유선물 ETN이 있을 거야. 이름에서도 알 수 있듯이 추종하는 기초지수가 달라. 신한브렌트원유선물 ETN(H)은 영국 북해산 원유의 선물 지수를 추종해. 일반적으로 국제 원유를 이해할 땐 WTI 가격을 말하지만 브렌트유도 3대 유종 중에 하나야.
하지만 무엇보다 중요한 사실이 있어. WTI보다 브렌트원유의 롤오버 비용이 적어. 과거 10년간 WTI원유선물의 롤오버 비용이 0.94%였던 반면 브렌트원유선물은 0.42%로 절반 정도였어.

👧 정말요? 롤오버 비용이 적다는 건 고정비용이 낮다는 의미고, 수익률엔 플러스 효과네요.

2015년 4/4분기 ETN 수익률 상위 10종목

	종목명	수익률(%)
1	신한인버스브렌트원유선물 ETN(H)	29.8
2	신한인버스WTI원유선물 ETN(H)	26.1
3	삼성바이오테마주 ETN	23.9
4	octo제약TOP5 ETN	19.9
5	octo에너지TOP5 ETN	17.6

〈출처: 한국증권거래소〉

물론이지. 2015년 4분기 ETN 수익률 상위 5종목을 보면 인버스원유 선물 ETN이 나란히 1, 2위를 차지했어. 이중에서도 눈여겨 볼 건 브렌트원유선물 ETN의 수익률이 29.8%로 WTI원유선물 ETN(26.1%)보다 3.7% 포인트나 더 높다는 거야. 이 차이가 바로 롤오버 비용에서 오는 거야. 같은 기간 TIGER원유인버스선물(H)의 수익률은 25.2%야. WTI원유선물의 역방향이라는 같은 구조지만 ETN의 추적오차가 적다 보니 수익률에서도 차이가 나.

2015년 4분기 ETN 수익률을 보니, 원유 인버스 투자를 안 한 게 너무 아쉽네요. 수익률이 무려 30%에 달해요.

지금이라도 늦지 않았어. 더 공격적인 레버리지 투자법도 얼마든지 있어. 미국에 상장된 원유 ETF에 투자하면 3배 레버리지는 물론, 3배 인버스 투자도 가능해.

먼저 미국에 상장된 레버리지 1배 상품부터 알아보자. USO(UNTD ST OIL FUND)는 WTI선물 지수가 1배 오르면 1배 수익이 나는 구조야. 가장 일반적인 원유선물 ETF라고 할 수 있지. 반대로 WTI선물 지수가 떨어질 때 1배 수익이 나는 ETF는 DNO(US SHRT OIL FD)야. 보다 공격적인 투자자들은 유가가 오를 때 2배 레버리지인 UCO (PRSH DJ-UBS CRD)와 떨어질 때 2배 인버스인 SCO(PRSH US DJUBS CR)를 활용할 수 있어.

아주 공격적인 투자를 하는 상품은 레버리지 3배짜리인데 오를 때 3배는 UWTI(CS LONG CRUDE)이고, 떨어질 때 3배는 DWTI(CS VEL 3X INV CR)야. 이건 언니가 선호하는 ETF이기도 해.

미국 원유 ETF 개요

레버리지 비율	유가 상승 시	유가 하락 시
x1	USO(UNTD ST OIL FUND)	DNO(US SHRT OIL FD)
x2	UCO(PRSH DJ-UBS CRP)	SCO(PRSH US-DJUBS CR)
x3	UWTI(CS LONG CRUDE)	DWTI(CS VEL 3X INV CR)

보이는 원자재 투자의 시작, 원유

국내 원유 투자 상품 운용방식과 상품별 수익률의 차이

원유선물 ETN, ETF는 상품에 따라 롤오버 방식이 다르다. 신한 ETN은 매달 롤오버를 하며 다음 달로 넘어가는 시기에 20%씩 5번에 걸쳐 진행한다. 이 때문에 롤오버 효과가 상품의 수익률에 정확하게 반영된다.

국내 원유 투자 상품 운용방식

상승투자 1배	신한WTI원유선물 ETN(H) Code: 500015	신한브렌트원유선물 ETN(H) Code: 500004	TIGER원유선물(H) ETF
하락투자 -1배	신한인버스WTI원유선물 ETN(H) Code: 500003	신한인버스브렌트원유선물 ETN(H) Code: 500005	
레버리지 2배	신한레버리지WTI원유선물 ETN(H) Code: 500019		
기초지수	DJCI Crude Oil TR	DJCI Brent Crude Oil TR	S&P GSCI Oil Enhanced(ER)
지수운용	매월 근월물에서 차월물로 롤오버, 매월 5영업일부터 9영업일 5일간 20%씩	매월 근월물에서 차월물로 롤오버, 매월 5영업일부터 9영업일 5일간 20%씩	근월물 원월물 가격차 0.5% 기준 가. 발생시점이 상반기(1월~6월)인 경우 : 당해년도 12월로 롤오버 나. 발생시점이 하반기(7월~12월)인 경우 : 익년도(다음해) 12월로 롤오버
환노출	100% 환헤지	100% 환헤지	일부 노출
비교상품	1. USO(United States Oil) ·유가관련 최대 판매 상품 –4조 ·신한WTI원유선물 ETN(H) 동일지수 2. UWT ·WTI 1일 수익률 3배 복제 –1조 ·신한WTI원유선물 ETN(H) 동일지수		없음
투자시 장점	1. 보유기간만큼 WTI 근월물 선물을 보유하는 효과 2. 해외 ETF 투자대비 ·환전 비용 없음 ·환노출 0% ·매매 수수료 낮음(증권거래세 無)	1. 보유기간만큼 브렌트 근월물 선물을 보유하는 효과 2. 해외 ETF 투자대비 ·환전 비용 없음 ·환노출 0% ·매매 수수료 낮음(증권거래세 無)	1. 원월물 보유로 수익률 유가 등락에 따른 민감도 낮음

반면 TIGER원유선물 ETF는 만약 근월물과 원월물의 가격차가 0.5% 이상 벌어질 경우 매달 롤오버를 실시하지 않는다. 이럴 경우 당해 12월물을 보유하는 전략을 쓴다. 이럴 경우 유가 등락에 따른 수익률 민감도가 떨어진다.

방법론에 따른 수익률 변동성

· 최근 유가 반등 시 유가 상품 수익률 비교

Date	신한브렌트원유선물 ETN	신한WTI원유선물 ETN	신한레버리지WTI 원유선물 ETN	Tiger원유선물 ETF(H)
2016-02-25	4,915원	5,835원	9,485원	3,470원
2016-03-08	5,640원	6,785원	12,760원	3,800원
수익률	14.8%	16.3%	34.5%	9.5%
차이 발생이유	브렌트원유 5월물	WTI원유 4월물	WTI원유 4월물	WTI원유 12월물

· 최근 유가 반등 시 유가 상품 수익률 비교

Date	브렌트원유 5월물	WTI원유 4월물	WTI원유 4월물	WTI원유 12월물
2016-02-25	35.18$	32.26$	32.26$	39.60$
2016-03-08	40.35$	37.51$	37.51$	43.49$
수익률	14.7%	16.3%	16.3%	9.8%

롤오버 운용방식에 따라 유가 반등 시 수익률에서도 차이가 난다. 2016년 2월 이후 유가 급반등 시기에 매달 롤오버를 하는 신한WTI원유선물 ETF는 16.3%, 신한레버리지WTI원유선물 ETN은 34.5%의 수익률을 냈다. 이는 유가 변동이 상품 수익률에 그대로 반영된 것이다.

하지만 매달 롤오버를 하지 않고 12월물을 보유했던 TIGER원유선물 ETF(H)는 9.5%의 수익률을 냈다.

중장기에 적합한 DLS, 원유생산기업 투자

🧑 단기 공격투자는 그야말로 최소 1개월, 최대 6개월 이내 기간에 적합해. 레버리지 ETF의 수익률이 투자 기간에 비례하는 건 기억하고 있지? 그러니까 ETF나 ETN은 막연히 '유가가 오를 때 따라 오르겠지'라는 안일한 생각으로 투자해선 곤란해. 적어도 6개월 이상 장기 투자를 하려면 다른 투자 상품을 찾아야지.

🧑 앗, 허를 찔린 느낌이에요. 언니 말대로 '그냥 묻어두면 오르겠지' 하고 ETF 분할 매수를 생각했거든요.

🧑 뭐야. 앞에서 레버리지 ETF의 '복리 효과'에 대해 밑줄 좍좍 그어가며 공부했잖아. 변동성이 큰 시장에선 투자 시점 대비 가격이 올라도 투자 수익률은 마이너스가 될 수 있어. 사실 롤오버 효과보다 더 치명적인 게 널뛰는 변동성이야. 지금처럼 하루에도 5%씩 유가가 널뛰기하는 시장에서 ETF 장기 투자는 적합하지 않아.

🧑 그것 참 난감하네요. 매일 유가 체크하면서 실시간 매매 타이밍을 잡기가 힘든 것 같아요. 그런 바쁜 직장인들이 원유에 장기 투자하고 싶을 때 좋은 방법이 없을까요?

왜 없겠어? 이미 친구들이 알고 있는 금융 상품으로도 얼마든지 가능해. 힌트는 복불복 투자 상품이야.

아하! ELS요?

그래. 맞아. 가정법의 확률 게임 기억나지?

근데 ELS는 주가지수에 연동되는 상품이잖아요?

그치. 하지만 주가지수 대신 원유선물 지수를 활용할 수도 있어. 주가지수가 아닌 원자재 등 실물 선물지수로 만든 ELS를 파생결합증권(DLS, derivative linked securities)이라고 불러. 수익 구조는 ELS랑 똑같아. 다만 수익률의 근거가 되는 기초자산이 실물에서 선물 가격으로 바뀐 것 뿐이야. DLS의 기초지수로 쓰일 수 있는 실물은 원자재뿐만 아니라 통화 등 다양해.

그럼 'A가 B까지 빠지지 않으면 C만큼 수익을 준다'는 ELS와 같은 수익 구조인가요?

이젠 정말 척척박사네. 맞아. DLS도 만기까지 일정 수준 이하로 떨어지지 않으면 수익률을 보장하는 구조야. ELS의 만기는 대부분 3년이지만, 원유 DLS는 리스크를 줄이기 위해 1년~1년 6개월 정도로 짧은 편이야.

DLS 투자법도 ELS랑 동일해. 유가가 낮은 시점의 낙인, 조기상환 조건 등을 확인해야 돼.

원유선물 DLS 상품구조

NH투자증권(DLS)2075

📄 투자설명서 | 📄 간이투자설명서

만기 1년, 원금비보장형, 매 3개월마다 조기상환 조건, 조기상환조건 충족시 연8.0%의 수익률				
기초자산	WTI 선물(WTI Crude Oil), 브렌트 선물 최근월물(Brent Oil)			
상품유형	(상품등급:고위험 2등급) 스텝다운 조기상환형(95-90-85-80/45KI) 낙인 조건			
예상연수익률 (세전)	8.0%	원금보장여부	비보장형	청약기간	2016.02.11 ~ 2016.02.12

예를 들어 지난 2016년 2월 11~12일에 청약한 NH투자증권(DLS)의 기초자산은 WTI선물과 브렌트선물 최근월물이야. 기초자산이 2개니까 3개로 구성된 ELS보다는 확률적으로 유리하다고 볼 수 있어. 이때 당시 국제 유가가 배럴당 28달러 선이니까 상당히 낮은 수준이야.

낙인 조건은 45야. 최초 기준일 이후 만기 전까지 적어도 55% 이상 빠지지 않으면 되는 거야. 배럴당 28달러에서 55%가 떨어지면 12.6달러야. 다시 말해 WTI선물과 브렌트선물이 12.6달러 이하로만 빠지지 않으면 낙인은 면해.

만기가 1년이고 3개월마다 조기상환 평가일이 돌아와. 앞에서 2016년 3분기 이후 유가 상승이 예상됐잖아? 2차 또는 3차 조기상환 평가일에 환급을 받을 가능성이 높다는 걸 예상할 수 있어.

 이야~. 처음엔 힘들어도 ELS 공부를 해놓으니 DLS도 엄청 쉽네요.

6개월 이상 장기 투자고 향후 유가 상승이 예상된다면 오히려 DLS 투자가 편할 수도 있겠네요. 게다가 연 8% 수익률이면 완전 매력적이네요.

그래도 유가가 100달러일 때 들어가 막심한 손해를 본 투자자들은 DLS라면 쳐다보기도 싫을 걸?
마지막으로 '최장기 간접투자법'이야. 직접 원유선물에 투자하는 게 아니라 1년 이상 장기로 대안투자를 하는 거지.

오호. 그런 투자법도 있어요?

그럼. 유가 상승으로 수혜를 보는 섹터를 찾으면 돼. 예를 들어, 원유 생산기업에 투자하는 거야. 저유가로 지속적인 구조조정이 일어났고 여기서 살아남는 기업들이 이윤을 독차지하게 될 거란 예상이야.

아하. 그럼 원유생산기업 중에서 절대로 망하지 않을 곳을 찾으면 되겠네요?

근데 그게 말처럼 쉬운 일은 아니야. 이럴 땐 한 기업에만 집중 투자를 하는 것보다 리스크를 줄이고 분산 투자할 수 있는 ETF를 활용할수 있어.
국내에 상장된 미국원유생산기업 ETF는 KB자산운용의 KStar미국

원유생산기업(합성 H)이 유일해. 미국 에너지 기업에 투자하는 ETF
는 있었지만 미국 내 원유 탐사 및 생산업종에 특화된 ETF는 이 상

순위	기업명
	원유생산기업 상위 TOP10
1	Clean Energy Fuels Corporation
2	Rosetta Resources Inc
3	EP Energy Corp
4	Matador Resources Co
5	Range Resources Corp
6	WPX Energy Inc
7	Rice Energy Inc
8	Cabot Oil & Gas A
9	Oasis Petroleum Inc
10	Laredo Petroleum Inc

품이 처음이야. 미국 주식 시장 상장기업 중 원유·가스 탐사 및 생산 기업으로 구성된 S&P Oil&Gas

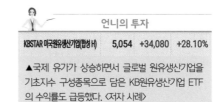

Exploration&Production Select Industry 지수를 추종해. 기초지수에 포함된 상위 10개 기업을 살펴보면 덴버리리소시즈, 마라톤 오일, 쉐브론 등의 기업들이 포함됐어.

 생소한 기업들이지만 일단 원유생산업계 구조조정이 성공한다면, 확실히 수익은 날 것 같아요.

재테크 MEMO

원유생산기업 ETF

Energy Select Sector SPDR Fund(XLE)는 엑손 모빌, 쉐브론 등 에너지 관련 기업을 편입하고 있는 ETF다. 에너지 관련 주식을 편입하고 있어 WTI 선물을 직접 편입한 USO 등과 달리 롤오버 비용이 발생하지 않는다. 원유생산시장의 대표 기업들로 구성되어 있어 개별 기업 고유리스크가 완화된다는 점도 긍정적이다.

XLE의 섹터 비중

천연가스 0.44%
오일 가스 시추 1.36%
석탄 0.26%
오일 가스 7.00%
오일 관련 서비스 및 장비 16.92%
오일 가스 정제와 마케팅 47.10%
오일 가스 탐사 및 생산 26.93%

〈자료: SSgA, NH투자증권 리서치센터〉

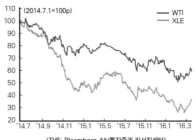

WTI 가격과 XLE 주가 추이

(2014.7.1=100p)
— WTI
— XLE

〈자료: Bloomberg, NH투자증권 리서치센터〉

롤오버 효과 없이
장기 투자하는 법

유가 단기반등 = 러시아 투자 기회

유가에서 반등 기회를 찾는다면 유가와 동행성이 높고 선물투자로 인한 롤오버 효과 없이 수혜를 기대할 수 있는 러시아 투자를 고려할 수 있다. 특히 환헤지를 하지 않고 노출시킬 경우 이머징 통화 상승으로 인한 통화절상 수혜도 기대할 수 있다. 유가 상승 방향 ETF 투자 시 달러 강세는 수익률을 떨어뜨릴 수 있지만 러시아 루블화는 유가와 같은 방향으로 움직이는 경우가 많았다.

미래에셋대우증권이 러시아 투자 상품으로 추천하는 ETF는 미국에 상장된 '마켓벡터러시아 ETF(Market Vectors Russia ETF · RSX)다. 스베르방크오브러시아(8.2%), 가스프롬 PAO(8.1%), 루크오일(RU) 등이 주요 투자 종목이다.

6개월 이상 장기 관점에선 에너지 관련 펀드 투자도 고려할 만하다. 특히 최근 부활한 해외 펀드 비과세

▲해외전용 앱을 통해 러시아 ETF 투자를 할 수 있다.

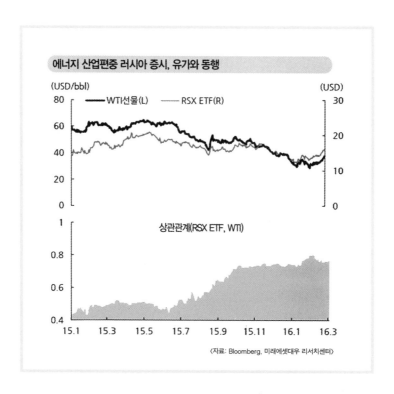

에너지 산업편중 러시아 증시, 유가와 동행

〈자료: Bloomberg, 미래에셋대우 리서치센터〉

계좌를 활용하면 세제 혜택까지 챙길 수 있다. 올초 대비 원자재, 에너지 관련 비과세 해외 펀드 수익률이 높게 나타났다.

국내 원자재 펀드로는 '블랙록월드에너지증권자투자신탁(주식-재간접형)(H)(C1)', 'IBK글로벌에너지원자재증권자투자신탁[주식]A', '유리글로벌천연가스증권자투자신탁H[파생결합증권-파생형] C/A-e' 등이 있다.

원유 생산기업에 투자하라

최근 개인 투자자도 국제 원유, 금·은 등 원자재 가격이 아주 낮은 수준이란 사실을 잘 알고 있다. 문제는 과연 원자재 시장에 다시 '봄날'이 올 것인가라는 점이다. 국내 원자재 시장 전문가인 이석진 원자재해외투자연구소 소장과 손재현 미래에셋대우증권 연구원에게 앞으로 시장 전망과 개인 투자자들의 투자법에 대해 들어봤다.

1. 2016년까지 40~60달러 횡보장 지속

▶성선화 기자(이하 성) = 연초부터 일반 투자자들도 원자재 관련 상품에 대한 관심이 부쩍 늘었다. 지난해 말 국제 유가가 배럴당 50달러 이하로 폭락하면서 가격 메리트가 높아진 것 같다.

▶손재현 미래에셋대우증권 연구원(이하 손) = 사실 지난 5년간 원자재 시장은 지속적으로 하락 추세다. 원유, 금, 은, 천연가스 등 대부분의 원자재 가격이 최저치를 기록하고 있다.

▶성 = 일단 원자재 가격이 싸다는 데는 동의한다. 하지만 싸다고 무조건 다시 오르는 것은 아니다. 언제까지 이런 저유가 시대가 이어질지에 대한 관심이 높다.

▶이석진 원자재해외투자연구소 소장(이하 이) = 전문가들의 시장 예측은 항시 옳지 않다. 다만 저금리 시대가 3개월 또는 6개월 내에는 끝나기 어렵다

는 점은 분명하다. 지금의 저금리는 수요보다 공급이 초과하는 시장의 구조적 원인에 기인한다. 가변 변수에 의한 일시적 현상이 아니다.

▶손 = 원자재 공급은 생산 사이클의 주기가 길다. 초기에 막대한 투자 비용을 투입해 시설을 만들고 나면 이익이 나든 나지 않든 지속적으로 생산해야 한다. 현재 원유, 금 등 가격은 채굴 원가의 마지노선과 같은 수준이지만, 생산량이 급격히 줄지 않는 이유이기도 하다.

▶이 = 저유가 시대가 끝이 나려면 원자재 생산 기업들의 구조조정이 진행돼야 한다. 2008년 글로벌 금융위기가 부동산 부실채권에서 도래했다면 이후의 위기는 에너지 기업의 정크본드에서 올 수 있다. 하지만 에너지 기업들의 도산이 실질적으로 글로벌 경제에 미치는 영향은 적지 않으리라고 본다. 원자재 등의 가격 하락은 오히려 소비 진작에 도움이 되는 측면도 있기 때문이다.

▶성 = 정리하면 부실 에너지 기업의 도산으로 구조조정이 마무리되기 전까지는 지금과 같은 저유가 시대가 이어질 것이라고 봐도 되나.

▶손 = 그렇다. 현재 부실 에너지 기업들의 도산 징후가 포착되고 있다.

▶이 = 만약 부실 에너지 기업이 제대로 정리되지 않은 채 유가가 다시 오르면 여전히 잠재 리스크를 안고 가는 셈이다.

2. 레버리지 ETF, 간접투자 추천

▶성 = 그렇다면 개인 투자자들은 어떤 투자 전략을 짜야 할까.

▶손 = 저유가 횡보장이 이어질 때는 공격적인 레버리지 상품이 맞지 않다. 원유선물 ETF는 선물 거래의 특성상 매달 비용이 발생하는 구조다. 가만히

보유만 하고 있어도 손해를 보는 구조이기 때문에 반등의 기조가 보일 때 ETF 상품에 투자하는 게 낫다.

▶이 = 보다 안정적인 투자를 원한다면 원유를 생산하는 기업에 투자하는 ETF를 추천한다. 장기적으로 저유가 시장의 승자가 원자재 시장을 독점하게 될 것이다. 직접 원자재 시장에 투자하기보다는 리스크를 낮추는 간접 투자를 추천한다.

▶성 = 미국의 원유 생산 기업이라면 체사피크, 옥시덴탈페트리움 등을 말하나. 저유가 시장에서 살아남을 기업은 어떻게 찾아내나.

▶이 = 에너지 기업 역시 덩치 큰 기업이 자본 싸움에서 이길 수밖에 없다. 가장 확실한 기업들은 엑손 등 대기업들이다. 하지만 이들 기업은 이미 가격이 많이 올랐고 높은 수익률을 기대하긴 어렵다.

▶손 = 지금 시점에서 원자재 DLS를 추천하면 많은 투자자가 고개를 절레절레 흔들 수도 있다. 사실 지금이 원자재 DLS에 투자하기에는 가장 좋은 시점이라고 할 수 있다. 현재 배럴당 45달러 수준에서 절반 이상 떨어지면 20달러 수준으로 떨어져야 하는데 확률적으로 상당히 낮다고 볼 수 있다.

▶이 = 물론 배럴당 20달러까지 떨어질 수는 있다. 실제로 최근 모건스탠리의 리포트를 보면 배럴당 20달러까지 간다는 전망이 나오기도 했다.

〈출처: 이데일리 신문, 2015년 10월 13일〉

통일 대비
최고의 재테크,
금

CHAPTER
06

위기에 강한 재테크 금

🙎 어때? 원자재 투자도 할 만하지? 그런데 원유만큼 우리한테 친숙한 원자재가 또 있어. 여자들은 액세서리로, 부자들은 덩어리로 이걸 가지고 싶어해. 언니도 길쭉한 바를 본 적이 있는데, 보기만 해도 흐뭇한 웃음이 나더라고.

🙍 아하! 뭔지 감 잡았어요. 반짝반짝 금! 아닌가요?

🙎 그래 맞아. 오늘은 원자재 중에서도 금 투자에 대해 알아볼 거야. 원유와 함께 실물 원자재 투자로 분류되지만, 이 둘 간엔 극복할 수 없는 간극이 있지. 원유는 딱 보기에도 시커멓고 안 예쁘잖아? 미적인 가치는 전~혀 없어. 하지만 예쁘게 반짝이는 금은 달라. 존재만으로도 보는 이들에게 행복감을 주지.

🙍 아직까지 골드바를 한 번도 본 적이 없어서요. 언니가 자꾸 자랑하니까 꼭 한번 보고 싶네요. 골드바는 많이 비싼가요?

🙎 보통 골드바는 1kg짜리를 말해. 예전에는 1kg 골드바 하나에 6,000만 원 이상 가기도 했지만 최근엔 가격이 떨어져 4,000만 원 정도야.

네? 4,000만 원이요?

그래. 휴대폰 크기보다도 작은 골드바 한 개가 웬만한 차 한 대 값이 지? 그러니까 단위 가격당 효율이 엄청 좋은 거야. 갑자기 전쟁이라 도 나면 골드바 몇 개만 챙겨가도 굶어죽진 않겠지? 그래서 전문가들 은 "통일 대비 최고의 재테크는 금"이라고 말해. 금값은 글로벌 경제 상황이 불안하고 위기가 고조될수록 치솟아. 실제로 2016년 초 글로 벌 시장이 요동치면서 금값도 급등했어.

▲〈출처: KRX금거래소〉

2015년 12월 18일 트로이온스당 1,050달러 선이었던 국제 금 선물시 세는 2016년 2월 초 1,200달러를 넘어섰어. 불과 두 달 만에 20% 가 까이 오른 거야. 실제로 언니가 연초 투자했던 금 선물 관련 ETF의 수익률은 최고 110%에 달해.

DXN GOLD MN BL3X	89.43	3
뉴욕	110.19%	3

▲골드선물지수 일 수익률의 3배 수익을 추종하는 ETF(NUGT)의 연초 대비 수익률(2016년 2월 12일 기준)은 110.19%다. 주당 27.05달러에 3주를 매수해 현재가 56.8692달러로 98.43달러로 순익을 냈다.

KINDEX 골드선물 레버리지(합성 H)	9,510	+138,090	+29.04%

▲골드선물지수 일 수익률의 2배 수익을 추종하는 국내 ETF의 연초 대비 수익률(2016년 2월 12일 기준)은 29.04%다. 평균 주당 9,510원에 매수해 현재가 1만 2,275원으로 급등했다. 〈저자 사례〉

우와. 대박이네요. 앞으로도 계속 오를까요?

하하. 그걸 알면 돗자리 깔아야지. 하지만 원리는 원유 가격 예측과 동일해. 최근 5년 새 금값이 많이 빠졌지만, 앞으로의 가격은 수요와 공급 데이터를 찾아봐야지. 금 관련 자료들은 세계금위원회(world gold council) 사이트에서 얼마든지 구할 수 있어. 그럼 홈페이지(www.gold.org)에 접속해볼까?

전 세계 금 수요를 보면 쥬얼리 등의 장식용 수요가 전체의 50% 이상을 차지해. 그다음으로 투자용과 산업용이 각각 26%, 10% 정도야. 각 나라의 중앙은행 보유량이 11% 정도지.

▲중앙은행의 4분기 금 구매가 33톤 증가했다. 인도는 홍수와 지방소득 약화에도 불구하고 금 수요가 4분기에 급속도로 증가했으며, 4분기에 이루어진 전체 금 수요 중 27%는 중국인에 의한 것으로 집계됐다. 〈출처: 세계금위원회〉

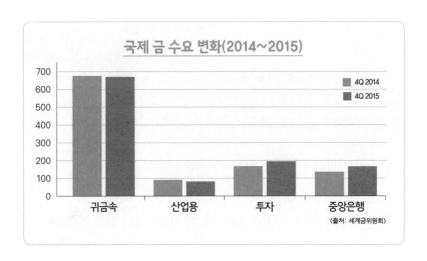

국제 금 수요 변화(2014~2015)

〈출처: 세계금위원회〉

국가별로는 중국과 인도가 글로벌 전체 금 수요의 절반 이상을 차지해. 그러니까 이 두 나라에서 수요가 얼마나 늘어났는지만 봐도 전체 시장의 증가량을 가늠할 수 있어. 2015년 4분기엔 중국에서만 금수요가 27%나 급증했지.

전문가들은 중국과 인도의 올해 금 수요는 지난해보다 더 증가할 걸로 예상해. 글로벌 경제 상황이 불안해지면서 안전자산으로 금을 보유하려는 수요가 점차 늘어날 거란 분석이야. 게다가 지속적인 양적완화로 돈의 가치가 하락하면 장기적으로 금 가격은 상승할 가능성이 높아.

흠. 수요 측면만 보면 금값은 상승 가능성이 높아 보여요. 하지만 공급량도 같이 봐야죠! 앞에서 원유 공부할 때도 그랬지만, 수요가 증가한다고 항상 가격이 오르는 게 아니잖아요.

오~ 정말 제법인데? 맞아. 공급 측면도 같이 고려해야지. 세계 최대 금광업체인 배릭골드에 따르면 2016년 이후 금광 공급은 축소될 전망이야. 이미 금 시세는 채굴 원가인 트로이온스당 1,200달러 수준 아래로 떨어졌으니까. 새로운 금광 개발 프로젝트가 지연되고 개발 속도도 둔화되고 있어. 원유값이 떨어지면서 업계 구조조정이 일어났듯이, 주요 금광업체들의 재무상황도 악화되는 상황이야. 전문가들은 2016년 글로벌 금 생산량은 전년 대비 3% 감소할 것으로 예상하고 있어.

▲2015년 국제 금선물 시세. 연초 온스당 1,300달러선까지 치솟았다가 연말에 1,050달러선까지 떨어졌다.〈출처: investing.com〉

공급은 줄어드는데 수요가 늘어나면 이론적으로는 금값 상승이 예상되네요.

물론 그렇지. 하지만 연초 급등세는 과거 10년 동안 반복돼온 '1월 효과'의 영향도 커. 금값은 춘절 등으로 중국의 수요가 늘어나는 1월에 급등했다가 연말로 갈수록 떨어지는 패턴을 보이거든. 2015년의 경우도 1~2월에 급등했다가 연말로 갈수록 가격이 점점 떨어졌어.

금 수요도 계절을 타는군요! 이 패턴대로라면 하반기에 분할 매수했다가 이듬해 3월 전에 매도하면 되겠네요.

재테크 MEMO

국제 금 시세 어디에서 확인할까?
- ▶영국 런던금시장연합회(http://www.lbma.org.uk/pricing-and-statistics)
- ▶미국 뉴욕상업거래소(http://www.hymex.com)
- ▶신한은행 금은가격전망(http://asset.shinhan.com/sandbox/index.jsp)
- ▶국민은행 골드시장동향(https://obank1.kbstar.com/quics?page=C024982)
- ▶우리은행 골드시장동향(https://spib.wooribank.com/pib/Dream?withyou=PSGLD 0017)
- ▶KEB하나은행 국제 금 시세전망(http://www.hanabank.com/nhana/finmall/trust/FinSub12/FinSub1203/index.jsp)

홈쇼핑 금테크 주의보

🙍‍♀️ 이제 금 투자도 감 잡았으니 직접 사러 가야겠어요. 안 그래도 요즘 TV 홈쇼핑에서 골드바를 많이 팔더라고요. 쪼그마한 10돈(37.5g)짜리라도 사봐야겠어요.

🙎‍♀️ 아이코. 지금 홈쇼핑에서 금을 사겠다는 거야? 아직 하산하려면 멀었네, 멀었어!

🙍‍♀️ 네? 뭐가 잘못됐나요? 홈쇼핑이 얼마나 편하다고요. 클릭 몇 번만 하면 돼요. 게다가 무이자 할부까지 해주고 배송도 무료예요.

🙎‍♀️ 홈쇼핑이 편한 거야 언니도 잘 알지. 근데 세상엔 공짜가 없잖아? 골드바 수수료가 얼마인지나 알고 좋아하는 거야?

🙍‍♀️ 에이. 그것까지 어떻게 알겠어요. 근데 물건 팔 때 유통 마진이야 다 붙잖아요.

🙎‍♀️ 지금 '판매 수수료 까짓 거 얼마나 되겠어?'라고 생각하는 거지? 근데 정작 수수료가 얼마나 큰지 알면 쉽게 얘기 못할 걸? 언니가 직접 취

재를 해봤는데 말이야. 2014년 말 기준으로 G홈쇼핑에선 골드바 5g짜리를 45만 원에, H홈쇼핑에선 70g짜리를 503만 원에 팔았어. 판매 단위가 다르니까 정확히 가격 비교 하기가 어려워. 1g 단위로 바꿔서 계산해보면, G홈쇼핑은 1g에 9만 원이고 H홈쇼핑은 1g에 7만 1,000원이야. 어때? 1g에 무려 2만 원 이상 차이가 나지? 이게 바로 판매 수수료 때문이야.

이거이거. 홈쇼핑 안 되겠네요! 교묘하게 어리바리한 고객들을 호갱으로 만드네요!

거봐. 언니가 홈쇼핑에서 금 산다고 했을 때 왜 아직 멀었다고 한지 알겠지? 2014년 말 당시, 판매단위를 1돈(3.75g)으로 환산해본 결과, N홈쇼핑이 37만 원으로 가장 비쌌어. 그다음으로 H홈쇼핑이 28만 2,000원, G홈쇼핑이 26만 6,000원, L홈쇼핑이 26만 2,000원 순이었어.

홈쇼핑 금값 비교

판매처	1돈(3.75g)	품질인증기관	제조사
KRX금거래소	175,000원	한국조폐공사	기타 협력업체
서울금거래소	18,4000원	GIA-GG(미국보석협회)	서울금거래소
한국금거래소쓰리엠	184,500원	한국조폐공사	한국금거래소쓰리엠
C오쇼핑	254,000원	한국조폐공사	미공개
L홈쇼핑	262,000원	한미보석감정원	(주)수골드
G홈쇼핑	266,000원	한미보석감정원	한국금거래소쓰리엠
H홈쇼핑	282,000원	LS니꼬	삼성귀금속 현물거래소

〈2014년 말 기준〉

국가공인 KRX금거래소 시세(18만 원)와 비교하면 최소 8만 원에서 최대 20만 원까지 차이가 났지.

헐. 역시 잘 모르면 바로 호갱이 되는 거네요. 홈쇼핑에서 금 샀으면 큰일 날 뻔했어요. 도대체 금은 어디서 사야 하나요?

물론 멀쩡한 은행들도 수수료는 다 받아. 중요한 건 판매 수수료를 꼼꼼히 따져보고 저렴한 곳을 찾아야지. 은행별로 수수료율도 천차만별이야. 신한은행의 경우 골드바의 중량에 상관없이 판매가의 5%의 수수료를 붙여. 국민은행은 10g엔 7%, 100g엔 5%, 1kg엔 4.9%의 수수료를 붙이지.

국민은행은 완전 속 보이네요. 10g짜리에만 수수료를 비싸게 받고 있

국민은행 골드바 판매 수수료

· 매매가격

골드바 살 때 = 기준가격×골드바 중량×(1+판매마진율)
골드바 팔 때 = 기준가격×골드바 중량×(1-매입마진율)

· 판매(매입)수수료

구분	10g	100g	1kg
판매마진율(고객매입 시)	7%	5%	4.9%
매입마진율(고객매도 시)		5%	

어요. 1kg짜리 골드바는 비싸서 엄두도 못 내는데, 수수료까지 더 많이 내네요.

수수료는 신한은행이 좀 저렴한 편이야. 게다가 인터넷 주문이 가능해. 친구들도 알다시피 금을 살 수 있는 곳은 도처에 널려 있어. 시중은행이 아닌 곳에서 금을 살 때도 수수료가 저렴한 곳을 찾는 게 좋아. 소매점이 아닌 도매점이 수수료가 저렴한 편이지.

서울 종로에도 금 도매상들이 많이 있는 것 같아요.

맞아. 종로 도매상을 이용하는 것도 나쁘지 않아. 하지만 이때도 반드시 따져봐야 할 게 있어. 금을 살 때는 '순도'가 가장 중요하거든. 그런데 말로는 순도 99.99%라고 해도 확인할 방법이 없잖아?

네? 순도 99.99%라고 쓰여 있는데, 그걸 믿을 수가 없단 말이에요?

물론이지. 금은 순도를 인정받을 수 있는 '검인 마크'를 반드시 확인해야 해. 만약 제대로 된 검인기관에서 인증 마크를 받지 못했다면, 나중에 금을 되팔 때 '검인료'를 추가로 내야 할 수도 있어.

아하. 순도를 검증하는 마크가 따로 있는 거군요!

그래 맞아. 국내에서 가장 보편적으로 통용되는 마크는 '태극마크'야. 순도 99.99%가 확인되면 태극무늬로 된 문양을 새겨주는 거지. 태극마크로 검증된 금을 샀다면 나중에 팔 때 굳이 검인료를 또 내지 않고 팔 수 있는 거야.

▲태극 마크로 검증된 10돈(37.5g)짜리 막금

이거 완전 알짜 정보네요. 금 살 때 태극마크는 꼭 확인해야겠어요. 근데 보증서 같은 것도 중요하지 않나요? 귀금속엔 항상 보증서가 있잖아요.

일반인들이 흔히 하는 착각인데, 금 매매에선 보증서가 사실상 무의미해. 실제 매매에선 순도를 보증한다는 문서 등은 효력이 없어.

네? 금 보증서는 효력이 없다고요?

그래. 그러니까 언니가 검인 마크를 강조하는 거야. 그리고 투자 목적으로 금을 살 때 가장 좋은 건 전혀 가공되지 않은 '막금'이야. 막금은 별도의 종류가 있는 게 아니라, 그냥 인증마크 하나만 달랑 찍힌 금이야. 예쁘게 세공을 하면 겉보기엔 예뻐 보이지만 가공비 때문에 수수료가 추가로 붙어. 어차피 투자 목적이라면 굳이 가공비를 더 낼 이유가 없지. 특히 황금열쇠처럼 예쁘게 만들어진 금은 관상용이지 투자용은 아냐. 열쇠 모양으로 만들기 위해 이음새 부분은 땜질을 하는데, 함량이 빠질 수 있어.

▲황금 열쇠는 보기엔 예쁘지만 투자 용도로는 적합하지 않다.

마지막으로 고려해야 할 함정이 있어. 바로 부가가치세야. 현물로 금을 매매하면 반드시 부가가치세 10%를 내야 돼.

예를 들어 금값이 100만 원이라면 여기에 10%인 10만 원의 부가가치세가 붙는 거야. 총 거래액은 110만 원이 되는 거지.

 헐. 부가가치세 10%는 정말 생각도 못 했던 복병이네요.

재테크 MEMO

금 투자하려면 이것만은 명심하자!

금 투자가 목적이라면 24K가 아니라 순도 99.99%의 금을 사야 한다. 24k 또는 99.9% 이상을 순금이라고 하지만, 투자용 또는 산업용으로 매매되는 금의 순도는 99.99%다.

금 거래 시에는 1돈(3.75g)이 기본 단위지만, 투자용 금 단위는 금 1g이 보편적이다. KRX금 시장에서는 1g 단위로 거래되고 있다. 또 금의 경우 1트로이온스(troy ounce)를 사용하며 약 31.1g이다. 뉴욕시장의 국제 금가격이 온스당 1,200달러라면 온스는 '트로이온스'를 말한다.

국내 금 시세의 환율 변수

🧑 언니! 가만히 듣다 보니 금 투자는 앞뒤로 떼이는 비용이 장난이 아니네요. 일단 판매 수수료가 5~7% 붙죠. 게다가 사고 팔 때 부가가치세 10%까지 내야 해요. 이거 뭐, 반짝반짝 예쁘다고 함부로 투자할 일이 아니네요. 본전이라도 찾으려면 적어도 15~17% 이상 시세가 올라야 되잖아요?

👩 그래, 맞아. 하지만 우리는 이미 현물 투자가 힘들 때 할 수 있는 똑똑한 투자법을 알고 있어. 원유 파트에서 배운 파생금융 투자법을 복습해볼까?

🧑 당연히 기억하죠. 현물 투자가 어려울 땐 선물거래 시세에 투자를 해요. 선물거래는 원래 농산물 등의 거래에서 쓰였지만 시장이 발달하면서 금융 투자 상품으로 재탄생했어요. 선물 거래는 현물 거래와 달리 '몇월 인도분'으로 가격이 표시되고, 근월물에서 원월물로 갈아탈 때 롤오버 효과가 나타나죠.

👩 이야, 누가 가르쳤는지 기가 막히네. 토씨 하나 틀리지 않고 아주 정확해. 원유와 마찬가지로 금도 미국 뉴욕상업거래소에서 거래되고 있

뉴욕상업거래소 금 선물 시세

Month	Charts	Last	Change	Prior Settle	Open	High	Low	Volume	Hi / Low Limit	Updated
FEB 2016	📊	-	-	1194.7	-	-	-	0	No Limit	18:04:40 CT 10 Feb 2016
APR 2016	📊	1209.0	+14.4	1194.6	1197.8	1215.1	1196.6	833	1257.7 / 1057.7	23:02:28 CT 10 Feb 2016
JUN 2016	📊	1206.9	+11.8	1195.1	1200.0	1209.9	1200.0	12	1258.2 / 1058.2	22:06:06 CT 10 Feb 2016
AUG 2016	📊	-	-	1195.7	-	-	-	0	1258.8 / 1058.8	18:02:42 CT 10 Feb 2016
OCT 2016	📊	1213.2	+17.0	1196.2	1213.2	1213.2	1213.2	1	1259.4 / 1059.4	18:44:15 CT 10 Feb 2016
DEC 2016	📊	1208.9	+12.1	1196.8	1201.1	1208.9	1201.1	4	1260.1 / 1060.1	18:35:00 CT 10 Feb 2016

▲뉴욕상업거래소 국제 금 선물 시세. 격달로 변하는 가격을 확인할 수 있다.

어. 다만 원유와 달리 만기가 격달로 돌아오지. 직접 미국 뉴욕상업거 래소의 금 선물 시세를 확인해볼까? 어때? 6월, 8월, 10월, 12월 격달 로 가격이 표시된 게 보이지?

금 현물이 아닌 파생금융상품으로 투자하려면 이 선물 시세가 기준 이 되는 거야.

오~. 이제 감이 좀 잡혀요. 금도 파생금융상품의 원리를 원유랑 똑같 이 적용하면 되겠어요. 단기 투자에 적합한 상품으로는 ETF와 ETN 이 있고요. 더 장기로 본다면 금 선물 지수를 기초자산으로 하는 DLS 가 있어요.

옳지. 똑똑한 친구들. 하지만 금에는 옵션이 하나 더 있어. 은행에서 판매하는 '골드뱅킹'이란 거야. 우리가 은행에 돈을 맡기고 예금을 하듯이, 금을 사서 예금처럼 통장에 넣는 거지.

장점은 현물 거래에서 오는 번거로움을 덜 수 있고 수수료 및 부가
가치세 등의 비용이 안 든다는 거지. 언니는 2014년 12월 이후 매달
10만 원씩 골드뱅킹으로 자동이체를 하고 있어. 그동안 언니가 투자
한 수익률을 한번 확인해볼까?

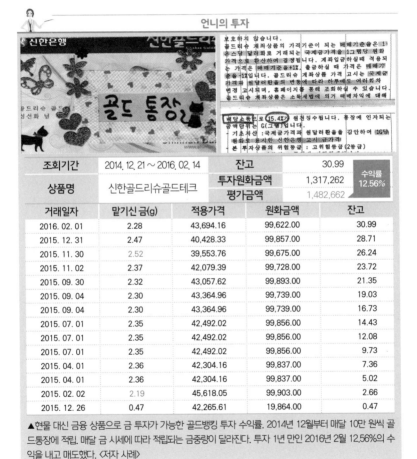

언니의 투자

조회기간	2014. 12. 21 ~ 2016. 02. 14	잔고		30.99	수익률 12.56%
상품명	신한골드리슈골드테크	투자원화금액		1,317,262	
		평가금액		1,482,662	

거래일자	맡기신 금(g)	적용가격	원화금액	잔고
2016. 02. 01	2.28	43,694.16	99,622.00	30.99
2015. 12. 31	2.47	40,428.33	99,857.00	28.71
2015. 11. 30	2.52	39,553.76	99,675.00	26.24
2015. 11. 02	2.37	42,079.39	99,728.00	23.72
2015. 09. 30	2.32	43,057.62	99,893.00	21.35
2015. 09. 04	2.30	43,364.96	99,739.00	19.03
2015. 09. 04	2.30	43,364.96	99,739.00	16.73
2015. 07. 01	2.35	42,492.02	99,856.00	14.43
2015. 07. 01	2.35	42,492.02	99,856.00	12.08
2015. 07. 01	2.35	42,492.02	99,856.00	9.73
2015. 04. 01	2.36	42,304.16	99,837.00	7.36
2015. 04. 01	2.36	42,304.16	99,837.00	5.02
2015. 02. 02	2.19	45,618.05	99,903.00	2.66
2015. 12. 26	0.47	42,265.61	19,864.00	0.47

▲현물 대신 금융 상품으로 금 투자가 가능한 골드뱅킹 투자 수익률. 2014년 12월부터 매달 10만 원씩 골
드통장에 적립. 매달 금 시세에 따라 적립되는 금중량이 달라진다. 투자 1년 만인 2016년 2월 12.56%의 수
익을 내고 매도했다. 〈저자 사례〉

😊 와우. 도대체 언니는 안 하는 투자가 뭔가요?

😐 뭘, 새삼스럽게! 무조건 직접 해봐야 직성이 풀리는 성격인 거 다 알잖아? 언니의 골드뱅킹 계좌를 조회해보면 말이야. 매달 자동이체 되는 10만 원은 똑같지만, 입금되는 금의 g수는 달라. 2월엔 2.19g였는데 11월엔 2.52g으로 0.33g이 늘었어. 왜 이런 차이가 날까?

😊 흠. 입금되는 패턴이 『재테크의 여왕』에서 배운 위안화 예금이랑 비슷한데요?

😐 그치. 위안화 예금도 매달 1,000위안이 저축되도록 해놨는데, 원위안화 환율에 따라서 입금되는 원화 금액이 달라졌어.
골드뱅킹도 같은 원리야. 계좌에 표시된 '맡기신 금'은 기본 단위가 g이야. 2016년 2월에 2.28g을 맡겼고, 지난 14개월 동안 누적 잔고가 30.99g 쌓였다는 거지. 근데 이때 금 1g을 사기 위해 적용된 가격이 달러가 아닌 원화야. 국제 금 시세는 트로이온스당 달러로 표시되는데 말이야. 1g 가격을 원화로 표시하려면 달러원(USD/KRW) 환율로 다시 한 번 환산을 해줘야겠지? 그러니까 국내 금 시세는 국제 금 시세뿐만 아니라 '환율'에 의해서도 달라져.

😊 갑자기 머릿속이 복잡해지고 있어요.

자자! 찬찬히 따져보면 어려울 거 하나 없어. 먼저 트로이온스당 달러로 표시되는 국제 금 시세를 g으로 환산하고, 달러원 환율로 다시 계산하면 돼. 예를 들어 2016년 2월 1일 국제 금 시세는 트로이온스당 1122.10달러였어. 1트로이온스는 31g이니까 아래 수식이 성립하지?

$$1\text{트로이온스} : 1122.10\text{달러} = 31g : x\text{달러}$$

계산을 해보면, 1g당 36.19달러가 되는 거야. 여기서 다시 달러를 원화로 환산을 해주면 돼. 매입 당시 달러원(USD/KRW) 환율이 1,200원이라면, 1g의 가격은 43,428원(36.19달러x1,200원)이 되는 거야. 여기까진 이해했지?

그런데 달러원 환율이 1,100원으로 떨어지면, 1g은 39,809원(36.19달러x1,100원)이 되는 거야. 국제 금값이 그대로라도 달러 가격이 떨어지면(원화 상승) 국내 금 시세도 떨어지는 거지.

$$\text{국내 금 시세} = \text{국제 금 시세} \times \text{환율}$$

만약 국제 금 시세가 올라도 달러원 환율이 더 많이 떨어지면 국내 투자자들은 손해를 보기도 해.

네? 이건 또 무슨 복병이죠?

골드리슈 통장으로 1kg 매입 후 10% 상승한 경우

· 매입시점의 매매기준율: 50,000. 매입가격 50,500. 투자금액: 50,500,000원
· 매도시점의 매매기준율: 55,000. 매도가격 54,450. 매도금액: 54,450,000원
▶ 매매차익: 3,950,000원. 수익률 : 7.8%(세전)

예를 들어 아래 표에서처럼 국제 금값은 20% 상승했지만, 달러원 환율이 40% 상승했다고 생각해봐. 예를 들어 트로이온스당 300달러였던 국제 금 시세가 360달러로 60달러(20%) 상승했어. 하지만 달러원 환율이 매입 당시 1,500원에서 900원으로 600원(40%)이나 하락한 거야. 이럴 경우 금값 상승에도 불구하고 환율 때문에 손해(29.43%)를 보게 되는 거지.

국제 금 가격이 상승하였으나 투자 손실이 발생하는 경우

구분	고객 매입할 때	고객 매도할 때	비고
국제 금 가격 (1트로이온스/USD)	300	360	20% 상승
달러원 환율(USD/KRW)	1,500	900	40% 하락
KB골드투자 거래가격 (원/그램)	14,612.50(매입가격)	10,312.68(매도가격)	29.43% 하락

위와 같이 국제 금 가격이 상승하였으나 달러원 환율이 크게 하락하는 경우에는 투자 손실이 발생할 수 있다.

금 투자도 정말 만만하게 볼 게 아니네요. 환율까지도 고려해야 되는 거였어요!

맞아. 국내 금 투자를 할 땐 원달러 환율 변수도 반드시 염두해둬야 해. 아래 표에서 1970년대 이후 국제 금 가격과 환율 변동 추이를 보면, 큰 추세는 역방향으로 움직인다는 걸 알 수 있어. 특히 미국의 금리인상으로 인한 달러강세는 향후 금 가격의 약세 요인으로 작용할 수 있지.

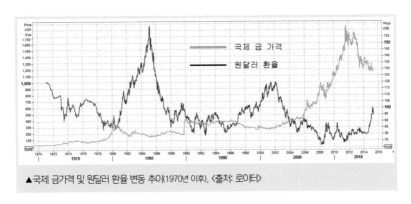

▲국제 금가격 및 원달러 환율 변동 추이(1970년 이후). 〈출처: 로이터〉

똑 소리 나는 금 투자법

언니 갑자기 의욕이 뚝 떨어지네요. 처음엔 골드바 한번 직접 보라고 자랑을 하시더니, 수수료, 세금, 환율 등 따져야 할 게 엄청 많네요.

하하. 투자를 하려면 제대로 꼼꼼히 따져보라는 얘기야. 하지 말라는 얘기는 절대 아니야. 게다가 지금까지 금 투자 수익률을 갉아먹던 잡

다한 수수료들을 한방에 날려버리는 좋은 투자법이 있어.

이야. 듣던 중 반가운 소리네요. 그게 뭔가요?

바로 정부에서 만든 한국거래소 KRX금시장(http://gold.krx.co.kr/index.jsp)이야. 이 시장은 2013년 7월 '금 현물시장 개설 등을 통한 금거래 양성화 방안'에 따라 개설됐어. 핵심은 부가가치세, 배당소득세 등 현물거래에서 발생하는 각종 비용에 대한 면제 혜택이야. 현물을 인출하지 않고 KRX금시장 안에서 사고팔 땐 10% 부가세가 붙지 않아. 특히 15.4%의 배당소득세는 물론 양도소득세도 부과되지 않아. 거액 자산가들에겐 금융소득종합과세 대상에도 포함되지 않지. 단, 현물로 인출을 할 땐 10% 부가세가 붙어.

이야. 부가세 10%도 없고, 배당소득세 15.4%도 없고, 게다가 양도소득세도 없으면! 여기서 거래해야겠네요. 굳이 홈쇼핑이나 금은방에 가서 현물로 살 필요가 없겠어요. 거래 방법 좀 알려주세요.

아주 간단해. 증권사에 가서 KRX금시장에서 거래가 가능한 계좌를 개설하면 주식처럼 얼마든지 사고팔 수 있어. 매매 호가 수량 단위는 1g, 호가 가격 단위는 10원이야. 주문방법은 전자통신, 전화, 문서 등 현행 파생상품과 동일해. 특히 금 매수 시 주문 전에 결제대금을 위탁증거금으로 100% 예탁해야 해. 다만 KRX금시장의 단점은 1kg 골드바 이하는 실물로 인출을 할 수가 없다는 거야.

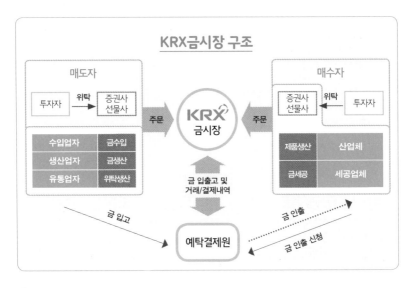

재테크 MEMO

KRX금시장 일반회원(증권사) 현황

KRX금시장에서 거래하고자 하는 개인 등 일반 투자자는 KRX금시장 일반 회원인 다음 11개
증권사를 통하여 거래에 참여할 수 있다.

· NH투자증권(주)	· 대신증권(주)	· 미래에셋대우(주)
· 미래에셋증권(주)	· 삼성증권(주)	· 신한금융투자(주)
· 유안타증권(주)	· 키움증권(주)	· 하나대투증권(주)
· 한국투자증권(주)	· 현대증권(주)	

🙂 내일 당장 금 거래 증권 계좌를 만들려고요! 이건 정말 깨알팁이에요.

🙂 하지만 여기서 거래를 해도 환율의 영향을 받기는 마찬가지야. 오롯

이 국제 금 시세에만 투자하려면 앞에서 친구들이 말한 것처럼 파생 금융 투자를 해야 해. 금 선물 지수를 추종하는 ETF나 ETN 투자지. 사실 언니는 고비용 구조인 직접 현물 투자보다는 금 ETF, ETN 투자를 추천하고 싶어.

그럼 국내 상장된 금 관련 ETF, ETN 상품들을 찾아볼까? 방법은 앞에서 배운 원유랑 똑같아.

국내 상장 금 ETF, ETN

ETF명	기초지수	운용사
KODEX골드선물(H)	S&P GSCI Gold Index(TR)	삼성자산운용
KODEX골드선물인버스2X(합성 H)	S&P WCI Gold Excess Return Index	한국투자신탁운용
KODEX골드선물레버리지(합성 H)	S&P WCI Gold Excess Return Index	한국투자신탁운용
신한금선물 ETN((H)	DJCI Gold TR	신한금융투자
신한인버스금선물 ETN(H)	DJCI Inverse Gold TR	신한금융투자

어때? 생각보다 다양한 금 선물 ETF들이 상장돼 있지? 2016년 2월초 현재 국내 상장된 금 ETF, ETN은 총 5개야. 상품명 뒤에 붙은 H는 환헤지 상품이란 뜻이야. 환율 변화에 상관없이 오롯이 국제 금 시세를 추종하는 게 목표야.

2016년 2월 12일 종가 기준으로 기초지수를 양의 배수로 추종하는 ETF의 수익률을 한번 볼까?

기초지수의 1배를 추종하는 KODEX골드선물(H)와 신한금선물ETN (H)는 전날 대비 각각 2.74%, 2.69% 상승했어. 보다 공격적인 2배 수익률을 추구하는 KINDEX골드선물레버리지(H)는 전날 대비 4.38%

나 올랐어. 맨 처음에 언니의 누적 수익률이 29%라고 보여줬잖아. 거래량도 가장 많은 걸 볼 수 있어.

역시 단기 급등 랠리에 올라탈 땐 ETF만 한 투자 상품이 없는 것 같아요.

맞아. 하지만 명심해야 할 게 있어. 금 ETF도 현물이 선물 투자라는 거야. 우리는 이미 현물이 아닌 선물에 투자할 때 발생하는 롤오버 비용에 대해 잘 알고 있어. KODEX골드선물(H)의 경우 S&P GSCI Gold Index Total Return를 기초지수로 하는데, 이 지수의 구성종목은 코멕스(COMEX, Commodity Exchange)에 상장된 골드선물의 최근월물이야.

재테크 MEMO

▶ **코멕스(COMEX, Commodity Exchange)**: 금, 은, 구리, 알루미늄을 거래하는 미국 뉴욕의 선물거래소로, 세계 최대의 금선물 시장이다.

그러니까 만기 도래 시 5영업일에 걸쳐 보유하고 있던 최근월 선물에서 다음으로 가까운 선물로 교체하는 롤오버가 일어나. 따라서 금 현물가격과 선물가격의 차이, 선물의 롤오버(월물교체) 거래로 인하여 금 현물 직접투자 수익률과 차이가 날 수 있는 거야.
그나마 매달 롤오버가 일어나는 원유보다는 격달로 하는 금이 롤오버 효과가 크진 않아. 사실 거의 무시해도 될 정도지.

넵! 근데 처음에 언니가 보여줬던 레버리지 3배짜리 ETF는 뭔가요? 미국에 상장된 ETF인가요?

여튼 돈 냄새는 귀신 같이 맡는다니까. 미국에는 국내보다 훨씬 다양한 금 관련 ETF들이 상장돼 있어. 그중에서도 거래량이 가장 많고 운용보수가 저렴한 ETF는 SPDR GOLD(GLD)야. GLD의 가장 큰 특징은 선물이 아닌 런던금거래소에서 고시되는 현물 금 시세를 추종한다는 점이야. 기초자산의 가격이 런던 고시 가격에 따라 오전과 오후, 하루 두 번 결정돼. 현물 시세와 바로 연동되다 보니 실시간 금 시세를 가장 잘 추종한다고 할 수 있어.

언니가 투자했던 레버리지 3배짜리 VelocityShares 3X Long Gold ETN(UGLD)은 가장 공격적인 상품이야. 장기 투자보다는 초단기 공격 투자에 적합한 상품이지.

끝으로 은 투자법도 간단히 소개할게. 은 시세는 금에 비해 상대적으

미국 금 ETF · ETN		
레버리지 비율	금값 상승 시	금값 하락 시
x1	Ultra Gold(UGL)	UltraShort Gold(GLL)
x2	DB Gold Double Long ETN(DGP)	DB Gold Double Short ETN(DGP)
x3	VelocityShare 3x Long Gold ETN(UGLD)	VelocityShare 3x Inverse Gold ETN(UGLD)

로 변동성이 커서 높은 리스크를 감수하면서 고수익을 얻고자 할 때 적합한 상품이야.

올 들어 투자 포인트는 금과 은의 가격 격차가 지나치게 벌어졌다는 거야. 2000년 이후 금과 은의 가격차는 평균 61배 정도인데, 2016년 1월 현재 82배까지 상승했어. 2008년 글로벌 금융위기 때(최고 38배)만큼 큰 격차라고 할 수 있어. 연초 글로벌 불확실성이 극대화되면서 금값이 치솟았지만, 반대로 유가 상승 및 불안 완화 시에는 은 가격의 상승 속도가 금보다 빠를 수 있어.

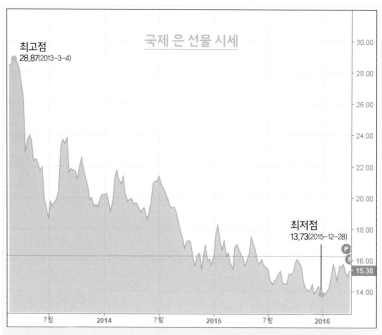

▲국제 은 시세(2016년 4월 15일 기준, 단위: 달러/트로이온스). 〈출처: Investing.com〉

통일 대비 최고의 재테크, 금

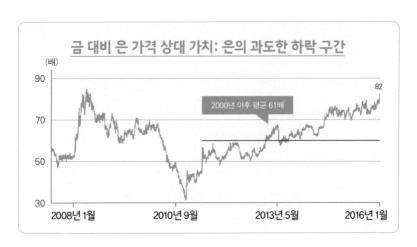

금 대비 은 가격 상대 가치: 은의 과도한 하락 구간

(배)

2000년 이후 평균 61배

82

90

70

50

30

2008년 1월   2010년 9월   2013년 5월   2016년 1월

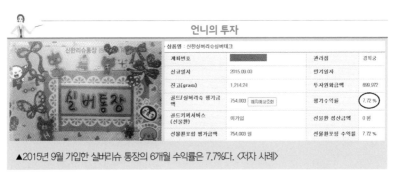

언니의 투자

- 상품명 : 신한실버리슈실버테크

계좌번호		관리점	경희궁
신규일자	2015.09.03	만기일자	
잔고(gram)	1,214.24	투자원화금액	899,972
골드/실버리슈 평가금액	754,003 해지예상조회	평가수익률	7.72 %
골드키퍼서비스 (선물환)	미가입	선물환 정산금액	0 원
선물환포함 평가금액	754,003 원	선물환포함 수익률	7.72 %

▲2015년 9월 가입한 실버리슈 통장의 6개월 수익률은 7.7%다. 〈저자 사례〉

개미 투자자,
KRX금시장에 몰린다

지난해 말부터 금 시세가 떨어질 때마다 한국증권거래소(KRX) 금거래소에서 금을 100g씩 사 모은 직장인 이모 씨는 보유 물량의 50%를 매도했다. 지난 두 달간 그가 남긴 시세차익은 20%에 달하지만 양도소득세는 물론 배당소득세 등 각종 세금을 한 푼도 내지 않았다. 20%의 수익을 내는 데 그가 투자한 비용은 0.3%의 거래세뿐이다. 시중에서 판매되는 금현물에는 10% 부가가치세가 붙고, 골드뱅킹에는 시세차익에 대한 배당소득세 15.4%가 붙지만, KRX금거래소에선 모든 세금이 면제되기 때문이다.

주식처럼 쉽고 사고팔 수 있고 각종 비용이 면제되는 KRX금거래소의 쏠림 현상이 뚜렷하다. 2016년 2월 12일 한국거래소가 운영하는 KRX금거래소의 금 거래량이 최대치를 갈아치웠다. 이날 KRX의 금 거래량은 56.7kg으로 2014년 3월 24일 개장 이후 역대 최대치를 기록했다.

특히 개인 투자자들의 거래가 급증했다. 이날 금시장에 팔린 총 33.6g(약 15억 원)이 모두 개인 물량으로 분석됐다. 하길수 KRX금거래소 부부장은 "14일 거래 주체별로 보면 매도는 100% 개인이었고 매수도 89%가 개인"이라며 "저가 매수 타이밍을 잡았던 개인들의 시세차익 물량이 대거 쏟아진 것 같다"고 말했다.

2014년 개장 초기 매도 주체의 개인 비중은 17%에 불과했다. 지난해까지만 해도 개인 비중은 30%에 그쳤다. 하지만 올해 들어 금값이 치솟으면서 개인 투자자들이 현물보다 손쉽게 투자가 가능한 KRX금거래소에 주목하기 시작한 것이다.

금 투자에 관심이 커지면서 참여 계좌수는 6,500개를 돌파했다. 지난해 10월 8일 5,000개를 넘어선 뒤 약 4개월 만에 1,500개의 계좌가 추가로 개설된 것이다.

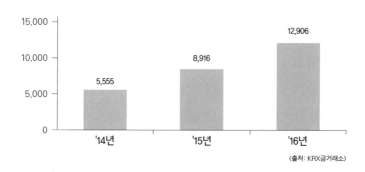

KRX금시장 연도별 일평균 거래량

〈출처: KRX금거래소〉

궁합보고
골라 맡기는
투자자문사

CHAPTER
07

국내 주식, 직접 투자하지 마라

🧑‍🦰 펀드에서 출발해 ETF, ELS, 원자재 투자까지. 쉬지도 않고 거침없이 달려왔어. 정말 기특한 친구들이야.

👩 와, 벌써 투자편의 8부 능선을 넘었다니 뿌듯하네요. 근데 처음부터 계속 궁금했던 게 있어요. 원자재 해외 투자까지도 공부했는데, 왜 국내 주식 직접 투자 공부는 안 하나요? 사실 주변을 보면 국내 주식에 직접 투자하는 사람들이 훨씬 더 많은데요.

🧑‍🦰 맞아. 충분히 의아해할 수 있어. 솔직히 얘기하면 언니가 자신이 없어서 그래.

👩 헐! 충격적인데요? '재테크의 여왕'인 언니가 자신이 없다니….

🧑‍🦰 맨 처음에 얘기했잖아. 언니가 타고난 감각을 지닌 전문가는 아니라고. 인정할 건 인정해야지. 언니는 일반 투자자들이 국내 주식 직접 투자로 돈을 벌 확률이 상당히 낮다고 생각해. 물론 가능은 하겠지만 제대로 투자를 하려면, 전업 투자자만큼 많은 공부와 노력이 필요해.

🧑‍🦰 에이. 그래도 확실한 방법만 알면 해볼 만하지 않을까요?

👩‍🦳 그래. 할 수도 있겠지. 국내 주식 투자를 아예 하지 말라는 건 아냐! 다만 언니는 국내 주식 투자에서만큼은 대신 돈을 잘 굴려 줄 전문가를 찾으라고 말해주고 싶어. 친구들 같은 일반인들의 실력이란 사기꾼과 전문가를 구별해내는 능력이야.

🧑‍🦰 이야~. 역시 언니다운 현실적인 조언이네요.

👩‍🦳 생각해봐. 친구들이 투자에 타고난 재능이 있었다면 이 책을 읽기도 전에 벌써 주식으로 큰 부자가 됐을 거야. 우리 같은 일반인들의 투자 패턴이 어때? 돈 대는 주식마다 손해보고, 펀드만 들었다 하면 마이너스야. 그럼 뭐야? 영~~ 소질이 없는 거야. 오케이?

🧑‍🦰 맞아요. 이미 주식 관련 책들을 여러 권 섭렵했는데도 수익률은 엉망이네요. 언니 말대로 타고난 감각이 있는 것 같진 않아요.

👩‍🦳 슬픈 현실이지만 깔끔하게 인정하면 해결책도 쉬워져. 진짜 실력 있는 전문가를 찾아서 도움을 받으면 돼.

🧑‍🦰 근데 언니야 경제 전문 기자니까 전문가들도 많이 만나고 인맥도 좋으니까 가능하겠죠. 우리 같은 일반인들한텐 진짜 전문가 찾기가 그

림의 떡이에요.

그래서 오늘은 '믿을 만한 전문가 찾는 법'을 다뤄볼 거야. 내 돈을 맡길 전문가는 어디 가면 찾을 수 있을까?

바로 떠오르는 곳은 금융권 PB센터예요. 요즘은 개인 자산을 관리해주는 재무설계사들도 많은 것 같아요.

물론 그런 자산관리 전문가들도 있어. 하지만 언니는 보다 전문적인 투자자문사를 활용해보라고 권하고 싶어.

네? 투자자문사요? 혹시 한 달 이용료 99만 원에 수백 퍼센트 수익률이라고 광고하는 '거기' 말인가요? 인터넷에 광고가 엄청 많아요. 친구가 돈 벌었다길래 한번 해볼까 했는데 언니도 추천하시나요?

아이고. 순진한 친구들! 이럴 줄 알았어.
거긴 정식 투자자문사가 아니라 '유사 투자자문사'야. 투자일임 계약을 맺고 고객을 관리하는 게 아니라, 그냥 불특정 다수한테 투자 정보만 뿌리는 거야.
정식 투자자문사는 최소 자본금이 5억

궁합 보고 골라 맡기는 투자자문사

원 이상에 전문 인력을 갖춰야 하지만, 유사 투자자문사는 그냥 금융 당국에 신고만 하면 돼. 그 누구도 전문성에 대해 책임을 지지 않아. 투자 손실은 고스란히 피해자의 몫이지.

헐. 유사 투자자문사는 또 처음 듣네요? 이름부터가 불법적인 유사수신업체랑 비슷한 게 느낌이 좋지 않아요.

▶유사 투자자문사 : 불특정 투자자에게 인터넷·ARS·간행물 등을 통해 투자자문회사 외의 자가 일정한 대가를 받고 투자조언을 영업으로 하는 자(간접투자자산운용업법 제2조 및 제149조). 유사 투자자문업은 투자자문의 성격을 갖고 있으나 불특정 다수인을 대상으로 하는 특성 때문에 투자자문업의 범위에서 제외되며, 유사 투자자문업을 영위하고자 하는 자는 금융위원회에 미리 신고해야 한다.

유사 투자자문사 이용 시 피해사례

투자수익 거짓·과장 광고	'주식투자 수익률 100~500% 보장 광고와 설명을 듣고 회원가입(회비 90만 원) 후 추천 받은 종목에 투자했으나, 원금 손실 발생
정보이용료(회비) 분쟁	수익률이 연 30% 이하일 경우 회비 전액을 환불해주는 조건으로 연회비 240만 원을 내고 회원가입. 그러나, 수익률은 저조했고 환불도 받지 못함
유사 투자자문업자 확인방법	① 금융감독원 홈페이지(www.fss.or.kr) 접속 ② 소비자정보란 '금융소비자보호처' 클릭 ③ 금융회사길라잡이란 '제도권 금융회사정보' ④ '유사 투자자문업자 신고현황' 확인 -금융감독원에 유사 투자자문업자로 등록하지 않고 투자정보를 제공하는 대가로 금품을 수수할 경우 불법 유사수신 행위에 해당된다.

하하. 그렇다면 친구들은 감이 좋은 편이야. 현재 금융위원회에 등록된 유사 투자자문사는 900여 개나 돼. 등록이 안 된 것까지 합치면

1,000여 개가 넘지. 멀쩡한 사람들도 혹하게 만드는 유사 투자자문사들이 판을 치고 있지만, 관리감독이 전혀 안 되고 있어. 금융감독원도 검증되지 않은 유사 투자자문사들의 난립 문제를 인지는 하지만, 어디서부터 어떻게 손을 대야 할지 대책이 없는 상황이야.

언니 아니었으면 큰일 날 뻔했네요. 유사 투자자문사가 진짜 자문사일 줄 알고 덜컥 가입할 뻔 했어요. 근데 주변에서 진짜 자문사에 돈 맡겼다는 사람은 못 봤어요.

아마 그럴 거야. 아직 국내에선 투자자문사가 대중적이진 않거든. 최소 납입금이 1~5억 원 정도로 가입 문턱이 상당히 높은 편이야.

에이~ 뭐예요. 최소 납입금이 1억 원이에요? 지금 우리한테 그렇게 큰돈이 어딨어요?

하하. 지금 당장 맡기라는 얘기가 아니야. 게다가 최소 납입금이 낮은 자문사들도 얼마든지 있어. 500~1,000만 원으로 맡길 수 있는 곳도 있고. 중요한 건 이상한 사이비 전문가한테 속아 넘어가지 말고, 진짜 잘 하는 전문가를 찾는 데 초점을 맞추라는 거야!

'금융호갱' 안 되려면?

최근 증권사 등 금융권이 고객 수익률을 직원 인사 평가에 반영하는 시스템을 도입했다. 해당 직원이 관리하는 고객이 수익률이 좋으면 인사 평가 점수도 높아지는 것이다. 삼성증권의 경우 평가의 30%가 수익률 관련 항목이고, 직간접 수익률까지 합치면 45%가 고객 수익률과 관련된 내용이다. 삼성증권에 따르면 2분기 PB 평가결과, 상위 100명 중 74명이 이전 평가방식으로는 100위 안에 들 수 없는 경우였으나, 이 같은 방식으로 전환하면서 매출이 아닌 수익률이 우수한 직원이 대거 올라오는 지각변동이 일어났다.

심지어 신한금융투자는 고객의 주식 투자 수익률뿐 아니라 ELS 등 금융상품 투자 수익률까지 포함시켰다. 2014년부터 고객의 총자산(주식 + 금융상품) 수익률로 평가를 시작한 것이다. 그 결과 신한금융투자 PB들에게 자문하는 고객들의 평균 수익률(2015년 1월~9월)은 5.39%로 같은 기간 코스피 상승률(2.25%)을 3.14 포인트 상회했다.

자신의 수익률이 담당 직원 평가에 영향을 미치게 하고 싶다면, 직접 전화를 해 요구해야 한다. 물론 미래에셋증권처럼 PB 한 명당 120명의 소수 고객만을 대상으로 하는 곳도 있지만 삼성증권, 신한금융투자증권 등은 고객이 담당직원의 관리를 요청해야 서비스를 받을 수 있다.

〈출처: 이데일리 2015년 12월 1일〉

그러니까 언니 얘기는 괜히 어려운 시장에 뛰어들었다가 선수들의 '먹이'가 되지 말고, 안전하게 종잣돈을 모아 제대로 된 투자자문사에 맡기라는 거죠?

그래 맞아. 투자자문사의 종류는 두 가지야. 직접 고객의 돈을 위임받아 운용하는 '투자일임형'이 있고, 단순한 자문 업무만 하는 '투자자문형'이 있어. 자본금이나 역량에 있어서 조금 차이가 있지. 일임형의 자기자본은 15억 원이고, 자문형은 5억 원이야.

쉽게 얘기하면 일임형은 돈을 맡기면서 모든 매매를 믿고 맡기는 거고, 자문형은 조언만 받고 매매는 고객이 직접 하는 거네요?

그래. 맞아. 사실 자문형보다는 일임형을 더 선호하는 편이야. 2015년 국내 주가가 빠지면서 자문형 자문사 계약해지는 속출했지만, 일임형은 꾸준히 늘고 있는 추세야.

흠. 근데 요샌 워낙 의심이 많아져서요. 믿을 만한 자문사는 어떻게 찾나요?

▶**투자일임형:** 금융회사가 고객으로부터 어디에 어떻게 투자할지를 일괄 위임받아 투자자 개별 계좌별로 대신 자산을 운용해주는 금융업

▶**투자자문형:** 금융투자상품에 대한 투자판단에 관해 자문에 응하는 것을 목적으로 하는 사업

전업 투자자문사 계약고 추이

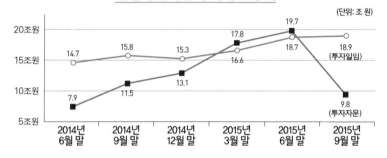

(단위: 조 원)

2015년 9월 말 기준 투자자문사의 총 계약고(일임, 자문)는 28.7조 원으로, 6월 말(38.4조원) 대비 9.7조 원(△25.3%) 감소했다. 투자일임계약고는 소폭 증가(+0.2조원, +1.1%)했으나, 투자자문계약고는 연기금 등 기관투자자의 자문계약 해지 등으로 크게 감소(△9.9조원, △50.3%)했다.
〈출처: 금융감독원〉

🧑 친구들이 믿을 만하다는 건 뭐니 뭐니 해도 수익률이겠지?

🧑 당연하죠. 나보다 돈을 잘 굴려 달라고 맡기는 건데 수익률이 제일 중요하죠.

🧑 그럼 수익률이 좋은 자문사를 찾아봐야겠네?

🧑 그거야, 펀드나 ETF처럼 자문사 홈페이지나 금융감독원 전자공시 사

이트에서 확인 가능하지 않을까요?

아니. 그렇지 않아. 현행법상 투자자문사의 수익률은 외부에 공개되지 않아.

뭐라고요? 간신히 종잣돈 모아서 자문사에 맡겨볼까 했더니, 투자 수익률도 알 수 없다고요? 이거 이거, 돈 없는 서민이라고 무시하는 것도 아니고, 서러워서 살 수가 없네요.

자자, 진정들 하고. 자문사의 수익률을 공개하지 않는 건 고객들의 계좌별로 수익률이 다르기 때문이야. 투자 시점에 따라 고객 수익률은 천차만별이거든.

말도 안 돼요. 대표 계좌를 만들어서 자문사별 투자 수익률 비교가 가능할 텐데, 금융 소비자에 대한 배려가 너무 없네요. 금융당국은 이런 제도도 개선 안 하고 뭐하는 거죠?

그래. 옳은 지적이야. 목적은 과대과장 광고로부터 소비자를 보호한다는 취지지만, 과연 누구를 위한 법인지는 생각해볼 일이야.
이런 악조건 속에서도 똑똑한 우리는 적극적으로 방법을 찾아봐야지.

정부조차 안 도와주니 스스로 손품, 발품을 팔아야 돈을 버네요.

그럼 언니가 찾은 자료를 공개할게. 미래에셋대우증권이 내부적으로 보유한 투자자문사 수익률 자료(2015년 12월 31일 기준)를 보면 토러스투자자문이 연 수익률 194.34%로 1위를 차지했어. 그 뒤로 그린투자자문이 162.53%, 카이투자자문이 92.3%, 유리치투자자문이 61.57%를 기록했지. 상위권에 이름을 올린 3곳의

2015년 자문사 수익률	
자문사명	1년 수익률
토러스	194.34
그린	162.53
카이	92.3
유리치	61.57
앱솔루트	36.37
밸류시스템	26.61
서울밸류	25.77
파레토	21.33
바른	20.63
에셋디자인	19.19
머스트	19.19
케이원	14.41
그로쓰힐	14.96
트리니트	11.89

〈출처: 미래에셋대우증권〉

투자자문사가 모두 연 100% 이상의 투자 수익률을 달성한 거야.

와. 입이 쩍 벌어지네요. 1년 동안 투자 원금의 두 배를 번 거잖아요? 비싼 수수료 주고 맡길 만한 거 같아요.

하지만 1년 수익률로만 판단하는 건 곤란해. 불과 3년 전 수익률만 봐도 엄청난 지각변동을 알 수 있어. 펀드평가사인 '제로인' 자료(투자자문사 근황과 성과보고서)에 따르면 디에스투자자문이 연 39.22%로 투자자문사 중 가장 좋은 성적을 기록했어. 그밖에 밸류시스템투자자문

(30.14%), 페트라투자자문(24.53%), 리드스톤투자자문(24.31%), 트리니티투자자문(20.62%), VIP투자자문(20.27%) 등 4개사도 20%가 넘는 수익률을 올렸어.

2012년 투자자문사별 일임펀드 운용성과 순위

(단위: 억 원, %)

자문사	설정액	순자산	수익률					
			2010	2011	2012	1년	2년	3년
디에스자문	95	316	50.98	13.15	33.63	39.22	86.22	110.50
밸류시스템자문	75	111	-	-	-	30.14	-	-
페트라투자자문	452	714	21.67	28.30	40.03	24.53	78.69	116.35
리드스톤자문	878	1,025	28.01	-8.32	15.85	24.31	30.17	31.12
트리니티자문	100	109	-	-3.94	22.87	20.62	37.57	36.29
VIP자문	6,211	6,876	21.96	8.50	16.48	20.27	41.83	50.59
써드스톤자문	170	196	-	-	-	18.33	-	-
디멘전자문	109	122	-	-6.89	-0.41	17.99	10.36	
썬드리자문	154	156	-	-	2.29	16.67	-	
V&S투자자문	689	800	20.37	3.17	19.01	16.12	35.29	46.34
자문사 일반주식	79,137	89,951	26.37	-10.31	9.52	8.02	6.18	9.48
운용사 일반주식	317,856	302,584	19.25	-11.58	6.36	6.71	1.92	3.16

〈자료: KG제로인〉

그러네요. 순위가 완전 바뀌었네요? 투자자문사들도 부침이 심한가 봐요.

그래. 맞아. 그러니까 짧은 기간에 반짝 수익률이 좋다고 덜컥 계약하는 건 옳지 않아. 꾸준히 안정적인 수익률을 내는 게 더 나을 수 있으니까.

🧑 장기적으로 꾸준한 수익률이라…. 이건 또 어떻게 알 수 있나요?

🧑 정답은 아니겠지만, 자문사의 영업이익, 당기순익 자료를 보면 재무 건전성에 대해 알 수 있어. 다행히 금융감독원은 분기별로 관련 자료를 공개하고 있어.

투자자문사 수수료 수익 현황

	2015년 1~6월	수수료 수익	2014년	수수료 수익
1	케이원	101.6억	브이아이피	186억
2	브이아이피	77억	케이원	106.6억
3	디에스	71.9억	디에스	99.5억
4	길	50.3억	한가람	59.4억
5	타임폴리오	38.7억	타임폴리오	53.4억
6	한가람	38억	머스트	46.8억
7	프렌드	36.6억	페트라	37.1억
8	에셋디자인	35.7억	케이클라비스	32.3억
9	알펜루트	26.7억	제이앤제이	26.8억
10	라임	26.6억	라임	25.4억
11	그로쓰힐	22.8억	밸류앤드스페셜시츄에이션스	25.4억

〈출처: 민병두 새정치민주연합 의원실〉

🧑 휴~ 정말 다행이네요. 이번에도 자료 공개 안 하면 정말 화를 냈을 거 같아요.

🧑 그러게 말이야. 금융감독원 자료에 따르면 2015년 3분기(7~9월) 전체 170개 전업 투자자문사 중에서 101사가 적자를 냈어. 전체 10곳 중

6곳이 적자라는 얘기야

2014년(4~12월) 기준 상위 11개사만 10억 원 이상의 단기 순익을 냈어. 케이원이 101.6억 원으로 최고를 기록했고, 브이아이피(77억 원), 디에스(71.9억 원), 타임폴리오(38.7억 원), 라임(26.6억 원) 등으로 집계됐어.

전업 투자자문사 순이익 현황

(단위: 억 원, %)

구분	14년	1분기	2분기	3분기	4분기	15년 상반기	1분기 (A)	2분기 (B)	전분기 대비 증감 (B-A)	증감률 (%)
순이익(억 원)	870	149	366	26	330	1,287	927	360	△567	△61.2
증권투자이익	1,030	128	305	96	501	818	701	118	△583	△83.2
수수료이익	1,583	335	421	307	520	1,350	768	581	△187	△24.3

〈출처: 금융감독원〉

2015년 2, 4분기 전업 투자자문사의 순이익은 360억 원으로, 전분기(927억 원) 대비 567억 원(△61.2%) 감소했다. 국내 주가 하락 등으로 증권투자이익(△583억 원)과 수수료 이익(△187억 원)이 급감했기 때문이다.

10곳 중 6곳이면, 전체 절반 이상이 손해를 본 거네요. 꾸준히 잘하는 자문사는 손에 꼽을 거 같아요. 자문사 순익이 지속적으로 늘어난다는 건 고객의 수익도 늘어난다는 뜻이겠죠?

물론 자문사의 당기순익이 고객 수익률과 정비례하는 건 아냐. 하지만 고객 수익률이 높아야 성과 수수료를 많이 받게 되고, 당기순익도 개선되니까 양의 상관관계가 있다고 보면 돼.

투자자문사, 궁합 보고 골라라

👩 수익률만 보면 한번 해보고 싶은데 다들 생소한 이름이라 겁이 나요. 재무제표만 잘 살펴보면 될까요?

👩 170개나 되는 자문사 중에서 믿고 맡길 곳을 찾기가 어려워. 이럴 때 가장 확실한 방법은 '투자 궁합'을 보는 거야. 사람들도 결혼처럼 인생 중대사를 결정할 땐 궁합을 보잖아? 투자도 마찬가지야. 서로 궁합이 맞아야 오래 행복하게 갈 수 있어.

👩 하하. 투자에도 궁합이 있다니 재미있네요. 투자 궁합도 사주 풀이로 보면 되나요?

👩 투자 궁합은 누가 봐주는 게 아니야. 직접 자문사에 전화를 걸거나, 대표와의 상담을 통해 스스로 판단해야 해. 마치 결혼할 상대를 고르는 맞선처럼 서로 탐색하는 시간이 필요한 거지.

👩 근데 자문사에서 우리 같은 소액 투자자들도 상대해줄까요?

👩 물론이지. 당당하게 자문사에 전화를 걸어 상담을 받아봐. 생각보다

친절하게 알려줄 거야. 은행은 쉽게 가면서 자문사라고 두려워할 건 전혀 없어.

그럼 자문사에 상담할 때 뭘 물어봐야 하나요? 주식의 주자도 모르는 초짜인데요.

너무 걱정할 거 없어. 친구들이 주식 전문가면 굳이 자문사에 맡기겠어? 모르니까 대신 굴려 달라고 상담을 하는 거야. 괜히 기죽지 말고 씩씩하게! 오케이?

네! 어깨 쫙 펴고 자신 있게!!

좋아. 그런 자세야! 일단 전화를 해서 투자제안서 자료를 요청해. 자문사의 투자제안서 자료에 보면, 글로벌 시장 전망은 물론 투자 전략 등의 내용이 상세하게 나와 있어. 이 자료에는 우리가 궁금해하는 대표 계좌의 수익률도 공개돼.

아하! 일단 회사에서 보내주는 투자제안서 자료를 요청해 꼼꼼히 읽어보라는 거네요?

그렇지. 앞에서 말한 투자 궁합은 이 제안서에 '투자 철학'이란 이름으로 다 나와 있어. 수많은 자문사의 종류만큼이나 그들의 운용 철학도 천차만별이야. 그러니까 자료도 읽고 설명도 들어보고 본인의 성향과 가장 잘 맞는 곳을 선택해야 해.

👩 근데 투자 철학이라고 하니까 너무 막막해요. 왠지 철학이라고 하면 뜬구름 잡는 얘기 같아요.

👩 좋아. 그럼 극단적으로 투자 철학이 다른 두 자문사를 비교해볼게. 먼저 30대 초반 고려대 가치투자동아리 출신들이 만든 '더퍼블릭투자자문'이야.

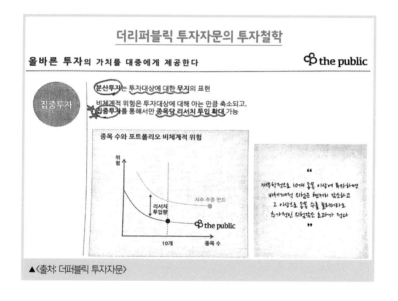

▲〈출처: 더퍼블릭 투자자문〉

이 투자자문사는 분산 투자 대신 '집중 투자' 방식을 택했어. 종목 수를 늘려 리스크를 분산하는 대신 소수 종목에 집중 투자를 해 수익률을 극대화한다는 전략이야. 투자 종목 수를 줄이고 리서치에 더 많은 시간을 투자해. 실제로 언니가 인터뷰 했던 김현준 더퍼블릭 이사는 최대 종목 수가 10개를 넘지 않고, 보통 5~6개 정도라고 했어.

아하. 처음에 언니가 몰빵 투자의 편견을 버리라고 한 얘기가 생각나네요.

그렇지. 하지만 '계란을 최대한 많은 바구니'에 나눠 담는 투자 철학을 가진 자문사도 있어. 가치(value)와 특수상황(special situations)이라는 투자철학을 가진 'V&S(밸류앤시츄에이션)투자자문'이야. V&S의 이재원 대표는 최소 70~80개 종목에 분산 투자해. 아마 투자 종목 수로는 국내 최다일 거야.

와우. 최소 70에 종목에 분산 투자한다고요? 너무 많은 거 아닌가요?

아니. 이 대표는 시장 변동성을 최소화하면서 잃지 않는 투자를 하는 데 초점을 맞추고 있어. 언니가 인터뷰했을 때 이 대표는 "50%의 수익률을 냈다가 30%의 마이너스 수익률을 내는 것보다는 꾸준히 10%의 수익률을 내는 게 낫다"고 말했어.
보다시피 더퍼블릭의 '집중 투자'와 V&S의 '분산 투자'는 누가 더 맞다, 틀렸다의 문제가 아니라 각자의 투자에 대한 가치관이 다른 거야.

아하! 이런 게 바로 투자 철학이군요!

실제로 투자 철학에 따른 종목 선택은 각양각색이야. 2015년 수익률 1위를 했던 '토러스투자자문'의 투자 전략을 살펴보면 전략성장주, 확장성장주, 저평가 고배당 우선주 등에 집중했어. 주요 투자 종목은 한미약품, LG화학, 삼성SDI, LG전자, 삼성전자, 삼성전자우선주, 삼성물산, SK 등이야. 어때? 친구들도 대부분 아는 기업들이지? 투자 종목 수도 평균적으로 25~30개 정도야.

네. 귀에 익은 종목들이 많네요.

하지만 정반대의 투자 철학을 가진 자문사도 있어. 소수의 성장주에 집중 투자하는 '금진투자자문사'야. 이 자문사 역시 2015년 120%의 높은 수익률을 달성했어. 금진투자자문은 2~3개의 성장주에 초집중 투자를 해. 글로벌 경기나 국내 코스피 시장에 상관없이 밑바닥에서 성장주를 발굴하는 데 집중해.
토러스투자자문은 25~30개의 누구나 다 아는 '대형주 위주'의 포트폴리오인 반면, 금진투자자문은 2~3개의 '생소한 성장기업'에 집중 투자해. 결국 선택은 고객이 하는 거야. 본인이 판단하기에 더 마음이 가는 투자 철학을 선택하면 돼.

정말 투자 철학에 따라 투자 스타일도 극과 극이네요.

이제 왜 언니가 '투자궁합'을 먼저 보라고 했는지 이해가 되지? 수익률은 오르기도 하고 떨어지기도 해. 만약 이 투자 철학에 대한 강한 공감대가 형성돼 있지 않으면 손실을 참지 못하고 서로 감정만 상해.

넵! 나중에 이혼 안 하려면 처음부터 잘 맞는 짝을 찾아야죠.

장덕수의 디에스 vs 권남학의 케이원

주가를 움직이는 것은 결국 사람이다. 그런 의미에서 여의도 금융투자업계는 가장 핫한 인물로 '장덕수'를 꼽는다.

장덕수 회장은 본인의 이니셜을 딴 디에스투자자문의 회장이다. 2008년 창립해 꽤 묵은 자문사인 디에스투자자문은 2015년 1분기(3월 결산법인의 4~6월)에 순이익 68억 원을 기록, 투자자문사 가운데 순이익 1위를 기록했다. 케이원, 프렌드, 타임폴리오 등 이름만 대면 알 만한 곳을 모두 제친 것이다.

장 회장은 서울대를 나오고, 미래에셋자산운용 펀드 매니저를 지냈다. 그후 예술학교에서 공부를 했다. 미술에도 조예가 깊다고 한다. 그를 둘러싼 소문은 많다. 한 게임주를 발굴해 몇 백배를 벌었다는 설, 비상장 주식에 투자해 '1조 원대 부자'가 됐다는 얘기가 업계에서는 공공연하다. 여의도에 돈 많이 버는 선수에 대한 소문은 항상 있었다. 그런데도 장덕수 회장에 주목한 건 그의 남다른 행보 때문이다.

엘리트 출신으로 준재벌에 오른 그는, 지금도 지하철을 타고 아주 사소한 회사의 IR에 불쑥 나타난다. '장외 거물'을 만나려면 조그만 코스닥 종목의 IR도 열심히 쫓아다니면 된다고 한다.

이쯤에서 2009년 자문사 열풍 때 브레인과 쌍벽을 이뤘던 케이원투자자문의 '권남학' 대표를 떠올렸다. 권 대표는 한국투신운용 펀드 매니저를 하다

조용히 자문사를 차리고 성공했지만 튀지 않았던 몇 안 되는 인물이다. 케이원은 자문사의 색깔을 지킨 채, 지금도 꾸준하게 선전하고 있다.

권 대표도 베일에 싸인 인물이다. 그냥 지나쳐도 모를 권 대표의 수수함을 볼 때 케이원에 투자하는 게 맞다고 말하는 이도 있었다.

한 시대를 풍미했건, 풍미하건, 두 사람은 이를 무기로, 5년을 주기로 여의도를 휘어잡았다. 이들의 향후 행보가 궁금하다.

〈출처: 연합인포맥스 2015년 9월 24일 '곽세연의 증권가 산책'〉

에효. 언니 말대로 궁합 좀 보려고 여기저기 알아봤는데요. 최소 투자 금이 그야말로 억소리가 나네요. 대부분 1억 원 이상이에요.

에이. 1억 원 이상을 자문사에 턱하니 맡길 부자가 얼마나 되겠어? 찾아보면 1억 원 미만으로도 맡길 수 있는 방법은 얼마든지 있어!

오호. 정말요? 거기가 어딘가요?

증권사에서 판매하는 자문형 랩이야. 랩은 '랩어카운트'의 줄임말인데, 투자자문사가 아닌 증권사에 투자를 일임하는 상품이라고 보면 돼.

증권사 랩상품이요? 몇 년 전에 한창 유행했던 거 아닌가요? 수익률이 나빠서 요즘은 시들한 걸로 알고 있는데 괜찮을까요?

증권사에서 자체적으로 개발한 랩 상품과 투자자문사의 자문형 랩은 엄연히 달라. 자문형 랩을 운용할 때 증권사는 매수와 매도 등 주문 대리 역할만 해. 자체적 판단으로 운용하는 게 아니라 자문사의 주문을 그대로 이행하는 거지.

흠. 그럼 '자문사 일임계약'과 '증권사 자문형 랩'은 동일하게 운용되나요?

아니, 그렇진 않아. 쉽게 설명하면 맞춤복과 기성복의 차이라고나 할까? 맞춤 양복은 자기 몸의 수치를 다 재서 꼭 맞게 입을 수 있어. 하지만 그러려면 가격이 너무 비싸져. 그래서 나온 게 대충 사이즈가 비슷한 사람들이 입을 수 있도록 만들어진 기성복이야. 증권사 자문형 랩은 기성복처럼 짜여진 포트폴리오에 내 몸을 맞추는 거야. 설사 내 마음에 들지 않는 종목이 있더라도 일률적인 포트폴리오 때문에 담을 수밖에 없어.

맞춤복과 기성복의 차이라니! 머릿속에 쏙쏙 들어오네요.

자문형 랩은 수수료가 저렴하다는 장점이 있어. 처음 가입할 때 2% 안팎의 가입 수수료만 내면 돼. 자문사의 경우 대부분 기본 운용 수수료 1%에 초과 수익에 대한 성과 수수료를 받아.

흠. 근데 수수료가 싸다고 마냥 좋아할 일은 아닌 듯해요. 싼 게 비지떡이라고 분명히 뭔가 꼼수가 있을 것 같아요.

🧑‍🦰 오~. 예리한데? 그래 맞아. 자문형 랩은 기성복이기 때문에 운용상의 애로점이 있어. 증권사가 내규로 15% 이상 한 종목을 매입하지 못하게 정해 놓기도 하고, 특정 종목을 담지 못하게 하기도 해. 무엇보다 성과보수가 없으니까 처음에 판매수수료만 받고 신경을 안 쓸 가능성이 높아. 심지어 업계에서 자문형 랩이 '총알받이' 역할을 한다는 비판도 있어. 실제로 같은 자문사의 수익률도 증권사랩 상품이 더 낮아. 2015년 토러스 투자자문의 투자일임 계좌 수익률은 197%에 달했지만, 증권사를 통한 자문형 랩은 90% 정도였어.

🧑 거봐요. 거봐! 뭔가 있을 줄 알았다니까요.

🧑‍🦰 그래도 아직 실망하긴 일러. 이쯤에서 친구들을 위한 필살기를 공개할게. 이 얘기를 들으면 진짜 깨알팁이라며 무릎을 칠 거야.

🧑 정말요? 그게 뭔가요? 우리 같은 소액 투자자들도 주식으로 돈 좀 벌수 있게 알려주세요.

🧑‍🦰 오는 6월에 카카오증권의 모델포트폴리오(MAP) 서비스가 시작될 예정이야. 카카오증권의 자회사인 두나무투자자문이 다양한 자문사 상품을 모아 '자문사 위의 자문사' 역할을 해.

🧑 네? 자문사 위의 자문사요?

🧑‍🦰 쉽게 설명하면 일반인들에게 접근성이 떨어지는 자문사 상품을 한곳에 모아 놓은 '모바일 오픈마켓'이야. 여러 자문사의 상품들을 모바일로 확인하고 손쉽게 투자할 수 있어. 일일이 각 자문사에 투자설명서를 요청할 필요도 없고, 과거 수익률과 투자 철학도 바로 알 수 있어.

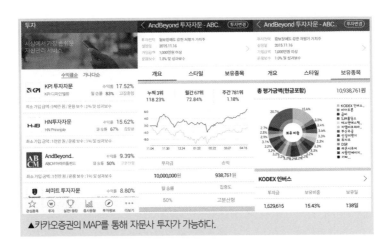

▲카카오증권의 MAP를 통해 자문사 투자가 가능하다.

🧑‍🦰 이야. 그거 좋을 것 같아요. 온라인에서 펀드 가입하듯이 바로 사고팔 수 있다는 거잖아요.

🧑‍🦰 그래. 맞아. 게다가 최소 투자금도 500만 원이야. 오는 6월 카카오증권을 통해서 오픈할 예정인데 기대해도 좋아.

🧑‍🦰 역시 아는 게 힘이네요. 모르면 손해보는 세상이에요.

그리고 마지막 필살기야. 증권사에 '유능한' 담당 직원 지정을 요청하
는 거야. 최근 증권사들이 직원의 인사 고사 평가에 '고객 수익률'을
포함 시키고 있어. 모 증권사 광고에 고객 수익률이 올라갔는데 담당
직원이 더 좋아하면서 춤추던 거 기억나? 처음엔 신한금융투자에서
시작됐지만 이제는 삼성증권, 미래에셋증권 등 다른 증권사로도 퍼져
나가고 있어.

고객 수익률로 직원들을 평가한다고요? 이야~. 그거 좋네요.

근데 문제는 가만히 있으면 아무도 신경 써주지 않는다는 거야. 담당
직원이 내 수익률로 평가 받게 만들려면, 고객이 먼저 담당 직원을 요
청해야 돼. 아무 노력도 안 하고 입 벌리고 앉아 감 떨어지길 기다려
봤자 아무런 소용이 없다는 거야.

우는 아이 떡 하나 더 준다고, 증권사도 마찬가지네요.

바로 그거야. 증권사별로 수익률이 높은 직원을 공개하거든. 집에서 가까운 지점에서 주식 수익률이 좋은 직원을 지정하면 끝이야. 하지만 친구들이 아무 요청도 하지 않고 가만 있으면 '금융 고아'처럼 버려지는 거야.

수익률이 좋은 직원은 담당으로 요청하라! 비싼 수수료 안 내고 수익률 올리는 진짜 깨알팁이네요.

금융계의 알파고
로보어드바이저

최근 재테크 업계에 '로보어드바이저'라는 새로운 핀테크가 관심을 끌고 있다. 로보어드바이저란 로봇(Robot)과 투자자문가(Advisor)의 합성어. 사람이 하던 자산관리를 고도화된 알고리즘과 빅데이터를 통해 자동화시킨다는 개념이다. 이른바 로봇 PB다. 금융권의 PB나 재무설계사들이 하던 일을 시스템이 대신해주는 것이다.

로보어드바이저 업체들은 법적으로 투자자문사는 일반인들이 주기적으로 자산을 리밸런싱하는 데 큰 도움을 줄 것으로 기대된다. 그동안 투자자문사의 문턱은 최소 1억 원 이상으로 너무 높았다. 하지만 로보어드바이저의 경우 문턱이 낮아질 전망이다.

이에 따라 소액 서민들이 전문 PB의 서비스를 받을 수 있는 일이 열렸다고 볼 수 있다. 일반 펀드 투자로 수익을 내지 못하는 건 주기적으로 모니터링을 하며 펀드를 갈아타지 못하기 때문이다. 다만 변동성을 최소화하는 포트폴리오를 추구하기 때문에 대박 수익률은 기대하기 어렵다.

국내 최초 '로보어드바이저' 투자자문사인 쿼터백투자자문은 시중 은행과 손잡고 자문형 신탁상품을 처음 출시했다. KB국민은행을 통해 로보어드바이저 상품(쿼터백 R-1)이 판매 중이며 최소 가입금액은 2,000만 원이다. 은행권 투자신탁 상품은 국민은행이 처음이다.

자산 배분도 알아서 척척
'ETF 자문형 랩'

최근 펀드보다 단기 매매에 용이한 ETF만으로 구성된 'ETF랩' 상품들이 출시되고 있다. ETF랩은 일반적인 랩상품에 비해 운용 수수료가 저렴하고 최소 투자금 제한이 낮아 관심을 가지기에 충분하다.

1. 국내시장 투자, 스마트베타 전략 ETF랩

지난해부터 본격 출시되기 시작한 ETF랩은 증권사의 투자 전략에 따라 차이를 보인다. 국내시장에 투자하며 차별화된 전략을 추구하는 상품으로는 미래에셋대우증권의 '폴리원(Folione)인컴밸류고배당형'과 미래에셋증권의 'TIGER섹터ETF랩' 등이 있다. 지난해 8월 출시된 폴리원인컴밸류고배당형은 미래에셋대우증권이 자체 개발한 코스피 자산배분 모델 시그널인 폴리원 알고리즘에 따라 배당, 가치, 저변동성 스타일 ETF에 분산 투자한다. 펀드 매니저의 정상적인 판단은 배제하고 정량적인 시그널에 따른다. 대우증권 ETF랩 운용부 관계자는 "ETF랩의 매도와 매수는 펀드 매니저가 직접한다"며 "트레이딩까지 자동으로 되는 로보어드바이저와는 차별화된다"고 말했다. 최소 투자금은 1,000만 원이고, 운용보수는 연 1.5%다.

2016년 2월 미래에셋증권이 출시한 'TIGER섹터ETF랩'은 코스피 시장에 10개 섹터에 분산 투자하며 시장 상황에 따라 리밸런싱을 한다. 액티브 펀드 매니저 10년 경력의 서문진 EPI어드바이저투자자문 대표가 운용하는 이 상품의 투자 전략은 "현금 흐름이 좋은 섹터의 비중을 높이는 것"이다. 서 대표는 "우량한 기업을 선택할 때 현금 흐름을 가장 중시한다"며 "코스피 종목을 10등분한 각 섹터들 중에서 현금 흐름이 좋은 기업이 많이 포함된 섹터에 투자한다"고 설명했다. 특히 이 상품은 운용보수가 0.95%로 최저 수준이다.

2. 글로벌 자산 배분, 원자재 투자 ETF랩

글로벌 시장에 투자하는 ETF랩으로는 신한금융투자의 '신한명품분할매수형 랩'과 삼성증권의 'POP UMA 본사 ETF형', 그리고 대신증권의 '대신[Balance]달러자산포커스랩' 등이 있다. 삼성증권의 'POP UMA 본사 ETF형'은 최소 투자금이 3,000만 원으로 상대적으로 비싼 편이다. 이 상품은 삼성증권 리서치센터의 시장 전망에 따라 국내는 물론 해외 주식과 채권 등에 투자한다.

증권사별 ETF랩 현황

상품명	최소투자금	운용보수	특징
신한명품분할매수형 랩	1천만	연 1.6%	국내, 원유, 금, 중국, 농산물의 기초자산을 저가 분할 매수
POP UMA 본사 ETF형	3천만	연 0.9~1.5%	삼성증권 리서치 센터의 글로벌 경제분석에 따라 최선호 섹터 도출
폴린 인컴 밸류 고배당형	1천만	연1.5%	코스피 자산배분 모델 시그널에 따라 배당, 가치, 저변동성 스타일에 투자
TIGER 섹터 ETF랩	1천만	연 0.9%	코스피 시장을 10개 섹터로 분산해 현금 흐름에 따라 비중 조절
대신[Balance] 달러자산포커스랩	1천만	연 1.5%	미국에 상장된 글로벌 ETF에 분산 투자

🙍‍♀️ 마지막으로 친구들이 상상도 못했을 자문사를 공개할 거야. 흔히 투자자문사라고 하면 주식 투자만 떠올리잖아? 언니는 채권 투자도 직접 하지 않아. ETF편에서 채권 투자는 접근성이 떨어진다고 배웠던 거 기억하지?

🙍‍♀️ 네. 그래서 채권형 ETF로 한다고요. 그럼 언니는 채권 투자도 전문가한테 맡기는 거예요?

🙍‍♀️ 그래. 맞아. 2014년 초 한국채권투자자문의 김형호 대표님을 인터뷰하고 채권 투자자문사를 알게 됐지. 김 대표님은 국내 1세대 채권 펀드 매니저로 유명하신 분이야. 2014년 초에 채권 전문 투자자문사를 국내 최초로 설립했지.

🙍‍♀️ 정말 채권 투자자문사는 생각도 못했어요.

🙍‍♀️ 사실 김 대표의 한국채권투자자문사의 주된 수익률은 채권 투자에서 나오는 게 아냐. 전체 투자일임 자산의 70%는 채권에 넣지만, 나머지는 공모주 등의 투자를 해. 언니의 투자일임 계좌를 보면 채권의 비중

이 74.72%이고, 나머지는 24.7%가 주식이야.

	언니의 투자		
총액(A)	**34,185,960**		**+2,546,866**
구분	평가금액	평가손익	비중
■ 예수금	7,815,495	0	22.86
■ 주식	6,310,465	2,484,865	18.46
■ 채권	20,060,000	62,001	58.68

진짜 그러네요. 채권 투자금은 2,000만 원 정도인데 평가 수익은 6만 2,000원밖에 안 되고, 주식 투자금은 631만 원 정도인데 평가 손익이 240만 원이 넘어요.

공모주에 대해선 바로 다음 장에서 자세히 다룰 예정인데, 채권 투자 자문사의 가장 큰 매력은 바로 공모주 투자야. 정부는 비우량채권(신용평가등급 BBB+이하 채권) 투자를 활성화하기 위해 하이일드 펀드 제도를 도입했어. 하이일드 펀드가 비우량 회사채를 30% 이상 투자하면 공모 물량의 10%를 하이일드 펀드에 배분하도록 한 거야.

아하. 결국 공모주 투자로 버는 거네요?

맞아. 2014년 언니의 투자일임 수익률은 무려 25%에 달했어. 하지만 2015년 들어 공모주 투자 수익률이 떨어지면서 전체 수익률도 10% 대로 떨어졌지. 처음엔 공모주 투자 혜택이 컸지만, 갈수록 경쟁이 치열해지면서 매력이 떨어진 거야.

> 고객등급

> 총 자산

34,249,470 원

Ace

> 평가손익

∧ **2,610,376** 원

▲2015년 11월 6일 현재 한국채권투자자문의 투자일임 계좌 누적수익률은 9.8%다. 〈저자 사례〉

요즘 같은 저금리 시대에 10% 연 수익률이면 엄청난 거죠. 역시 돈은 전문가한테 맡겨야 해요.

채권 투자는 앞으로 더 기대되는 부분도 있어. 정부가 그동안 막아놨던 분리형 신주인수권부사채(BW)를 공모형에 한해 개방하기로 했거든.

헐. 갑자기 분리형 신주인수권부사채는 무슨 말인가요?

용어가 생소해서 그렇지 어려울 거 하나 없어. 결국 채권인데 시장 상

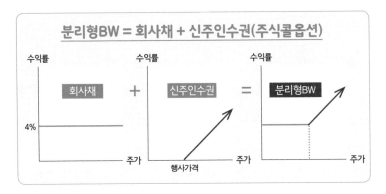

분리형BW = 회사채 + 신주인수권(주식콜옵션)

회사채 + 신주인수권 = 분리형BW

수익률 ... 수익률 ... 수익률

4% ... 주가 ... 행사가격 ... 주가 ... 주가

황에 따라 주식으로 바꿀 수 있는 권리가 붙은 것들이야. 기본적인 형태는 채권이지만 시장 상황이 유리하게 되면 주식으로 '돌변'하는 주식관련사채로 전환사채와 신주인수권부사채 등이 있어.

정리하면 채권인데 상황에 따라 주식으로 바뀔 수 있는 '기회주의자'들이네요?

맞아. 그렇게 볼 수도 있지. 이렇게 1층과 2층에 애매하게 걸친 주식관련 채권에 투자하는 것을 전문 용어로 '메자닌 투자'라고 부르기도 해. 중요한 건 2015년 10월부터 공모로 발행되는 분리형BW가 허용되면서 투자 환경이 유리해졌다는 거지.

네네. 안타깝게도 예전부터 기회주의자들이 더 잘 먹고 잘 사는 세상이니까요. 메자닌 투자인지 뭔지 한번 해봐야겠네요. 메자닌 투자도 채권투자자문사에 일임 계약을 맺어야만 할 수 있나요?

아니. 그렇지 않아. 증권사의 메자닌 랩도 관심을 가져볼 만해. 증권사

랩 상품은 수수료와 절세 혜택이 커. 1% 내외의 연 수수료만 내면 되고, 채권 매매 차익은 비과세니까. 아무리 채권 투자를 하더라도 펀드로 묶이게 되면 이자소득세(15.4%)를 고스란히 다 내야 하니까.

없어서 못 파는 '메자닌 펀드'

'1층과 2층 사이'라는 건축용어로 설명되는 '메자닌 투자'는 결국 채권과 주식을 합친 하이브리드라는 의미다. 기본적인 형태는 채권이지만 시장 상황이 유리하게 되면 주식으로 '돌변'하는 주식관련사채(전환사채, 신주인수권부사채)에 투자한다. 안정적인 채권의 수익률을 기본으로 깔고 주식으로 높은 수익률을 추구한다.

1. 수익률 절세, 두 마리 토끼 '메자닌 랩'

메자닌 투자법은 다양하다.사모펀드, 투자일임 그리고 앞으로 활성화가 기대되는 공모 펀드까지 있다. 그중에서도 증권사의 랩어카운트(랩) 상품은 수수료와 절세 혜택이 크다. 투자자문사의 투자일임은 선취수수료, 성과보수, 매매 수수료까지 있다. 반면, 랩 상품은 1% 내외의 연 수수료만 내면 된다. 무엇보다 세금 혜택이 크다. 법적으로 채권 매매 차익은 비과세지만, 펀드로 묶이게 되면 이자소득세(15.4%)를 내야 한다. 반면 랩 상품으로 투자하면 채권 투자 비과세 혜택을 받을 수 있다. 채권을 주식으로 전환한 이후 발생하는 시세차익도 비과세다.

현재 시중에 판매 중인 메자닌 랩 상품은 신한금융투자의 '신한명품 메자닌 공모주랩(한국채권투자자문사 운용)'이 유일하다. 다만 랩 상품의 단점은 최소 가입금액이 많다는 것이다. 현재 신한금융투자가 판매 중인 '신한명품 메자닌 공모주랩'의 최소 가입금액은 5,000만 원이다.

2. 최소 가입금액, 성과보수 없는 '메자닌 투자일임'

채권 투자자문사의 일임 계약도 고려할 만하다.

한국채권투자자문이 선보인 '100세시대 월적립식·월지급식 펀드(투자일임)'는 투자일임 상품이지만, 최소 가입 금액이 없다. 매월 납입액이 10만 원 이상이면 된다.

주력 투자상품은 최근 허용된 공모로 발행되는 분리형BW다. 분리형BW의 장점은 회사채와 신주인수권을 분리해 각각 채권시장과 주식 시장에서 거래할 수 있다는 점이다. 특히 신주인수권은 10~15% 프리미엄으로 거래되고 전액 비과세 소득을 올릴 수 있다.

〈출처: 이데일리 2015년 7월 22일〉

언니의
깨알팁

김형호 대표의
채권 투자 노하우

1. 채권, 어디서 살까

일반인에게 채권이 어려운 이유는 주식처럼 쉽게 살 수가 없기 때문이다. 채권을 사는 방법은 두 가지다. 채권도 주식처럼 HTS(홈트레이딩 시스템)를 통해 직접 살 수도 있다. 하지만 일반적으로 증권사 직원을 통해 산다. 언뜻 비슷해 보일수도 있지만 이 둘의 유통시장은 엄연히 다르다.

채권의 유통시장은 주식과 달리 정보의 비대칭성이 강하다. 만기 때까지 보유하지 않고 중간에 매도하는 판매자가 있어야 비로소 채권시장에 나온다. 따라서 주식처럼 모든 물량이 HTS에서 투명하게 거래되지 않는다.

특히 우량 채권들은 공개 유통시장에 잘 나오지 않는다. AAA 이상의 우량 채권은 증권사를 통해 매입이 가능하다.

2 . '절대 망하지 않을' 회사를 찾아라

흔히 채권투자는 중위험·중수익 상품으로 알려져 있다. 2015년 7월 현재 우량채의 표면금리는 은행이자보다 약간 높은 2% 수준이다. 만기까지 계속 보유하면 적어도 2%의 이자 수익은 얻는 것이다.

하지만 알려지지 않은 틈새도 존재한다. 투자적격등급(BBB+)과 투기등급 (BB+)의 사이에 존재하는 우량채다. 모든 대기업의 신용등급이 높은 것은 아니다. 코스피 157위인 아시아나 항공의 신용등급도 BBB+다. 김 대표는 "채권 투자의 핵심은 절대로 망하지 않을 회사를 찾는 것"이라며 "투자적격 등급에 속한 회사채라면 신용등급이 조금 낮더라도 관심을 가질 만하다"고 말했다.

3. 돈 많은 주인을 찾아라

문제는 '망하지 않을' 회사를 찾는 게 관건이다. 신용등급 확인은 0순위다. 흙속의 진주를 찾더라도 투자 적격 범위 안에서만 선택하는 게 안전하다. 많은 개인 투자자들에게 엄청난 피해를 준 동양그룹은 BB+로 투자 부적격 등급이었다.

다음 체크 포인트는 '증자 여력'이다. 회사 부도 시 대주주들이 '자기 돈'을 넣어 살릴 여력이 있느냐를 봐야 한다. 지속적으로 위기설이 나오지만 생명을 연장해가는 기업들은 대부분 오너의 증자 덕분이다.

끝으로 대주주 지분율도 봐야 한다. 적어도 대주주의 지분율이 20% 이상 돼야 안전하다. 대주주 지분율이 높아야 회사에 대한 책임감도 커진다.

4. 주식 관련 채권(CB·BW) 투자, "위기가 기회다"

김 대표가 지난 20년간 가장 크게 수익을 낸 투자는 '하이닉스 BW(신주인수권부사채)'다. 2001년 당시 워크아웃에 들어간 하이닉스 BW를 5,000원에 샀다가 1년 만에 3배 수익을 남기고 팔았다. 당시 주변 지인들에게도 추천을 했지만 대부분이 "워크아웃 기업을 어떻게 사느냐"고 했다.

하지만 고위험, 고수익이다. 김 대표는 "겉보기엔 위험해 보이지만 실제론

리스크가 하나도 없는 투자 기회는 분명 있다"며 "2~3년에 한 번씩 이처럼 크게 수익을 낼 만한 기회가 온다"고 말했다.

5. 워크아웃 VS 법정관리

일반적으로 워크아웃 기업투자는 상당히 위험해 보인다. 망한 기업에 투자한다고 생각하기 때문이다. 하지만 김 대표는 "일반인들이 법(기업구조조정촉진법)을 잘 몰라서 하는 말"이라고 했다.

기촉법은 워크아웃 기업의 개인 소유 회사채에 대해선 100% 보장하도록 하고 있다. 워크아웃에 들어가는 순간 개인 투자자들의 채권은 '비협약 채권'으로 분류되기 때문이다. 워크아웃 기업의 협약 채권은 채권단이 자율협약을 통해 처리해야 하는 회사채를 말한다. 이는 어떻게든 채권단이 책임을 지고 해결해야 하는 채무다. 하지만 개인 투자자의 회사채는 이 같은 자율 협약 대상에 포함되지 않는다. 따라서 원금이 100% 보장되는 안전한 투자가 되는 것이다.

반면 법정관리는 채무 해결에 대한 권한이 법원으로 이임되는 것으로 권리 순위에 따라 보상의 내용이 달라진다. 대부분 거의 보상을 받지 못한다.

티끌 모아 태산,
공모주

CHAPTER
08

푼돈 모아 목돈 만드는 공모주 투자

🙍‍♀️ 이제 『투자의 여왕』 공부도 막바지로 치닫고 있어. 그동안 어려운 관문들을 잘도 지나왔어. 이제 조금만 힘을 내면 가벼운 마음으로 하산할 수 있어. 오늘은 지금까지처럼 예민하게 글로벌 경제 상황을 파악할 필요도 없고, 실시간으로 매매 타이밍을 잡을 필요도 없는, 그야말로 속 편~한 투자법이야.

🙎‍♀️ 우와. 정말요? 스트레스도 없고 시장 리스크도 적은 그런 투자법이 있나요?

🙍‍♀️ 물론이지. 게다가 단순하기까지 해. 몇 가지 원칙만 지키면 '잃지 않는' 투자를 할 수 있어.

🙎‍♀️ 이야~. 딱 우리 스타일인데요? 이런 좋은 투자를 왜 이제야 알려주시는 건가요? 빨리 알려주세요.

🙍‍♀️ 오늘 소개할 투자법은 바로 '공모주' 청약이야. 예전부터 강남 아줌마 부대들이 증권사를 돌며 해오던 틈새 투자법이지. 주식 투자의 주류는 아니지만, 공모주 투자만 하는 사람들도 있어. 다만 공모주 투자는

리스크가 적은 대신 한 번에 대박을 터뜨리긴 어려워. 쉽게 설명하면, 푼돈을 모아 목돈을 만드는 적금과 같다고 할까? 저축으로 치면 풍차 돌리기 같은 거지. 매번 공모주 투자로 얻는 이익은 소액이지만, 꾸준히 하다 보면 목돈을 만들 수 있어. 적은 원금에 계속 이자가 붙어 불어나는 '스노볼 효과'를 노리는 거야.

재테크 MEMO

▶스노볼 효과(snowball effect): 적은 원금에 이자가 붙고, 이자에 이자가 붙어 큰 자산 효과를 내는 것

아하, 그럼 공모주 투자도 적금처럼 안전한가요?

투자의 세계에서 100%는 없어. 다른 투자에 비해 리스크가 낮다는 거지. 게다가 이미 낮은 리스크는 여러 전문가들을 통해 검증됐어. 언니가 공모주 전문가로 인터뷰했던 현대회계법인 박동흠 회계사는 처음 5,000만 원으로 시작해 8년 만에 5억 원으로 불렸지. 최근 5년 간 연평균 수익률로 환산하면 무려 63.2%에 달해.

우와. 연평균 수익률이 63.2%라고요? 어마어마하네요.

앞에서 언니가 채권 투자자문사를 통해 공모주에 투자했던 거 기억하지? 언니가 직접 하지 않아도 대신 투자해준다고 했잖아? 구체적으

로 언니의 수익률을 살펴보면, 2016년 초 코스피 지수가 1,830선까지 떨어졌지만 공모주 투자 수익률은 35%에 달했어. 일부 종목들이 공모가 이하로 떨어지긴 했지만 직접 주식 투자에 비하면 손실이 훨씬 적은 편이지. 구체적인 수익률을 보면 삼성물산과 에스케이디앤디가 각각 277.36%, 237.31%에 달해.

종목명	구분	보유 수량	평균단가	현재가	평가금액	평가손익	평가율
연우	현금	3	25,200.00	37,750.00	113,250	37,650	149.80
더블유게임즈	현금	3	65,000.00	39,000.00	117,000	−78,000	60.00
삼성SDS	현금	5	190,000.00	189,000.00	945,000	−5,000	99.47
삼성물산	현금	26	53,000.00	147,000.00	3,822,000	2,444,000	★★★★★ 277.36
제주항공	현금	7	30,000.00	37,700.00	263,900	53,900	125.67
아이진	현금	1	13,500.00	24,400.00	24,400	10,900	180.74
더블유게임즈	현금	2	65,000.00	39,000.00	78,000	−52,000	60.00
제이에스코퍼레이션	현금	3	23,000.00	27,250.00	81,750	12,750	118.48
에스케이디앤디	현금	3	26,000.00	61,700.00	185,100	107,100	★★★★★ 237.31
AP위성통신	현금	5	9,700.00	10,200.00	51,000	2,500	105.15
네오오토	현금	2	12,000.00	9,730.00	19,460	−4,540	81.08
민앤지	현금	2	28,000.00	31,650.00	63,300	7,300	113.04
케어젠	현금	1	110,000.00	126,000.00	126,000	16,000	114.55
경보제약	현금	16	15,000.00	14,600.00	233,600	−6,400	97.33
토니모리	현금	3	32,000.00	31,850.00	95,500	−450	99.53
파마리서치프로덕트	현금	2	55,000.00	70,600.00	141,200	31,200	128.36
엔에이치스팩8호	현금	7	2,000.00	2,075.00	14,525	525	103.75
케이티비스팩3호	현금	10	2,000.00	2,010.00	20,100	100	100.50
미래에셋제4호스팩	현금	4	2,000.00	1,980.00	7,920	−80	99.00

▲2016년 3월 18일 기준, 공모주 투자 수익률. 〈저자 사례〉

 이야~. 진짜 마이너스 난 종목이 거의 없네요.

그치. 2015년 상반기까지만 해도 공모주 투자로 짤짤한 재미를 봤어. 하지만 세상에 다 좋을 순 없으니까, 공모주 투자는 치명적인 단점이 있어. 수익률과 리스크 두 마리 토끼를 동시에 다 잡을 순 없거든. 공모주의 단점은 진입장벽이 높다는 거야. 적어도 5,000만 원 이상 종잣돈이 있어야 돈을 벌 수 있는 구조지. 결국 돈이 돈을 버는 거야.

어쩐지 어렵지도 않고 리스크도 적다고 할 때부터 알아 봤어요. 우리 같은 소액 투자자들한테는 어림 반 푼어치도 없겠어요.

아니 절대 그렇지 않아. 우리에게 불가능이란 없어. 이가 없을 땐 잇몸으로! 가능한 모든 방법을 찾아야지.

할 수 있는 모든 자금으로 배팅하라

역시 우린 언니의 그런 '도전 정신'을 사랑해요. 이가 없으면 잇몸으로! 구체적인 방법을 알려주세요.

일단 현재 동원 가능한 모든 자금을 마련해야 해. 언니도 맨 처음 공모주 투자할 땐 3,000만 원 정도로 시작했어. 기존 현금에다 가능한 대출은 전부 받은 거지. 『재테크의 여왕』을 공부한 친구들은 기억하지? 언니가 처음으로 마이너스 통장을 만들었던 이유가 공모주 투자 때문이었던 거.

맞아요. 맞아! 그때 대출은 부자로 가는 황금 사다리라고 했어요.

그래, 맞아. 총알이 좀 없으면 어때? 우리에겐 '좋은 대출'이 있잖아. 좋은 대출은 대출이자보다 많은 순익을 남기는 구조야. 공모주 투자로 들어가는 비용은 단 3일이야. 만약 마이너스 통장으로 5,000만 원을 빌린다면 3일 동안 대출 이자가 얼마지? 금리는 연 3%라고 가정해봐.

이런 계산쯤이야 이제 식은 죽 먹기죠. 1년 이자가 150만 원이고 하루 이자가 4,109원이에요. 3일이면 1만 2,328원이네요.

이제 하산할 때가 되니 이 정도 계산은 척척하네. 그러니까 공모주 투자로 적어도 1만 2,000원보다 더 많이 벌 자신이 있다면, 과감히 배팅하는 거야.
사실 친구들이 최대한 동원 가능한 자금은 생각보다 훨씬 더 많아. 가장 쉬운 방법은 이미 가입한 예·적금을 담보로 대출을 받는 거야. 얼마나 간단한지 전화 한 통이면 5분 만에 해결 돼. 그 밖에 펀드, 보험, 연금 등을 담보로도 대출을 받을 수 있어. 예·적금에 비해선 조금 번거롭긴 하지만, 의지만 있으면 충분히 가능해.

공모주 청약을 위한 단기 대출법의 종류

상품명	예금담보대출	개인연금저축 담보대출	펀드담보대출	마이너스 통장
대출한도	납입액의 80%	납입액의 80%	주식형 50%, 채권형 80%	최대 연봉만큼
대출금리	상품금리+1%	상품금리+1%	4% 중후반, 상품별 상이	개인신용등급에 따라 상이
중도상환 수수료	없음	없음	있음	없음

이야~~. 펀드, 주식, 보험 등 담보대출은 생각도 못했어요. 역시 뭐든 연구하고 찾아보면 방법은 다 있네요. 시도도 안 해보고 포기할 게 아니었어요.

물론이지. 하지만 세상엔 공짜가 없어. 손품, 발품을 팔아야 푼돈이라도 모을 수 있어. 특히 공모주 투자는 부동산 투자처럼 발품을 많이 팔아야 해. 여러 증권사에 계좌를 트고, 일정에 맞춰 대출도 받아야 하니까.

에이. 세상에 공짜가 어디 있나요? 최저 리스크로 돈 번다는데 그까짓 거 발품 하나 못 팔겠어요?

공모주 청약을 위한 '총알' 마련법

1. 내 돈을 담보로 하는 '예금 담보대출'

소액 투자자들이 급전이 필요할 때 가장 손쉽게 활용할 수 있는 것이 '예금담보대출(예담보)'이다. 해약 없이 납입금액의 최대 80%까지 대출이 가능하다. 인터넷뱅킹, 스마트뱅킹으로 쉽게 신청할 수 있다. 금리는 예·적금 상품의 금리보다 1% 포인트 정도 높다. 연 3%금리 상품이라면 연 4%가 예금담보대출 금리가 된다. 예금담보대출을 신청할 때는 가입한 상품 중 금리가 낮은 상품을 선택하는 게 좋다.

	언니의 투자
주택청약종합저축	⟩

잔액 **2,920,000** 원

계좌관리 | 거래내역 | **입금**

대출종류	가계일반자금대출 (주택청약 종합저축)
대출금액	2,700,000
대출잔액	2,700,000
취급일	2015-10-23
만기일	2016-10-24
이수기일	
이체지정일(주기)	23일(1개월)
다음이자납입일	2015-11-23
연체여부	정상
대출이율	2.98%

▲납입액이 292만 원인 주택청약종합저축을 담보로 대출을 받았다. 최대 270만 원까지 대출이자 2.98%로 가능하다. 〈저자 사례〉

2. 개인 퇴직연금을 담보로 '연금담보대출'

직장인들이 세금혜택을 노리고 많이 가입한 개인연금저축보험도 좋은 담보대출이 된다. 이 역시도 그동안 납입한 금액을 기준으로 최대 80%까지 대출이 가능하다. 개인연금저축보험 담보대출은 전화상으로 신청이 가능하고, 신청 즉시 입금된다.

하지만 퇴직연금은 절차가 까다롭다. 법적으로 무주택자의 주택 구입 등 5가지 사항에 대해서만 퇴직연금을 담보로 대출이 가능하다. 퇴직연금을 활용한다면 이를 담보로 연계된 은행에서 마이너스 통장을 활용하는 게 낫다.

3. 환매 말고 '펀드담보대출'

펀드에 돈이 묶인 사람들도 펀드를 담보로 대출을 받을 수 있다. 하지만 절차가 복잡하고, 직접 영업점을 방문해야 한다.

대출 가능 금액은 펀드의 종류에 따라 달라진다. 주식의 편입 비율이 높을수록 최대 대출 한도가 낮아지고 채권의 비율이 높을수록 높아진다. 100% 주식형 펀드는 평가액의 50%까지 대출이 가능하고, 100% 채권형은 80%까지 할 수 있다. 펀드의 경우 각각의 특성에 따라 대출 가능 금액이 달라진다. 최소 대출 기간은 3개월이고 이전에 상환할 경우 보통 대출금의 1.5%에 해당하는 중도상환 수수료가 붙는다. 펀드 담보 대출 금리는 약 4.8% 정도다.

4. 단기 급전에 유용한 '직장인 마이너스 통장'

직장인들이 가장 큰 금액을 빌릴 수 있는 방법은 '마이너스 통장'이다. 단기간에만 자금이 필요할 경우 신용대출보다는 마이너스 통장이 훨씬 유리하다. 고객이 쓴 기간에 대해서만 이자를 내면 된다.

마이너스 통장을 잘 받으려면 직장과 연계된 은행을 방문하는 게 좋다. 최대 연봉까지 가능하고 금리 우대도 받을 수 있다. 직장과 연계되지 않거나 주거래은행이 아닌 경우 은행 지점에 따라 천차만별이다. 각 지점의 사정에 따라 대출한도와 대출금리가 달라진다.

5. 보험계약 담보대출

보험을 담보로도 대출이 가능하다. 가입한 보험의 해지 환급금의 60% 범위 내에서 일정 금액을 원하는 기간 동안 쓸 수 있다. 변액보험 역시 신청 당일 날 지급이 가능하다. 보험회사 사이트에서 신청 및 상환이 가능하며 대출금리는 4~6% 정도로 공시이율에 1.25%가 더해진다.

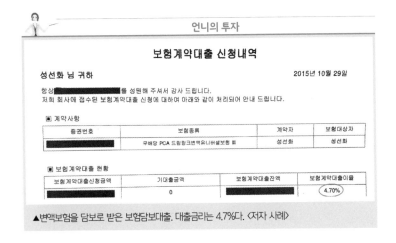

▲변액보험을 담보로 받은 보험담보대출. 대출금리는 4.7%다. 〈저자 사례〉

6. 주식담보대출

현재 보유 중인 주식을 담보로 대출을 받을 수도 있다. 자신이 보유한 증권사에 담보대출 신청을 한 뒤 대출 가능 금액을 조회한다. 주식담보대출의 경우 보유 종목에 따라 대출이 가능한 것도 있고, 그렇지 않은 것도 있다. 주식

담보대출 역시 바로 당일 지급이 가능하다. 다만 예금담보 등에 비해선 금리

가 높은 편이다.

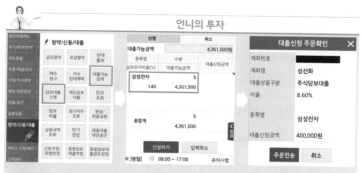

▲삼성전자 주식을 담보로 받은 주식담보대출. 대출금리가 8.6%로 다른 대출에 비해 비싼 편이다.
〈저자 사례〉

공모가, 할인된 가격의 매력

자, 이제 총알 걱정은 해결된 거지? 본격적으로 공모주 청약법을 알아보자. 그러려면 먼저 공모주의 정확한 개념부터 이해해야 해. 공모주는 비상장 기업이 주식 시장에 진입하기 위해 공개적인 모집 절차를 밟는 거야. 흔히 말하는 '기업공개(IPO)'와 같은 말이지.

아마 벤처 사업가들이 IPO로 돈방석에 앉았다는 기사들을 본 적이 있을 거야. 중국 전자상거래 기업인 알리바바가 미국 나스닥에 상장하면서 마윈 회장이 우리 돈으로 28조 원이라는 천문학적인 돈을 벌었어.

하지만 2년이 지난 지금 마윈 회장은 "IPO를 괜히 했다"는 후회를 한대. 왜 그럴까? 상장을 하면 금융당국의 감시를 받으며 지속적으로 회계 정보를 공시해야 하니까.

그런데도 기업들이 IPO를 하는 이유가 뭘까?

기업들이 억지로 뭔가를 할 땐 뭐니 뭐니 해도 돈 때문 아니겠어요?

맞아. 기업들이 IPO를 하는 이유는 자금 확보를 위해서야. 그러려면 상장 대박을 터뜨려야 하고, 시장가격보다 싸게 팔아야 해.

이런 이유에서 상장을 앞둔 기업들은 흥행 성공을 위해 공모가를 비교 기업의 상대가치보다 할인해서 내놓는 경우가 많아. 다 그런 건 아니지만, 열에 아홉은 그래. 공모가가 높으면 청약 경쟁률이 낮아지고 흥행에 실패할 확률이 높으니까.

공모주 청약은 부동산 분양과 비슷해. 아파트를 처음 팔 때 청약 신청을 받아서 분양하잖아? 아파트 가격에 비해 분양가가 낮으면 사람들이 몰리고, 반대로 분양가가 높으면 미분양이 나기도 해. 그래서 건설사들은 분양 시기와 가격 결정에 상당히 공을 들여.

재테크 MEMO

신주 모집과 구주 매출
기업공개를 하면서 회사의 주식을 투자자들에게 내놓는 방법은 크게 두 가지가 있다.
첫째, 회사가 새로운 투자자들로부터 자본을 납입받고 그들에게 신주를 발행하는 방식으로, 신주 모집이라고 한다.
둘째, 회사의 기존 주주가 가지고 있는 주식을 새로운 공모주 주주에게 팔면서 상장하는 방식으로, 구주 매출이라고 한다.

🙍 아하! 이제서야 공모주의 리스크가 낮은 이유를 알 것 같아요. 부동산이든 주식이든 무조건 싸게 사야 돈을 벌잖아요. 공모주 투자도 잘만 고르면 좋은 종목을 싸게 살 수 있는 거네요.

🙎 그래. 맞아. 하지만 공모주는 기업의 가치보다 '공모가'가 투자의 성패를 좌우한다고 할 수 있어. 아무리 좋은 기업도 공모가가 비싸면 말짱 도루묵이야. 그래서 기업들은 공모가를 결정할 때 치열한 눈치 작전을

펼쳐. 마치 대학입시 원서 접수 때 막판 밀어 넣기와 비슷하다고 할까?

🙎 대입 원서 접수라…. 전날까지 접수 안 하고 버티다가 마감 10분 전에 밀어 넣기 신공!! 옛날 추억이 새록새록 떠오르네요.

🙎 그래. 맞아. 친구들도 언니랑 같은 세대인 거야? 상장을 앞둔 기업은 특정 공모가를 꼬집어 말하기보단 최저가와 최고가의 범위를 제시해.

🙎 그런데 일반 투자자들은 어디서 공모가를 확인하나요?

🙎 대체로 공모가는 청약 신청 3일 전에 결정돼. 결정 즉시 온라인에 기사화되지만, 더 확실한 방법이 있어. 한국증권거래소의 전자 공시에 올라오는 '투자설명서'를 보면 돼. 모집가액 예정범위라고 공모가 밴드가 나오거든. 2015년 10월말 진행된 제주항공을 예로 들어볼게. 처음 제주항공은 2만 3,000원~2만 8,000원으로 공모가 범위를 제출했어. 하지만 청약 전날 최종 공모가는 3만 원으로 당초 예상가보다 높게 책정됐어. 이유가 뭘까?

🙎 왠지 알 것 같아요. 막판 경쟁률이 엄청 높았던 게 아닐까요? 생각보다 사람들이 많이 몰렸겠죠. 그러니까 더 비싼 가격에도 잘 팔 수 있다는 자신감이 붙은 거예요.

그래. 정확해. 상장을 주관하는 증권사는 일반 투자자들의 청약 전에 기관 투자자들을 대상으로 수요 예측을 실시해. 수요 예측은 개인이 아닌 기관들이 해당 기업에 보이는 관심의 척도야. 그런데 제주항공의 경우 무려 740곳의 기관 투자자들이 당초 원했던 공모가 밴드의 최고가인 2만 8,000원을 부른거야. 엄청난 경쟁률에 제주항공도 배짱을 튕긴 거지. 결국 공모가 밴드를 넘어선 3만 원으로 질러버렸어.

공모가도 결국은 수요와 공급이네요.

그치. 공모가는 상장에 참여하는 '기관 투자자'들의 분위기에 따라 최종 결정돼.

참, 기관 투자자는 누구를 말하나요? 우리 같은 개미 투자자들이 일반 투자자인 거죠?

기관 투자자는 말 그대로 개인이 아닌 기관들이야. 대표적인 기관을 꼽자면 국민연금 같은 각종 금융기관들이지. 기관들이 먼저 공모주 청약에 참여해 배정 물량을 가져가면, 그 뒤에 우리 같은 개미들이 참여하는 거야.

아하. 선(先)기관 후(後)개미네요. 역시 개미는 공모주 청약에서도 뒷전으로 밀리나 봐요.

아니. 그렇게 부정적으로만 볼 필요는 없어. 오히려 뒷전으로 밀리는 게 '고마운(?)' 일일 수 있지. 일반 투자자들은 비상장 기업에 대한 정보를 정확히 알기 힘들거든. 상장 기업 정보도 접근성이 떨어지는데, 비상장 기업이야 오죽하겠어. 하지만 먼저 참여한 기관들의 경쟁률을 보면, 기업의 가치에 대해 어느 정도 짐작할 수 있어. 마치 초보 투자자들이 전문가들의 답안지를 미리 보고 시험장에 들어가는 것과 같아. 기관들이 미리 제출한 답안지를 참고해서 커닝을 하면 편하게 무임승차를 할 수 있는 거야.

이야. 생각을 바꾸니까 차라리 잘 된 거네요.

당연하지. 1년에 수십 개의 비상장 기업이 상장되는데 이 중에서 우리가 알 만한 대기업이 얼마나 되겠어? 삼성SDS, 제일모직, 제주항공 등 귀에 익숙한 기업은 정말 손에 꼽을 정도야. 그러니까 기관 수요 예측 결과에 따라 투자 여부를 결정하는 건 상당히 합리적인 거지.

재테크 MEMO

1. 기관 투자자의 수요 예측 과정

① 기관 투자자들은 청약 1주일 전쯤 수요 예측을 한다. 공모가격을 결정하기 위해 기관 투자자들을 대상으로 공모희망 가격과 인수희망 수량을 제시받는다.

② 주관사와 발행사는 청약 1~2일 전에 공모가를 확정하고, 배정 내역 및 기관 투자자의 수요 예측 경쟁률을 공지한다.

③ 기관 투자자들은 배정 내역에 따라 청약 의사를 표시하고 청약 금액을 납입한다.

2. 기업의 상장 절차와 공모주 청약

① 대표 주관사 계약 등 사전준비   ② 상장 예비심사 청구서 제출

③ 상장 예비심사   ④ 유가증권시장 상장위원회 심의

⑤ 상장 예비심사 결과 통보

⑥ 증권신고서 제출 → 금융감독원 전자공시(http://dart.fss.or.kr)에서 '투자설명서' 확인 가능

⑦ 공모주 청약   ⑧ 상장 신청서 제출

⑨ 상장 승인 통보   ⑩ 상장 및 매매거래 개시

초보 개미들, 기관경쟁률을 커닝하라

🧑‍🦰 이쯤되면 언니가 공모주 투자가 속 편한 투자법이라고 한 이유를 알 겠지? 일단 기관 경쟁률이 높으면 따라 들어가고, 낮으면 과감히 버 리는 전략이야.

🧑‍🦰 하하. 공모주 투자 전략은 정말 독특하네요.

🧑‍🦰 언니도 처음에 공모주 취재를 할 때 '대단한 투자법'이 있을 줄 알았 어. 공모주 전문가들을 인터뷰할 때도 "공모주 투자 노하우가 뭔가 요?"라고 계속 물었지. 하지만 실망스럽게도 "기관 경쟁률이 높은 걸 로 하세요"라는 답변을 들었어. 언니가 만난 전문가들은 대체로 기관 경쟁률이 적어도 300대 1은 넘어야 한다는 조언을 했지. 만약 기관 경

쟁률이 100대 1 미만이라면 신중해야 한다고. 조금 의아하긴 했지만, 지나고 보니 확률적으로 맞는 설명이야.

그럼 청약 전에 기관 경쟁률이 100대 1 미만이면 버리고, 300대 1 이상으로 들어가면 되나요?

물론 예외가 없진 않지만, 확률적으로 리스크를 줄일 수 있어. 기관 경쟁률이 애매하다면 다른 요소들을 보면서 고민을 좀 해봐야지.

하긴, 알 만한 기업이 상장한다고 다 성공하는 건 아닌 거 같아요. 어머니께서 삼성생명 공모주를 하셨는데, 공모가 밑으로 떨어져서 속앓이를 하셨어요.

그래. 맞아. 2015년 7월에도 현대차 광고 대행을 주력으로 하는 광고대행사 '이노션'이 상장했는데 상장 첫날부터 공모가 아래로 떨어졌어. 그러니까 관건은 합리적인 공모가야. 대기업이라도 공모가가 비싸면 가격 할인의 메리트가 사라져.

흠, 그런데 공모가가 높은지 낮은지를 객관적으로 알 수 있는 기준이 있나요?

물론 있지. 바로 장외시장에서 거래되는 가격, 즉 장외가격이야.

재테크 MEMO

▶**장외시장:** 기업공개(IPO) 절차를 밟지 않은 기업들이 거래되는 시장. 현행법상 장외시장은 개인 간의 사적거래로 규정돼 제도권 금융의 법적 테두리를 벗어난다.

👧 장외가격이요? 처음 들어봐요.

👩 장외라는 말은 말 그대로 '시장 밖'에 있다는 의미야. 주식 거래는 증권거래소 내 시장에서 이뤄지지만, 그렇지 않은 경우도 있거든. 시장은 아니지만 상장 전 주식이 증권거래소 내 알음알음 소개로 거래되는 곳이 바로 장외시장이야. 현재 장외에서 얼마에 거래되고 있는지를 보면, 상장 후 시장가격을 대충 가늠할 수 있어.

언니도 장외시장에서 주식을 사 본 적이 있어. 지인 분의 추천으로 화장품 원료를 만드는 기업에 투자를 했지. 그런데 정말 신기한 게 부르는 게 가격이더라고. 한 달 전에 1만 5,000원이었던 가격이, 금방 4만 원이 되고 5만 원이 됐어. 이런 장외주식들은 기업의 오너가 상장 전에 사적 거래에 의해 파는 거야. 개인과 개인 간의 거래다 보니 거래가 쉽진 않아. 이렇게 장외에서 주식을 산 투자자들도 주식이 상장이 되기를 기다려.

👧 역시 투자의 세계는 끝이 없어요. 장외주식까지 공부할 줄은 몰랐네요. 근데 장외가격이 공모가보다 얼마나 비싸야 안심할 수 있나요?

생각해봐. 장외가격도 규모는 작지만 수요와 공급에 의해 결정돼. 공모가가 장외가보다 싸다면 시장가보다 저렴하다고 볼 수 있어. 공모가가 5만 3,000원이었던 제일모직은 장외가가 무려 15만 원 정도였어. 장외가가 시장가보다 3배 이상 높으니까 배팅할 만한 거지.

물론 장외가는 거래가 많지 않기 때문에 정확한 가격이라고 하기는 힘들어. 다만, 공모가와 얼마나 차이가 나는지를 따져보는 거야. 일반적으로 장외가보다 10% 이상 차이가 나면 어느 정도 안심할 수 있어.

재테크 MEMO

공모주에 투자하는 3가지 방법

① 공모주에 직접 투자하기 : 투자자가 직접 계좌를 개설하고 상장주식도 직접 매도하는 방법이다. 38커뮤니케이션 'IPO/공모'에는 최근 한 달 간 진행되는 공모주 청약 일정이 나와 있다.

② 공모주 펀드에 간접투자하기 : 공모주와 채권에 투자하는 펀드에 투자하는 방법이다.

③ 장외시장을 통해 직접 투자하기 : 공모주 상장 전에 장외시장에서 미리 매수하는 방법. 금융투자협회에서 운영하는 장외시장인 K-OTC와 장외시장 전문 사이트인 38커뮤니케이션, IPO스탁 등을 통해 관련 정보를 얻을 수 있다.

상장 직전
비상장 주식 투자 주의보

비상장 주식 투자는 쉽지 않다. 무엇보다 현행법상 투자자가 제도권에서 보장받을 수 있는 장치가 전무하다. 정확히 알고 투자하면 높은 수익을 낼 수 있지만, 그렇지 않은 경우 더 큰 손해를 볼 수 있다. 비상장 주식은 말 그대로 유가증권 시장에 공개되지 않은 주식이다. 기업 정보를 제대로 알기가 쉽지 않고 거래도 힘들다. 공식적으로 비상장 주식이 거래되는 곳은 금융투자협회가 운영하는 장외시장 거래 사이트 K-OTC(http://www.k-otc.or.kr)다. 하지만 종목과 거래량이 한정돼 있다.

현행법상 비상장 주식 거래는 개인 간의 1 대 1 사적 거래에 해당된다. 공개된 시장에서 형성되는 가격이 아니기 때문에 부르는 게 값일 수 있다. 초기 단계가 아니고 상장 얘기가 나오면, 이미 오를대로 올랐다고 봐도 무방하다. 2014년의 경우 공모를 앞두고 매입한 장외주식을 조사한 결과, 10개 중 6개가 손실을 봤다. 박동흠 현대회계법인 회계사는 "장외주식은 상장 얘기도 나오기 전에 사서 묵혀둬야 된다"고 조언했다.

특히 국내 상장 주식 거래에 대해선 양도소득세가 없지만 비상장 주식은 매매차익에 대해 최소 10%~최대 20%의 세금을 내야 한다.

시초가 매도, 속 편한 투자의 지름길

아하. 이제 감이 잡히네요. 공모가, 기관 경쟁률 그리고 장외가격 등이 주요 체크 포인트네요. 다른 유의사항은 없나요?

사실 이 3가지만 잘 챙겨도 실패 확률은 상당히 낮아져. 하지만 1가지 추가할 포인트가 있어. 바로 기관들의 '확약기간'이야. 확약기간이란 기관 투자자들이 상장 주식을 팔지 못하는 일정 기간을 말해. 기관 확약기간이 길다는 건 장기보유 시 주가 상승 가능성이 높다고 볼 수 있어. 반대로 기관 확약기간이 짧다면 빨리 시세차익을 내고 빠지겠다는 의도로 해석할 수 있지.

기관 투자자들은 개미보다 먼저 들어가는 대신 확약기간이란 제약이 있나 봐요?

그래 맞아. 하지만 우리 같은 개미 투자자들에겐 기관들의 확약기간이 길면 유리한 점이 또 있어.

네네. 그게 뭐예요?

상장 첫날 기관들의 대량매도로 주가가 폭락할 리스크가 낮아져. 사실 개인들이 가장 마음 편하게 하는 공모주 투자법은 상장 직후 바로 팔아버리는 거야. 상장 첫날 처음 형성되는 가격(시초가)으로 배정 주식을 매도하는 거지.

그건 왜 그런가요? 상장 이후에 주가가 더 오를 수도 있지 않을까요?

물론 더 오를 수 있어. 하지만 그냥 마음을 비우고 공모가 대비 시초가 차익만 내는 거야. 그러면 적어도 상장 후 주가가 떨어질 걱정은 안 해도 되니까. 언니가 인터뷰했던 『나는 오피스텔보다 공모주 투자가 좋다』의 이병화 저자는 공모주 투자의 '시초가 매도' 원칙을 강조했어. 근데 재밌는 사실이 뭔지 알아? 연 평균 수익률로 따지면 시초가 매각 원칙을 지킬 때 수익률이 더 높다는 거야. 2014년 통계를 보면 공모주 46개 중 25개가 시초가 매도 시 수익률이 높았어. 이건 당일 종가를 기준으로 한 수치고, 연말 종가와 비교하면 27개 종목에 달해. 그러니까 평균적으로 10개 중 6개는 시초가 매도 시 수익률이 높다고 보면 돼.

2016년 공모주 큰 장 선다

2016년 공모주 시장은 사상 최대 규모가 될 전망이다. 호텔롯데, 삼성바이오로직스 등 시장의 주목을 받는 기업들이 상반기 중 상장을 앞두고 있다. 전문가들은 옥석 가리기를 통해 저위험·고수익을 실현할 수 있는 기회라고 입을 모은다.

1. 삼성바이오로직스 등 적자 상장 활성화

올해는 기술력은 있지만 손익분기점을 넘지 못한 기업들의 상장 문턱이 크게 낮아진다. 그동안 이른바 '적자 상장'을 해야 하는 기술 기업들은 코스닥의 기술 특례 제도를 통해서만 주식 시장에 진입할 수 있었다. 하지만 올해는 적자 기업이라도 기술력이 우수하다면 코스피 시장에 상장될 수 있다. 이 때문에 상장 심사 청구 전인 바이오 업체 '삼성바이오로직스'는 코스닥과 코스피 시장을 저울질 중이다.

이성진 한국증권거래소(KRX) 유가시장 상장유치팀 팀장은 "올해는 기술특례를 통한 코스닥 상장도 사상 최대치를 기록할 것"이라고 전망했다.

지난해의 경우 12개 기업이 기

2016년 상장 예정 기업

기업명	내용
호텔롯데	5월 내 상장 예정
넷마블게임즈	국내 최대 모바일 게임사
삼성바이오로직스	삼성 계열 바이오기업
셀트리온 헬스케어	셀트리온 자회사
엘엔피코스메틱	메디힐 제조사
롯데정보통신	롯데 계열사
코리아세븐	편의점 세븐일레븐

술평가를 통한 기술특례로 코스닥에 입성했다. 올해 기술성장 기업 상장특례 건수는 역대 최대치를 넘는 15건 이상으로 예상된다. 전체 공모 건수 130건, 공모 규모 11조 원 이상의 역대 최대가 될 것이란 전망이다.

2. 호텔롯데 등 상장 대어 주목

올해 상장을 앞둔 대어로는 '호텔롯데'를 비롯한 롯데 계열사들이 있다. 지난 1월 말 상장 심사를 통과한 호텔롯데는 2015회계연도결산 종료 후 늦어도 3월 초에 증권신고서를 제출하고, 5월 내 상장할 예상이다. 청약규모 약 5조 원으로 국내 공모 역사상 최고 규모로 예상된다. 다만 호텔롯데는 지난해 잠실 월드타워점이 면세점 사업자 재선정에서 탈락하면서 기업가치 하락이 불가피해 보인다. 그 밖에 상장 예정인 롯데계열사로는 롯데리아, 롯데정보통신, 세븐일레븐 등이 있다. 5월 초 상장심사를 청구한 기업은 제이더블유생명과학, 모두투어리츠, 엘에스전선이지아, 씽크풀, 앤디포스, 팍스넷 등이다.

3. 바이오 · 헬스케어로 기대주

셀트리온의 자회사인 '셀트리온 헬스케어'도 주목받는 대어 중 하나다. 하지만 기술력만 있는 적자 기업으로 2015년 실적과 재무구조에 대한 점검이 급선무다. 총 자산 대비 92%에 달하는 재고자산(1조 1,000억 원)의 소진 여부와 차입금 · CB(전환사채) · BW(신주신수권부사채) 3,936억 원, 셀트리온에 대한 매입채무 5,747억 원 등에 대한 검증이 필요하다.

투자설명서, 숨겨진 리스크 찾기

🧑‍🦰 와우. 이 정도면 공모주 투자도 이론은 충분한 것 같아요. 이제 실천만 남았네요. 지금 당장 어디서부터 시작하면 될까요?

👩 하하. 그럴 줄 알았어. 실행력 하나는 끝내준다니까. 지금부턴 공모주 투자를 위한 액션 플랜이야.

먼저 공모주 청약 일정을 확인해야 해. 대부분 공모주 청약 일정은 한 달 단위로 나오는데 금융감독원의 전자공시에서도 확인할 수 있고, 민간 정보 사이트에서도 볼 수 있어. 아이피오스탁(www.ipostock. co.kr)에선 초보 투자자들도 보기 좋게 달력 형태로 공모주 일정이 나와. 해당 기업을 클릭하면 상세한 내용까지 다 볼 수 있지.

🧑‍🦰 네. 당장 가서 한번 확인해볼게요.

👩 좋아. 공모주 일정을 확인했다면 청약할 종목을 골라야겠지? 이때 중요한 정보를 얻을 수 있는 자료가 바로 '투자설명서'야.

🧑‍🦰 투자설명서요? 그건 어디서 볼 수 있나요?

금융감독원 전자공시에서 확인 가능해. 이 중에서 가장 중요한 부분은 '핵심투자위험'이야. 여기를 잘 읽어보면 해당 기업의 사업내용은 물론 비용구조, 영업이익률 그리고 가장 중요한 투자 리스크 등이 상세하게 나와 있어. 직접 투자설명서를 찾아볼까?

에휴. 방금 찾아봤는데요. 깨알 같은 글씨를 읽기가 너무 힘들어요. 투자 설명서는 꼭 봐야 할까요?

물론이지. 투자설명서를 읽은 것과 읽지 않은 건 하늘과 땅 차이야. 게다가 투자설명서는 친구들이 생각하는 것만큼 그렇게 어렵지 않아. 조금만 신경을 써서 읽어보면 누구나 다 알 수 있어.

정말 누구나 쉽게 알 수 있는 거 맞죠?

물론이지. 예를 들어 제주항공의 투자설명서를 보면 향후 핵심 투자 리스크는 유가 상승이란 내용이 나와. 그동안 저유가로 영업이익률이 전년 동기 대비 2배 가까이 올랐는데 만약 유가가 오른다면 리스크가 될 수 있다는 거지. 그리고 항공 노선은 기업이 늘리고 싶다고 마음대로 늘릴 수 있는 게 아니야. 국가 간의 항공 협정에 의해 결정되는 거야. 기업이 잘한다고 해서 해결될 문제는 아니라는 거지.
반면, 긍정적인 요소는 저비용항공사(LCC)를 이용하는 고객들이 점차 늘고 있다는 것과 제주항공의 국제선 매출 비중이 높아지고 있다는 걸 들 수 있지. 물론 우리가 기관 경쟁률 등을 보고 따라 가긴 하지만 주요 사업내용 정도는 알아야지.

이야. 완전 자세하게 나오네요. 공모주 투자를 하더라도 투자설명서를 꼭 읽어봐야겠다는 생각이 들어요.

공모주 청약 따라하기

1. 공모주 일정을 확인한다

아이피오스탁(http://www.ipostock.co.kr)의 IPO캘린더에는 매월 공모주 청약 일정이 나온다. 원하는 종목의 청약 일정을 확인하고 주관 증권사의 계좌를 개설해둔다. 일부 증권사는 당일 발급되는 계좌는 공모주 청약이 불가능하도록 해놨기 때문에 넉넉하게 일주일 전쯤 계좌를 개설하고 인터넷 뱅킹까지 신청해야 한다.

▲2016년 4월, 5월 공모주 청약 일정. 〈출처: 아이피오스탁〉

2. 청약 여부 결정하기

최종 투자 결정은 공모가가 확정되고 기관 경쟁률이 나오면 하는 게 좋다. 그 다음으로 전문가들의 분석을 참조해 시장 분위기를 파악해야 한다. 해당 공모주에 대한 분석은 '황금돼지의 IPO노트(http://blog.naver.com/offboard)', '박회계사의 재무제표 분석법 블로그(http://blog.naver.com/donghm)' 등에 올라오는 평가 자료를 참고하면 된다.

청약은 실제 청약 마지막 날 하는 게 유리하다. 첫날 일반 경쟁률을 보고 경쟁률이 낮은 증권사를 통해 청약하면 배정 수량을 늘릴 수 있다.

3. 인터넷을 통한 청약

최근엔 대부분 인터넷으로 청약을 진행한다. 해당 증권사 계좌에 청약 증거금을 이체한 이후 자신이 청약 가능한 주식수를 확인하면 된다.

일반적으로 청약 증거금 100%가 필요하지만 우대 고객의 경우 50%만 요구할 수도 있다.

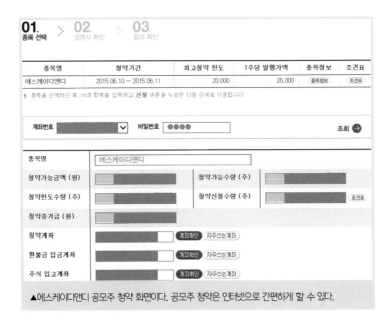

▲에스케이디앤디 공모주 청약 화면이다. 공모주 청약은 인터넷으로 간편하게 할 수 있다.

4. 청약증거금 환불

청약 이후 남은 증거금이 환불되기까지 3~5일이 소요된다. 주초에 진행되는 청약의 경우 3일 후에 청약증거금이 입금된다. 하지만 수요일~금요일 청약은 입금까지 5일이 걸린다.

5. 상장

청약 이후 상장까지는 7~10일 정도가 걸린다. 청약 이후 상장 일정은 잊어버릴 수 있기 때문에 반드시 메모를 해놨다가 시초가를 확인해야 한다. 상장 당일 시초가 매도는 미리 예약 매도 주문을 걸어 놓을 수도 있다.

공모주 펀드, 옥석 가리는 방법

1. 일반 공모주 펀드 VS 분리과세 하이일드 펀드

공모주 펀드는 크게 두 가지 종류로 나뉜다. 순수하게 공모주에만 투자하는 '공모주 펀드'와 공모주는 물론 비우량 채권 투자도 병행하는 '분리과세 하이일드 펀드'다.

일반 공모주 펀드는 안정적인 우량 채권에 투자하는 반면 분리과세 하이일드 펀드는 신용평가등급이 BBB+ 이하인 비우량 채권에 투자한다.

2. 일반 공모주 펀드, 주식 비중 10% 내외

일반 공모주 펀드는 채권혼합형으로 주식의 비중이 상당히 낮다. 이름은 공모주 펀드지만 사실상 채권의 비중이 70~80%를 차지한다. '흥국멀티플레이30공모주'의 주식 투자 비중이 전체 30% 이하로 그나마 높은 편이고 '하이공모주플러스10증권'은 전체 자산의 10% 미만인 9%를 공모주 등 주식에 투자한다. 공모주 청약 일정이 없을 때는 일반 주식에 투자한다.

2015년 11월 4일 펀드평가사 에프앤가이드에 따르면 129개 공모주 펀드(에프앤가이드 자체 기준)의 연초 이후 수익률은 1.84%(3일 기준)에 그쳤다. 6개월 수익률은 0.56%, 3개월 수익률은 −3.07%로 연초 대비 수익률보다 더 낮았다. 올해 월별 수익률을 따져 보면 0%대를 맴돌고 있다. 그나마 가장 수익률이 높았던 지난 2월에도 평균 월간 수익률이 0.84%에 그쳤다.

실속 없는 공모주 펀드 수익률

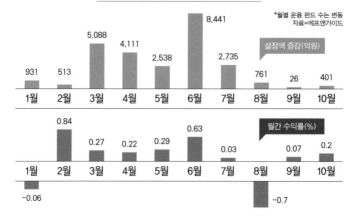

*월별 운용 펀드 수는 변동
자료=에프앤가이드

설정액 증감(억원)

1월	2월	3월	4월	5월	6월	7월	8월	9월	10월
931	513	5,088	4,111	2,538	8,441	2,735	761	26	401

월간 수익률(%)

1월	2월	3월	4월	5월	6월	7월	8월	9월	10월
-0.06	0.84	0.27	0.22	0.29	0.63	0.03	-0.7	0.07	0.2

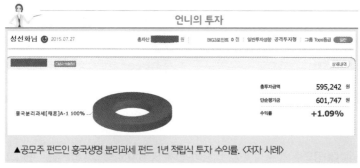

언니의 투자

성선화님 2015.07.27 총자산 ▨▨▨ 원 BIG3포인트 0 점 일반투자성향 공격투자형 그룹 Top5등급

	총투자금액	595,242 원
	단순평가금	601,747 원
흥국분리과세[채혼]A-1 100%	수익률	+1.09%

▲공모주 펀드인 흥국생명 분리과세 펀드 1년 적립식 투자 수익률. 〈저자 사례〉

공모주 펀드는 펀드 자산 중 70%가량을 채권에 투자하고 나머지 20~30%를 공모주에 투자한다. 삼성SDS와 제일모직 같은 대어 IPO가 없을 경우 높은 수익률을 기대하기 어렵다.

3. 분리과세 하이일드 펀드, 10% 우선 배정 혜택

높은 공모주 투자 수익률을 기대한다면 일반 공모주 펀드보다는 분리과세 하이일드 펀드가 낫다. 기관 공모주 청약 시 10% 우선 배정 혜택을 적극 활용할 수 있기 때문이다. 전체 자산의 평균 70%를 채권에 투자하며 그중에서도 30% 이상을 BBB+이하의 비우량채권과 코넥스 상장주식 등에 투자한다.

같은 분리과세 하이일드 펀드라도 보유 회사채는 차이가 크다. 2015년 5월 기준 '흥국분리과세하이일드'는 BBB+ 등급인 화승알앤에이와 한화호텔앤드리조트 채권을 보유 중이고 KTB분리과세하이일드는 이랜드리테일107, 이랜드월드73, 웅진씽크빅5, 농심캐피탈1 등 BBB+ 등급과 BBB- 등급인 동아원5에 투자하고 있다.

4. 적립식보다는 거치식 유리

공모주 펀드는 소액을 적립식으로 투자하는 것보다 목돈을 한꺼번에 거치식으로 투자해야 높은 수익률을 기대할 수 있다. 특히 공모주 펀드 가입 시기도 본격적인 공모주 시즌에 돌입하기 전에 미리 넣어두는 게 좋다.

2014년의 경우 삼성SDS, 제일모직 청약을 앞두고 자금이 몰렸다가 상장 이후 다시 썰물처럼 빠져나갔다.

공모주와
병행하면 좋은
스팩

CHAPTER
09

스팩은 '스펙'이 아니다

🙂 친구들! 드디어 『투자의 여왕』의 마지막 강의야! 그동안 정이 많이 들었는데 벌써 마지막이라니…. 아쉬워서 눈물이 날 것 같아.

🙂 우리도 그래요. 처음에 언니가 워낙 겁을 줘서 잔뜩 긴장했었는데, 지나고 나니 별 거 아니네요. 특히 언니의 직설화법에 적응됐는데 많이 그리울 거예요.

🙂 우리의 마지막을 장식할 오늘의 주제는 조금 특별해. 아마 친구들이 상상도 못했던 신기한 투자법일 거야.

🙂 웬만한 투자 기법은 다 마스터했잖아요. 이제 더 새로운 건 없을 것 같은데요?

🙂 과연 그럴까? 오늘의 주제는 바로 '스팩(SPAC)'이야.

🙂 네? 취업준비생들이(취준생들)이 제일 두려워하는 그 '스펙(spec)' 말인가요?

하하. 그건 아니고. 스팩! 발음이 비슷하니까 주의를 해야 해. 스펙이 아니라, 스패액! 입을 조금 더 길게 옆으로 벌리고 '팩'이라고 읽어야 해.

스패액~! 이렇게요?

옳지! 바로 그거야. 스팩을 우리말로 쉽게 설명하면 특수한(special) 목적(Purpose)을 가진 회사라는 뜻이야. 굳이 특수한 목적을 가졌다고 설명하는 건, 일반적인 기업과 목적이 다르기 때문이지. 스팩의 목적은 이윤 추구가 아니라, 다른 기업을 인수(Acquisition)하는 거야. 일반적인 이윤 추구 활동을 하지 않기 때문에 스팩은 외형적으로 제대로 된 회사의 모습을 갖출 필요가 없어. 서류상에만 존재하는 일종의 종이 회사(페이퍼 컴퍼니)지. 기업은 기업이지만, 직원도 없고 사무실도 없고 정말 아무것도 없어.

와우. 진짜 신기하네요?

그치. 언니가 말한 대로지? 스팩의 목적은 말이 좋아 기업 인수지만, 마치 기업 사냥꾼 같아. 자기는 일도 안 하고 빈둥빈둥 놀다가 '어디 좋은 기업 없나' 하고 찾아다녀. 앞으로 돈을 잘 벌 것 같은 비상장 기업을 꼬셔서 '결혼(합병)'만 하면 되니까.
스팩은 인수 대상을 찾을 때까지만 한시적으로 존재해. 괜찮은 놈을 찾아 합병 절차가 마무리되고 나면 '존재의 이유'가 없어져.

이야. 스팩 그 놈 마음에 드네요. 뭐니 뭐니 해도 인생은 한방이죠. 근데 아무리 찾아다녀도 '내 님'을 못 찾으면 어떡해요? 결혼도 못 해보고 처녀귀신이 되는 건가요?

안타깝게도 스팩에게 주어진 시간은 딱 3년이야. 3년 안에 자기 짝을 찾지 못하면 정말 처녀 귀신이 되는 거야. 그러니까 상장하는 순간부터 열심히 맞선을 보며 남편감을 찾아야 해.
사실 스팩이 국내에 처음 도입됐을 때는 짝짓기 실력이 좀 부족했어. 대부분 스팩들이 제짝을 못 찾아 청산 절차를 밟았지.

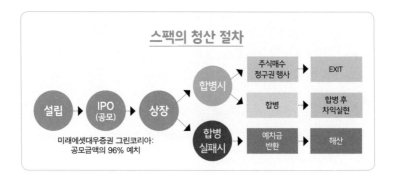

스팩의 청산 절차

설립 ▶ IPO(공모) ▶ 상장 ▶ 합병시 ▶ 주식매수 청구권 행사 ▶ EXIT
합병 ┅▶ 합병 후 차익실현
합병 실패시 ▶ 예치금 반환 ┅▶ 해산

미래에셋대우증권 그린코리아:
공모금액의 96% 예치

스팩의 대박은 '결혼'

🧑 언니, 갑자기 스팩에 감정이입이 되면서 우울해지네요. 정말 많은 걸 바라는 것도 아닌데 괜찮은 짝 찾기가 왜 이렇게 힘든가요? 흑흑.

👩 아이코, 아직도 결혼타령이야? 스스로 벌어서 자립하기로 했잖아. 다시 스팩 얘기에 집중해봐. 스팩이 도입된 건 꽤 오래전인 2000년 말이야. 하지만 좋은 짝을 찾지 못하는 부실한 성과 탓에 투자자들의 외면을 받아 왔지. 분위기가 달라지기 시작한 건 2013년부터야. 지금까지 짝도 못 찾아 빌빌대던 스팩들 중 하나가 결혼을 완전 잘해서 팔자를 싹 고쳤거든. 하나금융투자의 '하나그린스팩'이 알짜 신랑감을 물었는데, 그게 바로 친구들도 잘 아는 애니팡의 개발사인 '선데이토즈'야.

🧑 와우, 애니팡이요? 완전 잘 알죠. 한때 국민 게임이었잖아요. 선데이토즈랑 결혼했다면, 그건 진짜 대박인데요?

👩 그치. 하지만 아무 노력도 없이 잘난 남자가 제 발로 걸어오진 않겠지?

🧑 맞아요. 잘난 남자 꼬시는 것도 능력이에요. 일단 멋진 남자들이 출몰

할 만한 장소를 섭외하고 주기적으로 방문하고, 타깃을 찾아서 '사랑의 큐피트'를 제대로 날려야 해요. 보통 힘든 일이 아니라고요.

🙂 맞아! 그런데 스팩은 '지금 잘나가는 놈'이 아니라, '앞으로 잘나갈 것 같은 놈'을 찾아야 해.

🙂 왜요? 지금 잘나가는 게 더 좋지 않나요?

🙂 지금 잘나가면 당연히 좋지. 근데 생각해봐. 지금 잘나가는 놈이 쉽게 넘어오겠어? 이미 몸값이 오를 대로 올랐고, 혼자서 충분히 잘 먹고 잘 살고 있는데? 잘난 놈들은 '결혼(합병)'을 안 해도 혼자 충분히 잘 살 수 있어. 그러니까 스팩의 타깃은 앞으로 잘나갈 것 같은데 자기 힘으로 상장은 어렵고, 스팩이랑 결혼해서 '우회 상장'을 하려는 놈들이야.

재테크 MEMO -

▶**우회상장**: 비상장기업이 상장기업을 인수·합병하는 방법 등을 통해 증권시장에 진입하는 것

- -

🙂 그럼, 괜찮은 놈들의 목적은 따로 있었네요. 스팩을 사랑해서가 아니라 우회상장이었어요.

🧑 순진한 친구들! 그건 당연한 거야. 스팩도 잘난 놈 만나려는 이유가 자기는 일 안하고 얹혀가겠다는 심보잖아! 그럼, 당연히 스팩도 잘난 놈한테 해주는 게 있어야지.

👩 하긴 그러네요. 세상에 공짜가 없으니까요.

🧑 그래. 다시 투자자의 관점으로 돌아가보자. 스팩은 앞으로 어떤 놈을 꼬실지 몰라. 하지만 앞으로 크게 뜰 것 같은 놈 하나 물어오면 그게 대박이야. 그럼, 어떤 스팩에 투자해야 할까?

👩 괜찮은 남자 잘 꼬시는 스팩이요.

🧑 그래 맞아. 과거 수익률이 항상 미래 수익률을 보장해주는 건 아니지만, 과거에 좋은 놈을 많이 물어왔다면 앞으로도 그럴 확률이 높겠지? 그래서 스팩에 투자할 때는 과거 인수합병 실적을 봐야 해. 그중에서도 중매쟁이 역할을 하는 '발기인(發起人)'을 잘 봐야 하고.

👩 발기인이요? 말이 조금 생소한데요? 발기인은 뭐하는 사람이에요?

🧑 발기인은 처음에 스팩이 만들어질 때 같이 참여한 사람들이야. 법적으로 한 개 이상의 증권사는 반드시 발기인으로 참여하게 돼 있어. 그렇다면 어떤 사람들이 발기인으로 들어오면 좋을까?

🙎 스팩의 중매쟁이니까 인맥이 좋은 사람이요. 왠지 괜찮은 사람들을 많이 알고 있을 것 같아요.

🙍 그래 맞아. 발기인 중에 그동안 꾸준히 스팩에 참여해왔거나, 좋은 성적을 낸 친숙한 이름이 있다면 일단 믿을 만한 거야. 옛말에 명불허전이라고 하잖아.

🙎 근데 언니. 과거에 잘했다고 앞으로도 잘한다는 보장은 없잖아요. 그럼 통제할 수 없는 리스크 아닌가요? 꼭 스팩에 투자해야 하는 이유가 있을까요?

🙍 스팩 투자의 장점은 앞에서 배운 공모주처럼 리스크가 낮다는 거야. 스팩 투자는 모든 절차가 공모주와 동일해. 일단 상장을 하는 증권사에서 계좌를 만들고, 청약 증거금을 넣고 경쟁률에 따라 스팩을 배정받아. 일주일쯤 있다가 정식 상장을 하게 되고, 그때 이후 합병을 할 때까지 기다리는 거지.
스팩의 공모가는 대부분 2,000원이야. 중요한 건 상장 후 스팩의 가격이 공모가 이하로 떨어질 확률이 낮다는 거야.

스팩과 공모주를 병행하라

🙎 스팩 투자법은 크게 두 가지야. 공모주처럼 시초가에 팔고 나오든가, 아니면 합병 대상을 찾을 때까지 가지고 가든가.

🙎 만약에 인수합병 때까지 기다렸는데 실패하면요? 3년이 지나서 청산 당할 수도 있잖아요.

🙎 그때도 투자자들이 반드시 손해를 보는 건 아냐. 청산 시에는 원금은 물론이고 투자 기간 동안의 이자까지 받을 수 있어.

🙎 적어도 원금은 보장된다니 안심이네요. 근데 인수합병 대상이 마음에 안 들면 어떡하죠?

🙎 그때도 다 방법이 있지. 만약에 스팩이 합병 결의를 했는데, 인수 대상이 영~ 마음에 안 드는 거야. 게다가 이놈이랑 합병하면 주가가 더 떨어질 것 같고 이런 경우엔 인수 권리를 포기할 수 있어. 합병 후 주식을 인수하지 않겠다는 주식매도의향서 청구하면 돼. 이때도 주식매도 청구가는 공모가인 2,000원 이하로 떨어지지 않아.

흠. 그럼 스팩 투자로 손해를 보는 경우는 언제인가요?

사실 스팩이 합병을 한다고 모두 다 대박이 나는 건 아냐. 2015년 4월
30일에 유진스팩1호와 합병한 대기정화용 촉매필터 제조업체 나노
는 상장 첫날 하한가를 맞았어.

하지만 2014년 11월 합병 결정을 하면서 지난해 말까지 2,000원 안팎
이었던 유진스팩1호 주가가 4,025원까지 치솟기도 했어. 그러니까 합
병 결정이 나도 매도 타이밍을 잘 봐야 하는 거지.

그쵸. 투자로 원금이 100% 보장된다는 건 과욕이겠죠?

사실 스팩의 리스크는 원금 손실이 아니야. 언니가 직접 스팩 투자를
하면서 느낀 점은 스팩도 공모주와 마찬가지로 목돈이 없이는 수익
을 내기가 힘들다는 거야. 일단 수익률을 떠나서 주식 배정을 많이 받
아야 해.

대부분 투자자 모집 물량이 100억 원 내외로 크지 않은데 청약 증거
금이 많지 않으면 재미를 보기가 힘들어.

사실 언니도 2015년 스팩 투자 순익을 따져보면 얼마 안 돼. 청약 경

쟁률이 너무 치열한 데다, 합병을 해야 주가가 뛰니까.

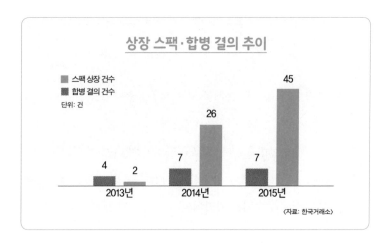

상장 스팩·합병 결의 추이

■ 스팩 상장 건수
■ 합병 결의 건수
단위: 건

45

26

7   7

4   2

2013년   2014년   2015년

〈자료: 한국거래소〉

에게게. 돈 잘 버는 놈 꼬신다고 큰 소리 텅텅 치더니, 빛 좋은 개살구네요.

그래서 언니가 추천하고 싶은 방법은 공모주와 스팩 투자를 병행하는 거야. 공모주 청약이 늘 있는 건 아니니까, 둘을 번갈아 가면서 조금씩 푼돈을 모으면 공모주 하나만 투자하는 것보단 투자 수익률을 높일 수 있어.

하하. 역시 뭐든 안 하는 것보단 낫죠.

한국증권거래소의 '스팩 투자 5계명'

1. 희석비율에 유의하라

스팩 공모가가 적정한지 판단하려면 희석비율을 잘 살펴야 한다. 희석비율이란 공모 전 발기주주의 저가발행으로 공모주주의 주식가치가 감소하는 정도를 의미한다. 희석비율을 구하는 공식은 '[공모가−1주당 가격(=총발행액÷총주식수)]/공모가'다.

스팩 상장 시 주가 희석은 발기주주가 공모가에 비해 낮은 가액으로 주식 또는 전환사채를 투자하기 때문에 발생한다.

희석비율이 10%인 상황에서 일반 투자자가 1만 원에 공모에 참여할 경우 상장 후 주당 장부가치는 9,000원에 머물게 된다. 이는 간단히 말해 희석비율이 높을수록 공모에 참가하는 일반 투자자들이 발기주주보다 비싼 가격에 주식을 사게 된다는 뜻이다.

2. 합병대상회사의 업종 동향을 잘 살펴라

합병 전까지는 정관이나 기타 공지 등을 통해 합병대상 회사를 특정하는 것이 금지된다. 설립 당시 스팩 경영진은 '대체로 어떤 규모에 어떤 업종을 영위하는 기업'을 인수하겠다고 발표할 뿐 특정 기업명을 거론할 수 없다. 그러므로 투자자들은 스팩 경영진이 제시한 업종과 규모에 맞는 후보군들을 면밀히 살펴본 후 해당 스팩에 투자해야 한다.

3. 금융투자업자(대표 발기인) 및 경영진의 M&A 경력을 검토하라

스팩을 만드는 증권사와 경영진의 인수합병 역량 및 경험을 체크해야 한다. 대표 발기인과 경영진의 역량이 부족할 경우 스팩은 합병에 실패할 수 있다. 합병을 성사시키지 못한 스팩은 예치된 공모 자금을 투자자들에게 반환한 뒤 해산된다.

4. 합병 전까지 '예치자금 인출'과 '예치자금 담보 제공'이 금지된다

스팩이 비상장 법인과 합병할 때나 주주총회가 열릴 때까지 투자금을 인출하거나 환불 받을 수 없다. 이 때문에 스팩 공모에 참가한 일반 투자자들이 투자금을 회수하려면 보유하고 있는 스팩 주식을 주식 시장에서 팔아야 한다.

또다른 투자금 회수 방법은 주총 때 합병을 반대하고 주식매수청구권을 행사하는 것이다. 아니면 스팩이 합병에 실패해 해산할 때까지 기다리는 수밖에 없다.

5. 합병 실패 시 손실을 볼 수 있다

스팩 투자자들은 투자자 보호 방안에도 불구하고 합병 실패 시 손실을 입을 수 있다.

금융당국은 투자금액을 보호하기 위해 공모자금의 90% 이상을 한국증권

금융 또는 신탁기관에 예치해 신탁한다. 합병을 성사시키지 못한 스팩은 예치된 공모자금을 투자자들에게 반환한 뒤 해산된다.

이 과정에서 주목해야 할 점은 반환금액이 매입가가 아닌 공모가를 기준으로 산정된다는 것이다. 즉 주식 시장에서 공모가보다 훨씬 높은 가격에 스팩 주식을 산 투자자는 해산 시 투자 원금의 90%가 아닌 '보유주식 수×공모가의 90% 수준'만큼만 되돌려 받을 수 있다.

Epilogue
당신의 가난은 '지식' 탓이다

부자의 첫걸음인 『재테크의 여왕』으로 시작해 글로벌 시장을 넘나드는 『투자의 여왕』까지 함께 해주신 독자 분들께 진심으로 감사드립니다. 처음에 한 권으로 기획했던 책이 두 권으로 나눠지고, 여기에 또 욕심이 더해져 급기야 400페이지에 달하는 분량으로 세상에 나왔습니다. 아직도 하지 못한 아쉬운 말들이 많지만 여백의 아쉬움을 남겨 두고자 합니다.

그동안 두 권의 책을 마무리하며 독자들에게 전하고 싶은 메시지는 '그 누구도 믿지 말고 스스로 전문가가 돼라'는 것입니다. 그냥 전문가의 권위와 지식에 편하게 올라타려는 안일한 생각은 버리시기 바랍니다. 가당치도 않은 일입니다.

현재 여러분들이 돈을 벌지 못하고 있다면, 그 누구의 탓도 아닌 '본인'의 잘못입니다.

우리가 살고 있는 이 시대는 분초를 다투며 급변하는 자본주의 사회입니다. 근면성실하고 우직한 농업적 근면성으로 돈을 벌던 시대는 끝났습니다. 자본주의 사회에서 빈부의 격차는 '지식의 차이'에서 결정됩니다. 이런 시대에 투자를 모른다는 건 대세를 역행하는 것과 마찬가지입니다. 자본주의 사회에서 투자는 선택이 아니라 숙명입니다.

하루 빨리 돈에 대한 부정적 선입견, 투자에 대한 두려움, 막연한 회피 등을 떨쳐 버리십시오. 스스로 눈을 감는다고 해서 세상이 달라지진 않습니다.

자본주의 사회에서 성공한 투자자로 살기를 원하시나요?

머리와 이론이 아닌 '몸으로' 투자를 배우시길 바랍니다. 이론적 지식에 경험이 더해질 때 비로소 진짜 내 것이 됩니다.

재테크 전문기자로서 진짜와 가짜 전문가를 구분하는 기준은 딱 하나입니다.

'자기 돈으로 투자했나, 하지 않았나'입니다.

실전 경험 없이 이론만 현란한 전문가들은 상대하지 않습니다. 우리 주변엔 말만 휘황찬란한 전문가들에 속아 피눈물을 흘리는 순진한 투자자들이 넘쳐납니다. 겉으로 보이는 타이틀에 현혹되지 마십시오. 제도권에 있다고, 언론에 자주 등장한다고, 전문가는 아닙니다. 본질과 비본질을 구분하고 진짜를 보려는 노력이 필요합니다.

처음엔 소액으로 직접 도전해야 합니다. 물론 실패를 할 수도 있고, 성공을 할 수도 있습니다. 이 모든 경험들이 쌓여 더 큰 돈을 굴릴 수 있는 자산이 될 것입니다.

자본주의 사회에서 성공한 투자자가 되려면 '시장 참여자'로 살아가야 합니다. 시장은 자본주의가 돌아가는 기본 매커니즘입니다. 처음부터 시장 참여자가 될 순 없습니다. 자기 돈이 들어가야 관심이 생기고 공부를 하고 연구를 합니다. 마이너스 난 펀드에, 손실 난 종목에 화만 내지 말고 스스로 공부를 해야 합니다.

시장의 매커니즘에 의해 돌아가는 이 세계에서는 선과 악의 가치 판단도 없으며, 마땅히 그래야만 한다는 대의명분도 없습니다. 꾸준히 시장 참여자로 있다 보면 그제야 돌아가는 매커니즘을 이해하게 됩니다. 하나의 사건이 나비효과가 되어 시장에 가져올 일련의 파장들이 자연스럽게 머릿속에 그려지게 됩니다.

끝으로 성공적인 투자를 위해선 시장 참여자들과의 교류를 늘려야 합니다. 맨날 만나던 사람과 조직에만 머무르지 말고, 투자라는 공통 관심사를 가진 친구들을 적극 찾아나서기 바랍니다. 혼자 가는 길은 외롭지만, 같이 가는 그 길은 외롭지 않을 겁니다.

그동안 『재테크의 여왕』, 『투자의 여왕』과 함께 해주신 독자 분들의 건승을 바랍니다!

성선화 드림.

누구나 쉽게 시작할 수 있는 스마트한 투자 전략

투자의 여왕

1판 1쇄 발행 2016년 5월 23일
1판 3쇄 발행 2016년 6월 30일

지은이 성선화
펴낸이 고영수

경영기획 이사 고병욱
기획편집2실장 장선희 **책임편집** 이새봄 **기획편집** 양춘미
마케팅 이일권 이석원 김재욱 이봄이 **디자인** 공희 진미나 김민정
제작 김기창 **관리** 주동은 조재언 신현민 **총무** 문준기 노재경 송민진

일러스트 박지연 **포토** 인연스튜디오

펴낸곳 청림출판(주)
등록 제1989-000026호

본사 06048 서울시 강남구 도산대로 38길 11 청림출판(주) (논현동 63)
제2사옥 10881 경기도 파주시 회동길 173 청림아트스페이스(문발동 518-6)
전화 02-546-4341 **팩스** 02-546-8053
홈페이지 www.chungrim.com **이메일** life@chungrim.com
블로그 blog.naver.com/chungrimlife **페이스북** www.facebook.com/chungrimlife

ISBN 978-89-352-1107-4(03320)